U1075084

承压舟舟桥

裴志勇　赵庆亮　卢梦棣　吴卫国　著

科学出版社
北京

内 容 简 介

本书围绕承压舟舟桥的特点、设计方法、载荷、结构直接计算及营运管理等展开论述，系统介绍承压舟舟桥特点、设计思想及方法、铰接系舟桥分析理论及方法、载荷及典型计算工况、结构直接计算及疲劳强度计算、设计方案优化分析、测试技术，并对承压舟舟桥管理法规、企业安全管理和行业管理等进行介绍，本书部分插图配有彩图二维码。

可供从事承压舟舟桥科研、设计、建造、检验、管理、经营、维护等的工程技术人员使用和参考。

图书在版编目（CIP）数据

承压舟舟桥 / 裴志勇等著. —北京：科学出版社，2019.11

ISBN 978-7-03-062486-4

Ⅰ. ①承… Ⅱ. ①裴… Ⅲ. ①浮桥—研究 Ⅳ. ①U448.19

中国版本图书馆 CIP 数据核字（2019）第 217933 号

责任编辑：谭耀文 张 湾 / 责任校对：高 嵘
责任印制：彭 超 / 封面设计：苏 波

科学出版社 出版
北京东黄城根北街 16 号
邮政编码：100717
http：//www.sciencep.com

北京虎彩文化传播有限公司印刷

科学出版社发行 各地新华书店经销

*

2019 年 11 月第 一 版 开本：787×1092 1/16
2019 年 11 月第一次印刷 印张：11 1/4
字数：261 000

定价：85.00 元

（如有印装质量问题，我社负责调换）

前　言

双体承压舟（以下简称承压舟）于 1985 年在山东研制成功并架设舟桥，是我国在世界上首创的分置式舟桥装备，至今已历经三十余年和四代舟型的发展。承压舟作为公路舟桥装备已得到广泛应用。截至 2017 年底，黄河承压舟舟桥有 77 座（涉及山东、河南、陕西、宁夏、内蒙古等多个省份），另有带式舟桥 6 座，近年来还向黑龙江、吉林、辽宁等省份内河水域发展，并实现了向缅甸、朝鲜的境外输出。

随着我国经济的快速发展，公路舟桥通行车流量大幅增长，平均日通行量超过 4000 车次的舟桥已不在少数，有的已经超过了 10 000 车次。在公路桥封闭维修期间，承担车辆分流任务的舟桥日通行车流量甚至超过了 20 000 车次。同时，随着国家工业设施建设的不断发展，大件运输的需求依旧十分旺盛，受公路桥梁技术条件限制，第四代承压舟舟桥在保障大件运输车辆通行方面扮演着越来越重要的角色。济南某舟桥 2018 年平均每月通行的大件运输车辆超过 30 辆，最大重量超过了 300 t。承压舟舟桥已成为快速跨越江河、浅滩的重要径道，为便捷交通的实现提供了基础保障，是跨河交通的重要组成部分，对于促进区域经济发展，方便群众生产生活，发挥着越来越重要的作用。

承压舟是在实践基础上的技术总结与发展应用，存在着浮态、落滩、半落滩等多种复杂使用工况，而当前的船舶技术法规规范是船舶处于“自由浮态”的系统技术集成，并未提供针对承压舟受力工况和特点的技术要求。承压舟舟桥技术理论系统集成开发始于第四代承压舟研发与示范应用，已取得了系列成果，突破了众多技术瓶颈和管理瓶颈，为承压舟舟桥技术的健康可持续发展打下了坚实的基础。

本书融合作者对承压舟舟桥技术开发的经验总结及相关成果，围绕承压舟舟桥关键技术，着重对承压舟舟桥分析理论、设计方法、载荷工况、计算工况、结构强度评价、疲劳强度评估、结构优化设计及管理法规、安全营运管理、行业管理等展开讲述。全书共 12 章，第 4、6、7、8、9 章由裴志勇撰写，第 1、3、5、10 章由赵庆亮撰写，第 11、12 章由卢梦棣撰写，第 2 章由吴卫国撰写，最后由裴志勇和赵庆亮统稿，吴卫国教授审阅了全书。本书填补了承压舟舟桥分析理论、设计及营运管理领域的空白。

本书撰写过程中，得到了山东省济南船舶检验局、济南海事局、山东省黄河航运局有限责任公司、章丘市胡家岸浮桥有限责任公司等的大力支持和协作，在此一并表示衷心感谢！

裴志勇

2019 年 3 月

于武汉理工大学

目 录

第1章 绪　论

1.1 舟桥概述

用船或浮箱等可浮体代替桥墩，浮在水面的桥梁称为浮桥。采用船舶或具船舶属性的制式装备拼组而成的浮桥则称舟桥。舟桥是有文字记载的浮桥的最早形式，也是古代、近代浮桥的最主要形式，因此古代、近代也称浮桥为舟桥。随着现代科技的迅猛发展，现代浮桥出现了新的种类，舟桥成了浮桥的一个分支。当代西方发达国家的永久性浮桥（二十余座，例如图 1.1 和图 1.2）及以高分子组合式浮游器材为浮体基础的景观浮桥（图 1.3）、景观走廊等已不属于舟桥范畴。

图 1.1　挪威诺赫德兰浮桥

图 1.2　美国华盛顿湖浮桥

图 1.3　组合式浮游器材搭建的景观浮桥

舟桥应用由来已久，“亲迎于渭。造舟为梁”（《诗经·大雅·大明》）讲的便是公元前

12 世纪，周文王为娶妻而在渭水河（黄河支流）上用舟连成舟桥，并亲自到河边迎接的故事[1]，距今已有三千多年历史，这是有史以来最早有关舟桥的文字记录，也是有史以来我国最早古代桥梁的文字记录。它比古希腊历史学家希罗多德所记，波斯王大流士入侵希腊时，在博斯普鲁斯海峡上建造的舟桥还早五百多年[2]。如今，随着经济的发展，科技的进步，原以小木船或浮筒为桥墩、木跳板为桥梁的徒步舟桥（图 1.4 和图 1.5）形式正逐步退出历史舞台，而代之以制式舟船装备搭建、可供重型装备通行的舟桥。

图 1.4　木船搭建的徒步舟桥

图 1.5　浮筒搭建的徒步浮桥

舟桥有多种分类方法。按使用目的，分为民用舟桥、军用舟桥；按桥脚的配置方式（有无桥脚间距），分为分置式舟桥（图 1.6）、带式舟桥（图 1.7）；按器材来源，分为制式器材舟桥、就便器材舟桥；按是否兼有水陆自行能力，分为自行舟桥（图 1.8）和非自行舟桥；按用途，分为人行舟桥、公路舟桥、铁路舟桥、公铁两用舟桥、特殊用途舟桥（如施工舟桥、游览舟桥）等。

图 1.6　军用分置式舟桥

图 1.7　军用带式舟桥

图 1.8 自行舟桥装备

舟桥搭建结构形式有两种：一是传统形式，即在船或舟桥装备上架梁，再铺桥面；二是舟、梁（桁）、板合一的形式，或船只首尾相连成纵列式，或将舟体紧密排列成带式。截至 20 世纪 50 年代初期，传统形式、桥脚分置几乎是舟桥的唯一样式。带式舟桥是 20 世纪 50 年代末出现的。其特点是桥脚舟和上部结构结合为一个整体，大大减少了构件数量。舟甲板上镶嵌或焊接一层防滑、抗磨损材料代替桥板，载荷直接从甲板上通过。架设舟桥时，将一个个舟体紧密连接起来，形成一条带状浮体，故名带式舟桥。

舟桥作为一种特殊桥梁，为经济或军事方面的特殊需要而修建，其构造相对简单，成本低，架、拆快速，作业方便，抢修容易，具有较突出的快速性和机动性，平时可用于便捷实现两岸物质文化交流或应急救灾，战时可保障作战部队和武器装备迅速通过江河障碍。因此，在军事部门、交通部门及大型工程建设等方面均具有重要现实意义，尤其在军事领域，舟桥仍是作战部队及武器装备克服江河障碍的有力工具，是工程兵必备的装备[3]。

发展至今，舟桥技术在国外主要应用于军事领域；而我国，由于幅员辽阔，人口、江河众多，民用舟桥仍然展现出了旺盛的需求与强大的生命力，尤其在非通航水域、季节性通航水域及通航条件受限的水域，民用公路舟桥成为区域跨河交通的重要组成部分。

1.2 国内现代公路舟桥发展概况

1.2.1 我国舟桥发展历史沿革

我国建造舟桥的历史十分悠久，《诗经》中曾记述周朝周文王为娶妻而在渭水河上架起一座舟桥，离今已有三千多年历史，是有史以来有关舟桥的最早文字记录。

公元前 541 年的春秋时期，秦景公的同母弟后子针因逃亡在今天山西临晋附近的黄河上架起了舟桥，这可以算是第一座黄河大桥[4]。东汉建武十一年（公元 35 年），东汉光武帝在与四川割据势力公孙述作战中，公孙述曾在现今的湖北宜都荆门和宜昌虎牙之间，利用险要的地势，架起一座舟桥，即江关舟桥，为第一座长江舟桥[5]。隋大业元年（公元 605 年）在河南洛阳洛水上建成的天津桥[6]，是第一次用铁链连接船只架成的舟桥。到汉唐时期，我国舟桥的运用日益普遍。古代舟桥多为军事用途，故又有“战桥”之称，直至宋朝时期，逐渐在生产、生活中广泛应用。千百年中，人们建造过的舟桥数量众多，难以统计。

舟桥的舟船、桥板与系船的缆，需要经常修葺和更换，所以经过岁月的变迁，很少能保留到现在。许多舟桥崩毁后，逐渐被木梁桥、石梁桥或石拱桥所代替。我国现存的著名古代舟桥（浮桥）主要有以下几个。

高安浮桥（图 1.9），始建于五代十国时期杨吴乾贞二年（公元 928 年），取名永安桥，13 舫，比舟为梁，铁缆绳牵，随波升降。北宋太平兴国七年（公元 982 年）增为 14 舫。北宋元丰年间（公元 1078～1086 年）增为 15 舫，后又由 15 舫增至 24 舫，桥移至州治（今高安市人民政府）前，南宋咸淳年间（公元 1272 年）又移至城隍庙前。又过了 4 年，为抗元兵，仁济桥炸断，复将浮桥移至现高安市人民政府前。明正德九年（公元 1514 年）桥两边装上栏杆，浮桥两岸建起石码头，此时高安名曰迎仙桥。清康熙八年（公元 1669 年）修缮后改名锦江桥。1939 年为适应对日作战，将浮桥焚毁，1946 年修复。1949 年 7 月国民党军撤退时将浮桥斩断缆绳放流。1951 年高安县人民政府修复通行，全长 161.85 m，共由 14 厢 40 只浮船组成，位于高安城隍庙前。

赣州古浮桥（图 1.10），学名叫惠民桥，又称东津桥、东河浮桥、建春门浮桥。赣州原有三座浮桥：东河浮桥、西河浮桥和南河浮桥。中华人民共和国成立后，因架设了公路桥，西河浮桥、南河浮桥被拆除，仅留下东河浮桥。南宋乾道年间，知军洪迈在贡水上架设了东津桥，并一直沿用至今，即今日的惠民桥。惠民桥长约 400 m，桥面宽 5 m，构造方法是每三只木舟为一组，然后在木舟上架梁，梁上再铺木板。每一组木舟之间用竹缆绳捆绑，然后用铁锚固定在江面上，整座浮桥用了 33～35 组（视水位高低而定，水位高则江面宽），约 100 只木舟连接而成。赣州古浮桥作为全国历史文化名城的历史文化景观被保存下来，并至今还在为赣州市民服务，成了现今赣州的“国宝”级文物。

图 1.9　高安浮桥

图 1.10　赣州古浮桥

广济桥（图 1.11），古称康济桥、丁侯桥、济川桥，俗称湘子桥，是中国现有四大古桥之一。它位于广东省潮州市古城东门外，横跨韩江，连接东西两岸，为古代广东通向闽浙交通要津，也是潮州八景之一。广济桥集梁桥、浮桥、拱桥于一体，是我国古桥的孤例，以其“十八梭船二十四洲”（中间梭船 18 只，两岸桥墩 24 座）的独特风格与赵州桥、洛阳桥、卢沟桥并称中国四大古桥，被著名桥梁专家茅以升誉为“世界上最早的启闭式桥梁”。该桥始建于南宋乾道七年（公元1171年），明嘉靖九年（公元1530年）形成“十八梭船二十四洲”的格局。1958年对全桥进行加固维修，并拆除了十八梭船，改建为三孔钢架及两处高桩承台式桥梁。2003年10月，广济桥开始进行全面维修，总体以明代风格为修复依据，功能定位为旅游观光步行桥，2007年竣工。1988年3月被国务院公布为全国重点文物保护单位。

灵江浮桥（图1.12），原名中津桥，位于浙江省临海县南门城外的灵江上，始建于南宋淳熙八年（公元1181年），由50艘船组成25节连接而成，桥长287 m，宽五余米。1964年改建后，桥长280 m，宽5 m。灵江浮桥濒临大海，受潮汐影响很大。初建时，人们便采用了活动引桥的办法，即在桥的两端修建了可以伸缩和起落的活动引桥，这样无论潮涨潮落，桥面通行均不受影响。

图1.11 广济桥

图1.12 灵江浮桥

中华人民共和国成立后，我国的桥梁建设进入了新纪元，跨河永久性公路、铁路大桥大量建造。这一时期，我国军用舟桥技术发展迅速，民用舟桥发展相对滞后，老式舟桥逐步退出了历史舞台，民间多用摆渡[7]。

改革开放后，我国经济快速发展，跨河交通需求迅猛增长，作为永久性桥梁的有益补充，现代民用舟桥技术得以快速发展，带式舟桥制式装备、分置式舟桥制式装备广泛应用，尤其是分置式舟桥装备“承压舟”的出现，更是为舟桥技术的发展注入了新的活力。

1.2.2 国内现代民用公路舟桥发展概况

我国现代民用舟桥主要集中在黄河流域及黑龙江，且不再是单纯的人行舟桥，而是可供车辆通行的公路舟桥。据不完全统计，截至2017年底，已建成通车的黄河舟桥有83座（承压舟舟桥77座，带式舟桥6座），其中山东56座、河南11座、内蒙古9座、宁夏4座、陕西3座；黑龙江舟桥有25座。黄河648 km山东段，共有舟桥59座（在山东注册55座，山东企业自用未注册舟桥1座，在河南注册3座），是全国乃至全世界民用舟桥最集中的区域。在浙江、广西、江西、湖南等地，仍有零星分布的老式人行舟桥[8]。

我国现代民用公路舟桥装备主要发展了带式、分置式两种，其中分置式舟桥制式装备——承压舟的发展应用最具代表性，也最为广泛。承压舟是我国在世界上首创的舟桥装备。

带式舟桥制式装备在驳船基础上发展而来，一般为制式滚装甲板驳或在甲板驳基础上改进的制式浮箱，舟、桁、板一体，首尾铰接连接。带式舟桥的优点是结构简单，架设快速，成本低廉，拆解后便于放置；缺点是无过水通道，不利泄洪、泄凌，对河流漂浮物形成阻滞，横向稳定性较分置式舟桥差，架设时要求流速低。此类舟桥主要分布在内蒙古（6座）及黑龙江（21座）。内蒙古的带式舟桥均采用驳船搭建；黑龙江的带式舟桥大部分使用驳船（图1.13），少部分使用浮箱搭建。内蒙古、黑龙江境内的舟桥，近年来也开始了分置式舟桥制式装备——承压舟的应用。

承压舟是能满足河中漂浮及滩涂落滩使用的特种制式公路舟桥装备，一般采用带舷伸结构的双体形式，由连接装置（可变刚性接头或铰接接头）横向连接，不仅克服了带式舟桥水阻力大、横向稳定性差的固有缺点，而且改变了传统分置式舟桥舟、桁、板分设的形式，使三者合一，架设、拆解便捷。它既能在漂浮状态下使用，又能在浅滩及滩涂使用，架设流速较带式舟桥高，适用条件更为宽泛，缺点是成本相对带式舟桥要高，拆解后需要较大存放水域面积。由承压舟搭建的公路舟桥最长达到了近700 m。

黄河是我国舟桥的起源地，也是现代承压舟舟桥（图1.14）的发源地。黄河中下游河道冲淤变化快，在游荡性河槽中易形成浅滩，舟桥时刻面临着漂浮、落滩、半落滩等复杂多变的受力工况，一般舟桥装备无法满足这种复杂工况的通车需求。研制开发一种既能满足漂浮，又能满足落滩及半落滩状态使用的舟桥装备的设想由此产生。由于其在落滩时起到一个承台作用，故称为承压舟[9]。1973年，山东某单位开始了承压舟的研发，在总参某部队的帮助及有关部门的支持下，经过多年的研究，并通过方案原理性试验，用坦克、军车进行的多次通载试验及应力测试，于1985年研制成功、定型，是军民两用战备舟桥装备，称为“85式双体承压舟”，并在1986年获得国家级专利和国家科学技术进步奖三等奖。此后，分置式承压舟舟桥在黄河流域得到了迅猛发展，还向辽宁、吉林、黑龙江等省份的内河水域发展，并实现了向缅甸、朝鲜的境外输出。

图1.13　驳船搭建的带式舟桥

图1.14　承压舟搭建的分置式舟桥

回顾承压舟的发展历程，其作为一种实用新型分置式舟桥装备，随着社会交通的发展而发展，大致经历了四代舟型（部分代表舟型设计参数见表 1.1），均为山东舟桥企业研制或率先研制[8]。

表 1.1 承压舟代表舟型设计参数

代表舟型		总长/m	桥节长/m	型深/m	片体宽/m	设计吃水/m	应用通载能力
第一代	“87 舟”	12.00	9.60	1.30	2.40	1.0	单向，轮式 15 t，履带式 40 t
第二代	“95 式双体承压舟”	13.50	12.00	1.50	3.20	1.0	双向通行 20 t，承载浮力约 40 t，空载排水量约 34 t
	“95B 舟”	21.38	20.00	1.56	3.40	1.0	双向通行 20 t，承载浮力约 70 t，空载排水量约 58 t
	“96 舟”	12.15	15.00	1.50	3.00	1.0	双向通行 20 t，承载浮力约 40 t，空载排水量约 25 t
	“97 舟”	13.50	15.00	1.50	3.40	1.0	双向通行 20 t，承载浮力约 40 t，空载排水量约 40 t
	“2000 舟”	14.80	15.00	1.50	3.80	1.0	双向通行 20 t，承载浮力约 55 t，空载排水量约 46 t
	“18 m 双体承压舟”	18.00	18.00	1.52	4.50	1.0	双向通行 20 t，承载浮力约 85 t，空载排水量约 60 t
第三代	95B 改型舟	21.38	20.00	1.63	4.50	1.0	双向通行 40 t，承载浮力约 100 t，空载排水量约 70 t
	21.8 m 承压舟	21.80	20.00	1.65	5.00	1.0	双向通行 50 t，承载浮力约 110 t，空载排水量约 80 t
	21.8 m 承压舟	21.80	20.00	1.80	6.00	1.1	双向通行 50 t，承载浮力约 150 t，空载排水量约 100 t
	22 m 承压舟	22.00	20.00	2.00	6.00	1.2	双向通行 50 t，承载浮力约 170 t，空载排水量约 110 t
	25 m 承压舟	25.00	24.00	2.00	7.00	1.1	双向通行 50 t，承载浮力约 200 t，空载排水量约 145 t
	25 m 承压舟	25.00	25.00	1.80	8.00	1.1	双向通行 50 t，承载浮力约 215 t，空载排水量约 165 t
第四代	39.6 m 承压舟	39.60	31.60	2.26	12.00	1.2	双向通行 150 t，承载浮力约 560 t，空载排水量约 480 t

注：承载浮力＝满载排水量–空载排水量。

第一代，“85 式双体承压舟”（1985 年研制定型，简称“85 舟”）、“87 式双体承压舟”（1987 年研制定型，简称“87 舟”）。“85 舟”是承压舟的“鼻祖”，但受战备装备设计理念限制，其构件尺寸偏小，且车辆甲板强横梁设计采用了“梯形过渡”，车辆行驶易造成桥桁断裂，可满足战备临时需要，但不适合长期民用，应用时间短、范围小。“87 舟”总长 12.00 m，桥节长 9.60 m，型深 1.30 m，片体宽 2.40 m，不分首尾，单向放行 15 t 轮式、40 t 履带式车辆或装备。该舟型的设计引入了公路桥连续梁理念，改变了桥桁连续方式，完成了从“85 舟”到“87 舟”的改进。这次改进是承压舟桥桁设计的重大变革，奠定了承压舟桥桁结构设计的理念基础，也使“87 舟”成为一款经典舟型，应用范围广，时间跨度大，直至 2010 年才被其他舟型全部替代。

第二代，始于 1995 年“95 式双体承压舟”的设计，以“95B 式双体承压舟”（1995 年研制，简称“95B 舟”）、“96 式双体承压舟”（1996 年研制，简称“96 舟”）、“97 式双体承压舟”（1997 年研制，简称“97 舟”）、“2000 式双体承压舟”（2000 年研制成功，简称“2000 舟”）、“18 m 双体承压舟”（2005 年研制）为代表，其他舟型尚有“95A 式双体承压舟”“96 式系列改型舟”“97 式系列改型舟”“2000 式系列改型舟”等。进入 20 世纪 90 年代中期，社会车辆及舟桥企业均有了较快发展，为适应市场及用户需求，第二代承压舟的设计研发也就呈现了多样化。除“95B 舟”“96 舟”“97 舟”能称为定型产品外，其他舟型多不具备定型特征。第二代承压舟承载浮力均不超过 100 t，基本在 40～90 t，均可满足整车质量 20 t 以下车辆的双向通行；出现了明显的首部——尖首，以利于分水；在主尺度上，船长多不超过 20 m，桥节长多为 15.00 m、18.00 m、20.00 m，设计吃水均为 1.0 m，型深多为 1.50 m，储备浮力有了较大提升；部分舟型专设了人行道以实现人车分流。其中“95B 舟”连接桥跨距达到了 9.8 m，舷伸结构长度达到了 1.7 m，更有利于黄河下游冬季流冰期冰凌通过，故又称为“防凌舟”，在其出现的以后十多年间，许多舟桥均有在河道主流区配置“防凌舟”，在其他区域配置较小舟型的应用。

第三代，在“95B 舟”基础上的大型化研发设计，始于 2005 年片体宽 4.5 m、5 m 的“防凌舟”和 21.8 m 的承压舟的研制。以确保承载浮力 100 t 以上、重载车辆单向通行为出发点，大部分舟型的储备浮力超过了承载浮力，结构强度也有较大提高，局部设计有了改进，且桥节长不低于 20.00 m，有效改善了铰接连接时重载通行造成的 V 形坡的不利影响，安全性能有了很大提升。第三代承压舟开启了整车质量 50 t 以下车辆双向通行的应用实践。自 2005 年开始，研发设计的桥节长不低于 20.00 m、承载浮力不低于 100 t 的承压舟，均可视为第三代承压舟。第三代承压舟形式更加繁多，至 2014 年底，按总长可分：21.38 m 系列，片体宽主要有 4.50 m、5.00 m 两种规格，型深主要有 1.52 m、1.63 m、1.80 m 三种规格，研发建造主要集中在 2005～2008 年，完工约 140 艘；21.8 m 系列，片体宽主要有 5.00 m、6.00 m、7.00 m 三种规格，型深主要有 1.65 m、1.80 m 两种规格，研发建造主要集中在 2006～2012 年，完工约 200 艘；22 m 系列，片体宽主要有 5.00 m、5.50 m、6.00 m 三种规格，型深主要有 1.80 m、2.00 m 两种规格，2010～2014 年底研发建造完工约 170 艘；25 m 系列，片体宽主要有 6.00 m、7.00 m、8.00 m 三种规格，型深主要有 1.80 m、2.00 m 两种规格，2009～2014 年底研发建造完工约 90 艘；符合第三代特征的其他形式承压舟，2006～2014 年底建造完工约 150 艘。

第四代，在前三代承压舟的基础上，系统总结实践应用成功经验，创新技术理念，突出强调“性能”设计和装备的“本质安全”，全面提升通载性能和通载安全，其第一款舟型为“千吨级双向四车道承压舟”（图 1.15）。第四代承压舟的研发工作形成了以下集成创新：引入“纵坡度”概念，大大提高通载性能；引入“放大系数”，提出了车辆轮印负荷、轴负荷计算方法；针对车辆轮印负荷、轴负荷分布特征，提出了板格设计方法；引入“落滩系数”，明确了船底结构计算方法；提出了典型工况组合与承压舟连接桥抗弯扭强度直接计算方法；提出了简单易行、便于维修的连接桥抗弯扭设计方法；提出了更有利于应力分散的舱壁设置要求；创新优化了支柱及其肘板设置方法；提出了通道设置及通道安全防护要求等。第四代承压舟拉开了新一轮舟桥装备升级换代的序幕，在承压舟舟桥发展进程中具有里程碑意义。

图 1.15 千吨级双向四车道承压舟

值得一提的是，传统意义的承压舟仅指“双体承压舟”，随着承压舟技术理念的发展与成熟，舟型不断丰富。到2019年，由山东省市场监督管理局发布的《山东省钢质内河浮桥承压舟建造规范》（DB 37/T 3487—2019）[10]对承压舟作出了新的定义：“承压舟系指集舟、桁、板于一体，甲板结构直接承受集中动载，能在水中及浅滩构架舟桥的特种舟桥装备。按有无过水通道分为分置式和带式两种。分置式承压舟，一般为带舷伸结构的双体船或单体船，通道沿船宽方向布置，有明显过水通道。带式承压舟，一般为单体船，通道沿船长方向布置，无明显过水通道。”标志着承压舟技术理念已由分置式舟桥装备拓展应用至带式舟桥装备领域。

1.2.3 国内现代军用公路舟桥发展概况

在军用公路舟桥方面，我军的渡河舟桥装备经过半个多世纪的发展，走过了进口、仿制阶段，自行研制、更新换代阶段，稳步发展、科技创新等阶段，使我军的舟桥装备跻身于国际较先进水平，提高了我军渡河工程的保障能力。

1. 仿制概况

1957年初，我国从苏联进口一套特波波重型舟桥及生产图样，并于1962年仿制成功，命名为“1962年式重型舟桥”（简称“62式舟桥”，也称为GZQ210型重型舟桥），是我军舟桥部队装备的第一种制式渡河装备，可构筑载重70 t舟桥或漕渡门桥，保证70 t履带式坦克或15 t车轮式车辆通过江河。

1959年初，我国从苏联引进勒波波轻型舟桥；1960年4月，开始进行仿制；1963年10月仿制成功，命名为“1963年式轻型舟桥”（简称“63式舟桥”，也称为GQZ310型轻型舟桥）。“63式舟桥”可构筑漕渡门桥和舟桥，保障40 t履带式或8 t以下轮式车辆通过江河。

1959年初，我国从苏联引进波波斯特特种舟桥（公铁两用桥）的公路部分。1979年10月仿制成功，命名为“1979年式特种舟桥”（简称“79式舟桥”，也称为GZQ110型特种舟桥）。从此，在特大江河上架设舟桥，不再需要由总部调集几个军区的舟桥部队联合行动了。到20世纪80年代，各战略军区可在所辖范围内自行解决特大江河的渡河问题。

20 世纪 90 年代末，我国对“79 式舟桥”进行了改进，研制生产出性能更先进的改进型 79 式特种舟桥，通过定型后命名为 GZQl10A 型特种舟桥，并于 2000 年装备部队。

2. 研制概况

我国部队自行研制带式舟桥始于 20 世纪 50 年代，至今主要研制成功了三种型号的带式舟桥并装备部队，分别是 74 式/GZQ220 型重型舟桥、74 式改进型/GZQ221 型重型舟桥、79 式/GZQ230 型带式舟桥。这些舟桥所需人员、车辆少，作业机械化程度高，架设和撤收速度快，适用于克服大、中江河障碍。

74 式重型舟桥装备是我军第一代带式舟桥，由我国自行设计制造，又称“74 式带式舟桥”“GZQ220 型重型舟桥”“两折带式舟桥”，于 1974 年定型，用于保障履带式 50 t 或轮式轴重 9 t 以下车辆通过江河障碍。

我国于 1979 年自行设计制造出 79 式带式舟桥，也称为“GZQ230 型带式舟桥”，是一种四折带式舟桥，可架设载重 50 t、20 t 的舟桥。

我国在 20 世纪 90 年代初自行设计制造出一种性能更为先进的横折式带式舟桥，命名为“GZQ221 型重型舟桥”，并于 1992 年装备部队。“GZQ221 型重型舟桥”是在 74 式/GZQ220 型重型舟桥基础上融入 79 式带式舟桥的新技术研制而成的，因此也称为“74 式改进型重型舟桥”，简称“74 改式重型舟桥”。其承载能力为履带式 60 t、轮式轴重 13 t，适用流速为 2.5 m/s。该型舟桥总体技术水平与美国、俄罗斯、德国、法国等欧美发达国家的同类型装备相当，是我军舟桥部队的骨干装备，同时出口到国外。

进入 21 世纪以来，我国的舟桥装备得到了长足发展。2010 年定型的新型重型舟桥实现了新的更新换代，并装备于舟桥旅和部分舟桥团，构筑门桥渡口和架设浮桥，保障作战部队、武器装备、人员物资克服 300 m 以上的大江河。该装备具有可变结构体系舟桥总体技术、桥跨浮游自展架设技术、多功能动力舟及其控制技术、集成化锚定门桥技术、过程可控的运载车装卸载技术等。

目前，我国军用渡河桥梁装备门类相对齐全，部队装备问题已基本解决，部分装备的综合性能跻身世界先进行列，有的应用高新技术在提高性能上取得了较好成绩[11]。

1.3　国外现代公路舟桥发展概况

1.3.1　国外现代民用公路舟桥发展概况

国外，民用跨河交通以固定桥梁和船渡为主。代之现代桥梁和舟桥，西方发达国家发展了永久性民用舟桥，属浮动基础的混凝土（混凝土、钢筋混凝土、预应力混凝土）桥或钢桥，已不属于舟桥范畴。

1.3.2　国外现代军用公路舟桥发展概况

国外舟桥技术的应用主要在军事领域。舟桥在现代战争中的著名应用案例如下。中东战争期间，埃军强渡苏伊士运河，其工程兵部队沿 170 km 长的运河，开辟了十多个舟桥渡场和50个门桥渡场，使5个装甲师成功地跨越苏伊士运河，突破巴列夫防线。伊拉克战争爆发后，为保障美军快速向巴格达推进，美第3机步师工兵旅在巴格达南20 km处的幼发拉底河大桥附近，用改进式带式舟桥架起舟桥，使随后三千多辆军车顺利开进。为保障第4机步师快速机动部署，美军第130工兵旅又在提克里特战区底格里斯河上架设了两座536 m和586 m的巨型舟桥，使部队畅行无阻。

外国军用舟桥的研制起步较早，技术相对成熟。当前，外国军用典型的公路舟桥装备主要有带式舟桥和自行舟桥两类[12]。

1. 带式舟桥

带式舟桥是外国军用舟桥的最主要形式，特点是舟和上部结构合为一体，架设速度快，劳动强度低，作业人员少。代表性的带式舟桥有俄国ПП-91带式舟桥系列、美国改进型四折带式舟桥、德国FSB2000带式舟桥、法国PFM摩托化舟桥。

20世纪60年代初苏联研制成功ПМП带式舟桥，承载能力为20～60军用吨级，适用流速2.5 m/s。ПМП带式舟桥被认为是舟桥设计中的重要转折，现已被ПП-91带式舟桥替代。其单舟由高强度钢制成，四个单舟铰接在一起组成一个节套舟，标准基础桥承载能力为60军用吨级，但该桥还可以组合成承载能力为20军用吨级、宽度为一半但长度更长的舟桥，通过在架设中将舟桥从纵向拆开来实现。在ПМП带式舟桥的基础上，俄军于20世纪90年代推出了新型的ПП-91带式舟桥，承载能力为60～120军用吨级，适用流速3.0 m/s。

美国于1969年开始研制带式舟桥，是对苏联ПМП带式舟桥的仿制，并于1976年正式装备部队，承载能力为60军用吨级，适用流速3.2 m/s。美国改进型四折带式舟桥与苏联ПМП带式舟桥相比，其主要特点是：舟车主体材料采用铝合金，自重较ПМП带式舟桥轻1/3；装卸车和折叠展开方式不同；河中节套舟上不设跳板和锚定设备。

在美国带式舟桥研制成功以后，德国于20世纪70年代末也生产美国的带式舟桥，命名为FSB带式舟桥，并装备部队。20世纪80年代以后德国开始研制新式的FSB2000带式舟桥，性能较原FSB带式舟桥有较大的提高：加强了总强度，承载能力由54 t提高到了63 t，特殊情况可达72 t；采用了具有良好水动力性能的流线型横断面形状，并设置了防浪板；改善了舟桥的稳定性和浅水适应性，适应流速由2.7 m/s提高到3.5 m/s。

法国PFM摩托化舟桥，主要由河中桥节舟和岸边跳板两部分组成，承载能力达70军用吨级，适用流速为3.0 m/s。这种五折带式舟桥中间三折为轻合金材料，两侧的两折为层压玻璃增强塑料。PFM摩托化舟桥的最大特点：一是无须架桥汽艇，自带水上动力，机动灵活，架桥速度快，在河岸无障碍的情况下，45人15 min可架设一座100 m长的舟桥；二是桥面展开宽度大于四折带式舟桥的桥面宽度；三是配备的专用板长，能从4 m高的岸边架设，岸坡适应能力强。所有这些都是其他国家的四折带式舟桥无法比拟的。

2. 自行舟桥

自行舟桥是将舟、上部结构、运载车辆和水上动力装置合为一体的两栖专用装备，其舟车合一，入水为桥，出水为车，机动灵活，车、桥转换迅速，单车入水展开车上的桥节即可成为漕渡门桥，多车相连可成舟桥。自行舟桥的典型代表有法军 EFA 前线渡河器材、德军的 M3 自行舟桥、美军的 MAB 自行舟桥等。

最早的自行舟桥是第二次世界大战初期法国的 BAC 自行舟桥。法国于 1945 年正式开始着手研究自行舟桥，在 BAC 自行舟桥的基础上，1950 年研制成季洛瓦自行舟桥，1961 年按合同研制成四种车型，其中河中桥车和跳板车组成了自行舟桥。在季洛瓦自行舟桥的基础上，法国随后又发展了更先进的季洛瓦-2 自行舟桥和 EFA 前线渡河器材（1992 年研制生产）。EFA 前线渡河器材车体及跳板均由轻型焊接铝合金制成，作为舟桥使用时，其跨度为 23.5 m，承载能力为 70 军用吨级，适用流速 2.5 m/s。

德国在 1959 年也开始研制自己的自行舟桥。他们分析了法国季洛瓦自行舟桥的特点，取长补短，在 1967 年基本上完成了 M2 自行舟桥的研制和试验，在 1968 年初交付给德国陆军使用。M2 自行舟桥先后发展过五种型号，分别为 M2A 自行舟桥、M2B 自行舟桥、M2C 自行舟桥、M2D 自行舟桥、M2E 自行舟桥。随着 M2 自行舟桥使用期的结束，德国又与英国合作研制了 M3 自行舟桥。M3 自行舟桥在 M2 自行舟桥系统之上做了一些改进，其中包括：可以不必调头就能驶上陆地或驶入水中；三块跳板取代了 M2 自行舟桥上的四块；每个桥节模块加长至 2.8 m；装在车轮拱板内部的浮囊可以提供额外浮力等。构建舟桥承载能力为 70 军用吨级，适用流速 3.5 m/s。

美国的 MAB 自行舟桥于 1959 年开始研制，在 1960 年 11 月完成样桥研究，1963 年进行部队试验。由于自行舟桥装备造价昂贵，结构复杂，维修保养困难，加之 MAB 自行舟桥装备在设计上存在不少问题，军队曾一度对其持否定态度，停止生产，提出在工程兵部队的编制中撤销军属自行舟桥连的动议。后随着其他国家自行舟桥取得进展，军队重拾兴趣，MAB 自行舟桥最终于 1969 年 11 月定型，并做了改进，到 1970 年 9 月得以完成，1973 年装备军队。MAB 自行舟桥主要采用铝合金制造，承载能力为 60 军用吨级，适用流速 3 m/s。

1.4 舟桥技术发展趋势

1.4.1 军用舟桥发展趋势

进入 21 世纪，材料科学日趋成熟，军用舟桥开始采用新型轻金属材料、高屈服应力材料及高性能碳纤维复合材料等，重量更轻，强度更大，结构性能更加安全可靠，符合现代战争要求。尤其是信息技术飞速发展，促使舟桥装备向着自动架设与撤收方向发展，运用自动控制技术，可实现舟桥机电一体化作业，使军用舟桥发展产生了划时代的飞跃。

纵观中外舟桥发展可以看出，军用舟桥在中外军事领域具有不可替代的作用，其技术发展强调便于机动隐蔽和快速通行保障，将向轻型化、机动化、模块化、信息化、体系化方向发展。

1.4.2 民用舟桥发展趋势

民用舟桥在人口密集、经济发展迅速、跨河交通需求大而通航受限的水域仍具旺盛生命力，其技术发展更加追求通行能力高（与军用舟桥载荷相比，民用舟桥载荷更大，且主要为轮式）和使用寿命长（军用舟桥通行量和使用时间要求远低于民用舟桥），将向大型化、标准化、高承压强度（局部强度和抗弯扭）方向发展；在通航水域，将向便于启闭方向发展；同时，在流速较高的宽敞水域，分置式舟桥有取代带式舟桥的趋势[13]。

在当前形势下，实施创新驱动，打造“安全、舒适、高效、美丽、绿色、共享”的“智慧舟桥”，实现舟桥技术升级换代，是民用舟桥行业健康可持续发展的必由之路。“安全”，就是要攻克技术难点，发展大型舟桥装备，全面提升舟桥的安全保障能力；同时，对典型恶劣工况下舟桥节点的实时运行进行监测覆盖，实现体检智能化。“舒适”，就是要突出性能设计，提升通载性能，提高人、车通行的舒适度。“高效”，就是要实现舟桥的“扩通道”，不再局限于两车道设计，并拓展收费支付方式，提高舟桥通行能力。“美丽”，就是要提高舟桥的外在美观性，在舟桥装备上融入景观设计，同时要对两岸码头、舟桥路、办公区实施标准化建设和绿化景观建设，打造景观舟桥，实现“人悦其行”。“绿色”，就是要引入工程技术手段，优化结构设计，研究使用高强度钢、合金钢、硬铝等材料替代普通碳素钢，实现结构轻量化；并应用新焊接技术、新涂装工艺、模块组合技术等，实现资源节约集约利用；推广应用太阳能、风能路灯，实现清洁能源应用。“共享”，就是要强化“互联网＋”思维，建立公路舟桥信息平台，实现数据、信息开放共享，融入物联网，为社会提供实时交通运行状态查询、出行路线规划等服务。

第 2 章　铰接系舟桥分析理论及方法

铰接系舟桥是由不同桥节铰接而成的，铰能自由转动，只传递剪力而不传递弯矩，该剪力称为铰力。考虑桥节变形可将舟桥简化为弹性基础梁模型。将桥节简化为刚体，可采用焦点法和铰位移传递法进行计算。此外有部分学者提出了传递矩阵法对舟桥进行计算。随着有限元法研究的不断深入和计算技术的发展，更多采用有限元法进行计算。下面对目前铰接系舟桥常用的计算方法做一些简要的介绍。

2.1　弹性基础梁理论

舟桥一般较长，舟桥两端对舟桥河中部分约束较小，分置式舟桥由于桥脚舟等间距配置，可简化为弹性基础梁模型进行力学分析，研究移动的车辆载荷对弹性基础梁的影响[14]。如图 2.1 所示，将舟桥简化为弹性基础梁模型，车辆载荷简化为以速度 v 移动的集中力 P。

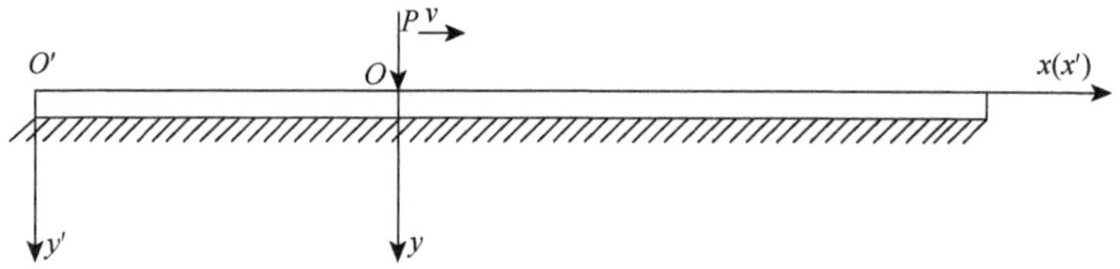

图 2.1　弹性基础梁模型

运用弹性基础梁理论进行分析需作出以下假设：

（1）作用在舟桥上的载荷大小不变；

（2）舟桥在无载荷作用下处于水平状态；

（3）舟桥的弹性基础符合 Winkler 假设；

（4）载荷一直作用在梁上。

如图 2.1 所示，xOy 为移动坐标系，$x'O'y'$ 为固定坐标系。弹性基础梁的弯曲微分方程为

$$EI\frac{\mathrm{d}^4 y}{\mathrm{d}x^4}+ky=q(x) \tag{2.1}$$

式中：

EI——梁的刚度；

k——弹性基础梁的“刚度系数”；

$q(x)$——外载荷的集度。

考虑附连水的作用，则弹性基础梁的弯曲微分方程可改为

$$EI\frac{\partial^4 y(x,t)}{\partial x^4}+m\frac{\partial^2 y(x,t)}{\partial t^2}+ky=q(x,t) \tag{2.2}$$

式中，对于舟桥，设 $q(x,t)=0$ ，$m=m_{\mathrm{b}}+m_{\mathrm{a}}$ ，m_{b} 为单位长度上梁的质量，m_{a} 为附连水的质量，可采用以下附连水质量公式计算：

$$m_{\mathrm{a}}=\frac{1}{8}C_{\mathrm{v}}K_{\mathrm{i}}\pi\rho_{\mathrm{w}}B_{\mathrm{s}}^2 \tag{2.3}$$

式中：

C_{v} 和 K_{i} ——无因次修正系数；

ρ_{w} ——水的质量密度，$\mathrm{kg/m^3}$；

B_{s}——梁截面的宽度，m。

因为 $x=x'-vt$ ，$\partial x/\partial t=-v$ ，所以

$$\frac{\partial^2 y}{\partial t^2}=\frac{\partial\left(\dfrac{\partial y}{\partial t}\right)}{\partial t}=\frac{\partial\left(\dfrac{\partial y}{\partial x}\dfrac{\partial x}{\partial t}\right)}{\partial x}\frac{\partial x}{\partial t}=v^2\frac{\partial^2 y}{\partial x^2} \tag{2.4}$$

将式（2.4）代入式（2.2）可得

$$\frac{\mathrm{d}^4 y}{\mathrm{d}x^4}+\frac{mv^2}{EI}\frac{\mathrm{d}^2 y}{\mathrm{d}x^2}+\frac{ky}{EI}=\frac{q(x)}{EI} \tag{2.5}$$

在舟桥的实际结构中，$4EIk-m^2v^4>0$ 总是成立的。因此，式（2.5）的齐次方程[当 $q(x)=0$ 时]的解可以写成如下形式：

$$y(x)=\mathrm{e}^{-\beta_1 x}[A\cos(\beta_2 x)+B\sin(\beta_2 x)]+\mathrm{e}^{\beta_1 x}[C\cos(\beta_2 x)+D\sin(\beta_2 x)] \tag{2.6}$$

其中，

$$\beta_1=\sqrt{\sqrt{\frac{k}{4EI}}-\frac{mv^2}{4EI}},\quad \beta_2=\sqrt{\sqrt{\frac{k}{4EI}}+\frac{mv^2}{4EI}}$$

当 $x\to\infty$ 时，$y\to 0$，简单梁理论中无限长梁的端部弯矩为 0，可得 $C=D=0$ ，则

$$y(x)=\mathrm{e}^{-\beta_1 x}[A\cos(\beta_2 x)+B\sin(\beta_2 x)] \tag{2.7}$$

用初始参数法来确定未知系数 A 和 B，得

$$\begin{cases} A=-\dfrac{Q_0}{2EI\beta_1(\beta_1^2+\beta_2^2)}-\dfrac{\alpha_0(3\beta_1^2-\beta_2^2)}{2\beta_1(\beta_1^2+\beta_2^2)} \\ B=-\dfrac{Q_0}{2EI\beta_2(\beta_1^2+\beta_2^2)}-\dfrac{\alpha_0(3\beta_2^2-\beta_1^2)}{2\beta_2(\beta_1^2+\beta_2^2)} \end{cases} \tag{2.8}$$

式中：

Q_0 ——原点处的剪力；

α_0 ——原点处转角。

将式（2.8）中的积分常数代入式（2.7）中，得

$$\begin{aligned} y(x)=&\frac{\alpha_0\mathrm{e}^{-\beta_1 x}}{2\beta_1\beta_2(\beta_1^2+\beta_2^2)}[\beta_2(\beta_2^2-3\beta_1^2)\cos(\beta_2 x)+\beta_1(3\beta_2^2-\beta_1^2)\sin(\beta_2 x)] \\ &-\frac{Q_0\mathrm{e}^{-\beta_1 x}}{2EI\beta_1\beta_2(\beta_1^2+\beta_2^2)}[\beta_2\cos(\beta_2 x)+\beta_1\sin(\beta_2 x)] \end{aligned} \tag{2.9}$$

由式（2.9）可得

$$\alpha(x)=\frac{\alpha_0 \mathrm{e}^{-\beta_1 x}}{2\beta_1\beta_2}[2\beta_1\beta_2\cos(\beta_2 x)+(\beta_1^2-\beta_2^2)\sin(\beta_2 x)]+\frac{Q_0\mathrm{e}^{-\beta_1 x}}{2EI\beta_1\beta_2}\sin(\beta_2 x) \tag{2.10}$$

$$\begin{aligned}M(x)=&\frac{\alpha_0 EI(\beta_1^2+\beta_2^2)\mathrm{e}^{-\beta_1 x}}{2\beta_1\beta_2}[\beta_2\cos(\beta_2 x)+\beta_1\sin(\beta_2 x)]\\&+\frac{Q_0\mathrm{e}^{-\beta_1 x}}{2\beta_1\beta_2}[-\beta_2\cos(\beta_2 x)+\beta_1\sin(\beta_2 x)]\end{aligned} \tag{2.11}$$

$$Q(x)=-\frac{\alpha_0 EI(\beta_1^2+\beta_2^2)^2\mathrm{e}^{-\beta_1 x}}{2\beta_1\beta_2}\sin(\beta_2 x)+\frac{Q_0\mathrm{e}^{-\beta_1 x}}{2\beta_1\beta_2}[2\beta_1\beta_2\cos(\beta_2 x)+(\beta_2^2-\beta_1^2)\sin(\beta_2 x)] \tag{2.12}$$

其中，$\alpha(x)$、$M(x)$、$Q(x)$ 分别为梁的转角、弯矩和剪力。

令

$$\begin{cases}h_1(x)=\dfrac{\mathrm{e}^{-\beta_1 x}}{2\beta_1\beta_2}[\beta_2\cos(\beta_2 x)+\beta_1\sin(\beta_2 x)]\\[2ex] h_2(x)=\dfrac{\mathrm{e}^{-\beta_1 x}}{2\beta_1\beta_2}[\beta_2(\beta_2^2-3\beta_1^2)\cos(\beta_2 x)+\beta_1(3\beta_2^2-\beta_1^2)\sin(\beta_2 x)]\\[2ex] i_1(x)=\dfrac{\mathrm{e}^{-\beta_1 x}}{2\beta_1\beta_2}[2\beta_1\beta_2\cos(\beta_2 x)-(\beta_1^2-\beta_2^2)\sin(\beta_2 x)]\\[2ex] i_2(x)=\dfrac{\mathrm{e}^{-\beta_1 x}}{2\beta_1\beta_2}[2\beta_1\beta_2\cos(\beta_2 x)+(\beta_1^2-\beta_2^2)\sin(\beta_2 x)]\\[2ex] j_1(x)=\dfrac{\mathrm{e}^{-\beta_1 x}}{2\beta_1\beta_2}[\beta_2\cos(\beta_2 x)-\beta_1\sin(\beta_2 x)]\\[2ex] \xi_1(x)=\dfrac{\mathrm{e}^{-\beta_1 x}}{2\beta_1\beta_2}\sin(\beta_2 x)\end{cases} \tag{2.13}$$

对弹性基础无限长连续梁，满足 $Q_0=-\dfrac{P}{2}$，$\alpha_0=0$，可得

$$y(x)=\frac{P}{2EI(\beta_1^2+\beta_2^2)}h_1(x) \tag{2.14}$$

$$\alpha(x)=-\frac{P}{2EI}\xi_1(x) \tag{2.15}$$

$$M(x)=\frac{P}{2}j_1(x) \tag{2.16}$$

$$Q(x)=-\frac{P}{2}i_1(x) \tag{2.17}$$

假设在式（2.6）中 $\nu=0$，则有

$$\beta_1=\beta_2=\beta=\sqrt[4]{\frac{k}{4EI}} \tag{2.18}$$

令

$$\begin{cases} h(x)=\mathrm{e}^{-\beta x}[\cos(\beta x)+\sin(\beta x)] \\ i(x)=\mathrm{e}^{-\beta x}\cos(\beta x) \\ j(x)=\mathrm{e}^{-\beta x}[\cos(\beta x)-\sin(\beta x)] \\ \xi(x)=\mathrm{e}^{-\beta x}\sin(\beta x) \end{cases} \tag{2.19}$$

则可以分别得到挠度、转角、弯矩和剪力的表达式：

$$y(x)=\frac{P}{8EI\beta^3}h(x) \tag{2.20}$$

$$\alpha(x)=-\frac{P}{4EI\beta^2}\xi(x) \tag{2.21}$$

$$M(x)=\frac{P}{4\beta}j(x) \tag{2.22}$$

$$Q(x)=-\frac{P}{2}i(x) \tag{2.23}$$

由式（2.20），载荷作用截面取 $x=0$，此时位移的幅值为

$$y_{\max}=\frac{P}{4EI(\beta_1^2+\beta_2^2)\beta_1}=\frac{P}{4EI\beta^3}\frac{\beta}{\beta_1} \tag{2.24}$$

式中：

$\dfrac{P}{4EI\beta^3}$——静位移；

$\dfrac{\beta}{\beta_1}$——动载荷系数 K_{v}，

$$K_{\mathrm{v}}=\frac{\beta}{\beta_1}=\frac{\beta}{\sqrt{\beta_2^2-\dfrac{mv^2}{4EI}}} \tag{2.25}$$

对于弹性基础铰接梁的求解，有学者提出施加转角来补偿铰接点的影响。在梁上铰接点 i 加一个转角 θ_i 来抵消弯矩 M_i。转角 θ_i 由式（2.26）求解：

$$\sum_{j=1}^{n} m_{ij}\theta_i=-M_i \quad (i=1,2,3,\cdots) \tag{2.26}$$

式中：

m_{ij}——在铰 j 处加单位转角时，铰 i 处产生的弯矩，$m_{ij}=-\dfrac{1}{2}EI(\beta_1^2+\beta_2^2)h_1(x_j)$，$x_j$ 为铰 j 和铰 i 间的距离。

弹性基础铰接梁的挠度、转角、弯矩和剪力改为

$$y(x)=\frac{P}{2EI(\beta_1^2+\beta_2^2)}h_1(x)-\frac{P}{2(\beta_1^2+\beta_2^2)}\sum_{i=1}^{n}\theta_i h_2(x_i) \tag{2.27}$$

$$\alpha(x)=-\frac{P}{2EI}\xi_1(x)-\frac{1}{2}\sum_{i=1}^{n}\theta_i i_2(x_i) \tag{2.28}$$

$$M(x)=\frac{P}{2}j_1(x)-\frac{1}{2}EI(\beta_1^2+\beta_2^2)\sum_{i=1}^{n}\theta_i h_1(x_i) \tag{2.29}$$

$$Q(x)=-\frac{P}{2}i_1(x)-\frac{1}{2}EI(\beta_1^2+\beta_2^2)^2\sum_{i=1}^{n}\theta_i \xi_1(x_i) \tag{2.30}$$

2.2 焦 点 法

焦点法计算时假定舟桥河中部分无限长，桥节结构刚度无限大，桥节中所有桥脚舟的水线面面积相等，并认为桥节的重心与浮心相重合。根据桥节端部变位进行铰力计算。

如图 2.2 所示，对于单个桥节的变位情况，如在桥节端部 A 点有力 $P=1$ 作用时，桥节端部 A 点和 B 点的变位分别为 δ_{AA} 和 δ_{AB}，同理在桥节端部 B 点有力 $P=1$ 作用时，桥节端部 A 点和 B 点的变位分别为 δ_{BA} 和 δ_{BB}，可得

$$\begin{cases}\delta_{AA}=\delta_{BB}=\dfrac{P}{\gamma F_{\mathrm{M}}}\left(1+\dfrac{L_0^2}{4r_0^2}\right)\\[2ex]\delta_{BA}=\delta_{AB}=\dfrac{P}{\gamma F_{\mathrm{M}}}\left(1-\dfrac{L_0^2}{4r_0^2}\right)\end{cases} \tag{2.31}$$

式中：

r_0——桥节转动半径，m；

L_0——桥节计算长度，m；

F_{M}——桥节水线面面积，m^2。

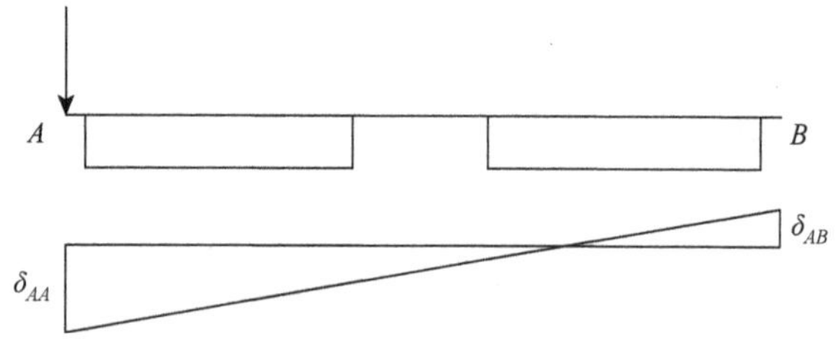

图 2.2　桥节 A 端有力 $P=1$ 作用时焦点位置图

其中变位线与水平线相交的位置不会随 P 值改变而改变，该点即为焦点，用 f 表示，$\dfrac{\delta_{AB}}{\delta_{AA}}$ 或 $\dfrac{\delta_{BA}}{\delta_{BB}}$ 被称为焦点比。

在舟桥河中部位，当力 $P=1$ 作用在最右侧的端部 n 点上时，河中部分的变位图如图 2.3 所示，此变位线与水平线有一系列交点。如果力 $P=1$ 作用在最左侧端部上，此变位线与水平线也有一系列交点。

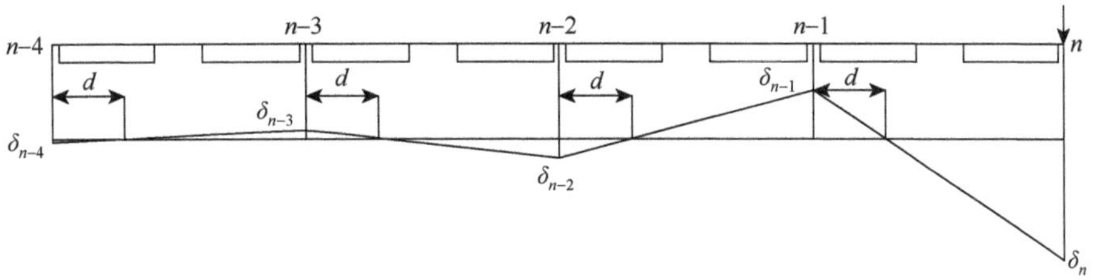

图 2.3　舟桥河中部位端部 n 有力 $P=1$ 作用时的变位图

在图 2.3 中，舟桥河中部位无限长时，所有桥节的焦点位置相似，各桥节的焦点比 J_k 相等，左焦点比为

$$J_k=\frac{\delta_{n-1}}{\delta_n}=\frac{\delta_{n-2}}{\delta_{n-1}}=\frac{\delta_{n-3}}{\delta_{n-2}}=\cdots \tag{2.32}$$

同理，右焦点比为

$$J_k=\frac{\delta_{n+1}}{\delta_n}=\frac{\delta_{n+2}}{\delta_{n+1}}=\frac{\delta_{n+3}}{\delta_{n+2}}=\cdots \tag{2.33}$$

其中，$n-1$，$n-2$，…为力 $P=1$ 作用在河中部位最右侧端部 n 点上时，自右向左的铰的编号；$n+1$，$n+2$，…为力 $P=1$ 作用在河中部位最左侧端部 n 点上时，自左向右的铰的编号。焦点比可由式（2.34）表示：

$$J_k=-\frac{\dfrac{L_0}{2}-d}{\dfrac{L_0}{2}+d}=-\frac{L_0-2d}{L_0+2d} \tag{2.34}$$

舟桥的各铰的变位可以用焦点比和力 $P=1$ 作用时端部变位 δ_n 来表示，δ_n 为河中部位端部 n 点的柔度。

$$\delta_{n-1}=\delta_n k,\quad \delta_{n-2}=\delta_{n-1}k=\delta_n k^2,\quad \delta_{n-3}=\delta_{n-2}k=\delta_n k^3 \tag{2.35}$$

如果力 $P=1$ 作用在河中部分最左侧的端部 n 点上，同理可得

$$\delta_{n+1}=\delta_n k,\quad \delta_{n+2}=\delta_{n+1}k=\delta_n k^2,\quad \delta_{n+3}=\delta_{n+2}k=\delta_n k^3 \tag{2.36}$$

设 $n-1$ 点变位为 δ_{n-1}，铰力为 X_{n-1}，则满足 $\dfrac{P}{\delta_n}=\dfrac{X_{n-1}}{\delta_{n-1}}$，可得 n 点向左各点铰力 $X_{n-1}=kP,X_{n-2}=k^2P,X_{n-3}=k^3P,\cdots$；设 $n+1$ 点变位为 δ_{n+1}，铰力为 X_{n+1}，可得 n 点向右各点铰力 $X_{n+1}=-kP,X_{n+2}=-k^2P,X_{n+3}=-k^3P,\cdots$。而 $n-1$ 点和 n 点变位满足：

$$\begin{cases}\delta_n=P\cdot\delta_{AA}-X_{n-1}\delta_{AB}=\delta_{AA}-k\delta_{AB}\\ \delta_{n-1}=P\cdot\delta_{BA}-X_{n-1}\delta_{BB}=\delta_{BA}-k\delta_{AA}\end{cases} \tag{2.37}$$

可推得 $J_k=-\dfrac{L_0-2r}{L_0+2r}$，对于二舟桥节，$r=\dfrac{l}{2}$，其中 l 为桥节跨度。

利用上述焦点法原理，可求出各铰铰力，进一步可求出任意桥节的弯矩、吃水、纵坡度等。

2.3　铰位移传递法

焦点法计算假设过于理想化，而铰位移传递法适用于一般铰接系舟桥，铰位移传递法是利用递归算法进行计算的，由舟桥的两端向河中推算各桥节的组合柔度（单位力作用在桥节端点时，该点产生的变位），桥节两端的组合柔度是一个与桥节的自身结构参数及端部约束有关的量，而舟桥末端一般为自由端或简支等，柔度可知。桥节左右端组合柔度按式（2.38）求解：

$$\begin{cases} \varDelta_{\mathrm{L}}^{(i)} = \delta_{AA}^{(i)} - \dfrac{[\delta_{AB}^{(i)}]^2}{\delta_{BB}^{(i)} + \varDelta_{\mathrm{L}}^{(i+1)}} \\ \varDelta_{\mathrm{R}}^{(i)} = \delta_{BB}^{(i)} - \dfrac{[\delta_{BA}^{(i)}]^2}{\delta_{AA}^{(i)} + \varDelta_{\mathrm{R}}^{(i-1)}} \end{cases} \tag{2.38}$$

式中：

$\varDelta_{\mathrm{L}}^{(i)}$——桥节左端的组合柔度；

$\varDelta_{\mathrm{L}}^{(i+1)}$——右端相邻桥节左端的组合柔度；

$\varDelta_{\mathrm{R}}^{(i)}$——桥节右端的组合柔度；

$\varDelta_{\mathrm{R}}^{(i-1)}$——左端相邻桥节右端的组合柔度；

$\delta_{AA}^{(i)}$、$\delta_{AB}^{(i)}$——桥节左端受力 $P=1$ 作用时，桥节两端产生的变位；

$\delta_{BA}^{(i)}$、$\delta_{BB}^{(i)}$——桥节右端受力 $P=1$ 作用时，桥节两端产生的变位。

然后由河中目标桥节向两岸推算各桥节的铰位移传递系数，铰位移传递系数是指相邻铰处产生的变位与所求铰处产生的变位的比值。桥节的铰位移右传递系数为

$$C_{\mathrm{R}}^{(i)} = \frac{\delta_{AB}^{(i)}}{\delta_{BB}^{(i)} + \varDelta_{\mathrm{L}}^{(i+1)}} \cdot \frac{\varDelta_{\mathrm{L}}^{(i+1)}}{\varDelta_{\mathrm{L}}^{(i)}} \tag{2.39}$$

左传递系数为

$$C_{\mathrm{L}}^{(i)} = \frac{\delta_{AB}^{(i)}}{\delta_{AA}^{(i)} + \varDelta_{\mathrm{R}}^{(i-1)}} \cdot \frac{\varDelta_{\mathrm{R}}^{(i-1)}}{\varDelta_{\mathrm{R}}^{(i)}} \tag{2.40}$$

如图 2.4（a）所示，在力 $P=1$ 作用下，铰 i 处的铰力为 x_i，变位为 δ_i。在铰 i 处解除铰约束，并于该处两边各施加力 Q，如图 2.4（b）所示，其变位如图 2.4（c）所示。根据功的互等定理可得关系式：

$$1 \cdot y_P + x_i\delta_i^{\mathrm{L}} - x_i\delta_i^{\mathrm{R}} = Q\delta_i - Q\delta_i = 0 \tag{2.41}$$

式中：

δ_i^{L}——解除铰约束后，铰 i 处受单位力作用时右侧变位；

δ_i^{R}——解除铰约束后，铰 i 处受单位力作用时左侧变位。

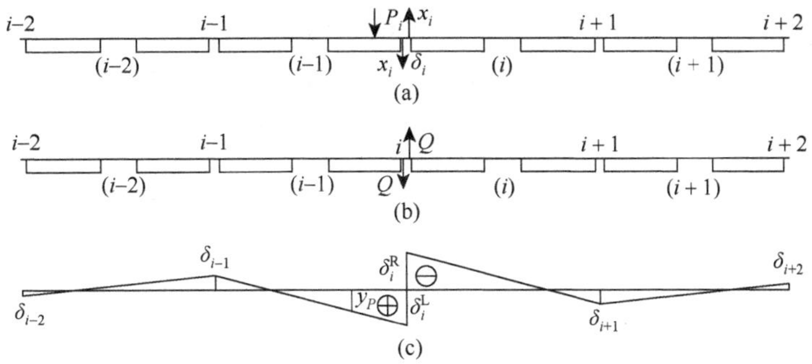

图 2.4　铰位移传递法示意图

因此，$x_i=-\dfrac{y_P}{\delta_i^{\mathrm{L}}-\delta_i^{\mathrm{R}}}$，所施加的力 Q 使铰 i 处相对变位满足 $\delta_i^{\mathrm{L}}-\delta_i^{\mathrm{R}}=1$，$\delta_i^{\mathrm{R}}$ 为负值，则 $x_i=-y_P$。因此，求解铰力 x_i 即求解在铰 i 处产生相对变位为 1 的一对力作用下引起的变位 y_P。

对于目标铰处铰变位的求解，在要求的铰处解除约束，两边施以等值力，左、右两边的变位分别按式（2.42）计算：

$$\begin{cases}\delta_i^{\mathrm{L}}=\dfrac{\varDelta_{\mathrm{R}}^{(i-1)}}{\varDelta_{\mathrm{R}}^{(i-1)}+\varDelta_{\mathrm{L}}^{(i)}}\\[2ex]\delta_i^{\mathrm{R}}=-\dfrac{\varDelta_{\mathrm{L}}^{(i)}}{\varDelta_{\mathrm{R}}^{(i-1)}+\varDelta_{\mathrm{L}}^{(i)}}\end{cases}\tag{2.42}$$

桥节铰 i 处的铰力满足左侧桥节的右端和右侧桥节的左端的铰力和与 $P=1$ 平衡，可得 $\delta_i=\dfrac{\varDelta_{\mathrm{R}}^{(i-1)}\varDelta_{\mathrm{L}}^{(i)}}{\varDelta_{\mathrm{R}}^{(i-1)}+\varDelta_{\mathrm{L}}^{(i)}}$。

该铰以右各铰的变位为

$$\delta_{i+1}=C_{\mathrm{R}}^{(i)}\delta_i^{\mathrm{R}},\quad \delta_{i+2}=C_{\mathrm{R}}^{(i+1)}\delta_{i+1}=C_{\mathrm{R}}^{(i)}C_{\mathrm{R}}^{(i+1)}\delta_i^{\mathrm{R}},\cdots\tag{2.43}$$

该铰以左各铰的变位为

$$\delta_{i-1}=C_{\mathrm{L}}^{(i-1)}\delta_i^{\mathrm{L}},\quad \delta_{i-2}=C_{\mathrm{L}}^{(i-2)}\delta_{i-1}=C_{\mathrm{L}}^{(i-1)}C_{\mathrm{L}}^{(i-2)}\delta_i^{\mathrm{L}},\cdots\tag{2.44}$$

依次求出各铰变位和铰力等，进而可求出任意桥节的弯矩、吃水、纵坡度等。

2.4 有 限 元 法

有限元法是目前最为常用的分析方法。将结构离散为有限单元，节点位移作为基本未知量，用函数表示单元内位移分布规律，建立节点力和位移之间力学特性关系，求解节点的位移，然后根据应力、应变方程求解节点的应力、应变。有限元法的求解步骤如下：

（1）离散化模型。将结构离散为很多不同类型单元，单元之间节点传递的内力为节点力，而节点上承受的载荷称为节点载荷。当结构受外载荷作用而产生变形时，这些离散单元也会产生不同程度的变形，各节点因此会出现位移，称为节点位移。

（2）选择插值函数。根据单元类型，选择函数，用来表示单元任意点位移场分布情况。计算矩阵如下：

$$\boldsymbol{d}=\boldsymbol{N}\boldsymbol{\delta}^{\mathrm{e}} \tag{2.45}$$

式中：

$\boldsymbol{d}$ ——单元内任意点的位移矩阵；

$\boldsymbol{N}$ ——插值函数矩阵；

$\boldsymbol{\delta}^{\mathrm{e}}$ ——单元节点位移矩阵。

（3）建立单元刚度矩阵。建立各个单元的矩阵方程，表征节点位移和节点力之间的关系。利用虚功理论对单元刚度矩阵进行推导：

$$\boldsymbol{F}^{\mathrm{e}}=\boldsymbol{k}^{\mathrm{e}}\boldsymbol{\delta}^{\mathrm{e}} \tag{2.46}$$

式中：

$\boldsymbol{F}^{\mathrm{e}}$ ——单元节点力矩阵；

$\boldsymbol{k}^{\mathrm{e}}$ ——单元刚度矩阵。

单元刚度矩阵可由式（2.47）导出：

$$\boldsymbol{k}^{\mathrm{e}}=\iiint \boldsymbol{B}^{\mathrm{T}}\boldsymbol{D}\boldsymbol{B}\,\mathrm{d}x\mathrm{d}y\mathrm{d}z \tag{2.47}$$

式中：

$\boldsymbol{B}$ ——应变矩阵；

$\boldsymbol{D}$ ——材料的弹性矩阵。

（4）联立单元刚度矩阵。建立整体刚度矩阵方程，即建立节点载荷与节点位移的关系：

$$\boldsymbol{F}=\boldsymbol{k}\boldsymbol{\delta} \tag{2.48}$$

式中：

$\boldsymbol{F}$ ——全部节点载荷组成的列阵；

$\boldsymbol{k}$ ——整体刚度矩阵；

$\boldsymbol{\delta}$ ——全部节点位移组成的矩阵。

（5）引入约束求解节点位移。根据约束条件，求解整体刚度矩阵方程，得到各节点的位移。

（6）计算应力、应变。根据节点位移求出单元的应力、应变。应变矩阵方程和应力矩阵方程如下：

$$\boldsymbol{\varepsilon}=\boldsymbol{B}\boldsymbol{\delta}^{\mathrm{e}} \tag{2.49}$$

$$\boldsymbol{\sigma}=\boldsymbol{D}\boldsymbol{\varepsilon} \tag{2.50}$$

第3章　承压舟舟桥设计

3.1　承压舟舟桥选址

江河对民用舟桥架设的影响，取决于架设地段的地区特性和障碍因素，不同地区的江河有着不同特点，对舟桥架设的影响差异较大。山地江河一般谷深坡陡，水流湍急，河中多浅滩、暗礁；雨季水位变化大，易发生山洪；一般只有在枯水季节架设舟桥。平原地区江河一般河面较宽，易有风浪，但道路密集，经济发达，跨河交通需求较大，较适宜架设舟桥。

江河障碍因素主要包括河幅、水深、流速、两岸坡度、浅滩、潮汐、水工建筑等，选择桥址不能单纯看某一障碍因素，必须全面考虑其综合影响。选择桥址主要考虑以下条件：

（1）两岸路网较为完善，交通便利，位置优越，有可利用的现有道路实现舟桥与路网衔接，跨河交通需求旺盛。

（2）河幅较窄，流速缓，河道顺直，水位变化可在较长时间内保持相对稳定，河中无暗礁或枯水期水位可保证舟桥装备使用不至于触礁。

（3）河岸坚实平缓，构筑码头的土工作业量小，便于装备运输、下水、停靠，方便车辆上下舟桥。

（4）没有引起桥位处水位急剧变化的水工建筑或设施。

（5）航运不发达，没有法律、法规禁止或限制的条件。

3.2　承压舟舟桥总体设计理念

3.2.1　承压舟舟桥特点

分置式承压舟舟桥一般采用带舷伸结构的双体船，两个片体是箱型梁，中间的连接桥是简支梁，外伸舷及连接桥下方形成过水通道，大大提升了适应较高流速的能力和舟桥的横向稳定性；且舟、桁、板一体的结构设计和大型化的片体设计大幅提高了承载能力。承压舟舟桥既克服了带式舟桥水阻力大、横向稳定性差的缺点，又克服了传统分置式舟桥承载能力小的缺点。

早期的承压舟采用可变刚性接头连接，在河道深水区各舟之间用上下双排销连接，整个桥梁是有一定间隙角的连续梁，桥面平稳，安全可靠；在河道浅水区或滩区，各舟之间用上面一排销连接，桥梁是铰接悬臂梁，能有效释放梁中产生的附加应力，使舟桥不至于损坏。随着承压舟大型化的发展，目前基本以铰接连接为主。承压舟及由其搭建的舟桥具有如下特点。

（1）优良的舟、桁、板一体化分置式结构。采用带舷伸结构的双体船形式，存在明显过水结构，阻水面积小；且区别于传统的分置式舟桥装备，舟体既是浮游桥脚，又是承重结构和通载桥面，发挥着舟、桁、板三者合一的功能，由此克服了传统分置式舟桥架设使用时作业步骤多、作业速度慢、劳动强度大的缺点，结构优点突出。

（2）良好的横向稳定性。承压舟无须考虑船舶的航行性能，其长宽比远小于一般运输船舶，接近甚至小于 1.0，装备自身具备良好的稳定性。同时，其分置式结构大幅降低了舟桥的阻水面积，且通道沿船宽方向布置，车辆载荷主要集中于船中部位，使舟桥的横向稳定性远高于带式舟桥，横向倾覆的危险几乎不可能存在。

（3）快捷的作业能力。承压舟连接装置为铰接式支耳、耳销，架设舟桥时只需将舷侧支耳相互插入、销孔同心时插入销子即可；拆除时只需拔出支耳，承压舟之间横向拉开一定距离便可顺利打开，所需作业人员数量少，培训难度低，操作简单易行。而且舟桥的各承压舟连接方式与尺寸基本一致，互换性好，从而有效缩短了架、拆时间，降低了作业强度。

（4）良好的适应能力。承压舟对架设点自然环境的适应能力强，其结构设计使之既可在漂浮状态使用，又可在浅滩及滩涂上使用；既能在流速较小的水域架设，又可在流速较高的水域架设。分置式结构也使承压舟舟桥可在漂流物较多的水域使用。同时，通过钢材等级和焊接工艺的针对性选择，舟桥能够对作业环境的温度更具适应性。

（5）良好的通载性能。军桥装备基于战时保障和快速机动的要求，其设计载荷主要针对履带式坦克等技术兵器和军用车辆，载荷较小，且对使用寿命的要求不高，其设计通载次数一般为 20 000～100 000 车次。例如，德国的 FSB 带式舟桥，设计载荷为 60 军用吨级，可保证通过坦克 14 000 车次。承压舟舟桥则突出强调通载性能和使用的耐久性，设计载荷大，使用寿命长。承压舟在设计时，针对正常通行车辆的需求及大件运输车辆通行保障，考虑了较大的轮式载荷和整车质量。目前，山东省承压舟舟桥的最大设计载荷达到了双向通行 150 t 级轮式车辆，局部设计强度达到了轴负荷 30 t，可保障 300 t 级的大件运输车辆安全通行；按每天 1 000 车次重型车辆通过考虑，装备使用预期可超过 10 年，通载寿命远超军用舟桥。

（6）超高的性价比。一是建造周期短，投资见效快。承压舟的建造材料主要是钢材，市场采购方便容易。作业方式主要是电焊与切割，舟体外型与内部构件也多直线、少曲线，构件尺寸相对统一，便于成批次建造，施工难度较小，加工、建造速度较快，也使舟桥的整体建设周期较短，投资见效快。二是建设与运营成本低。承压舟的舟体基本为箱体结构，用料、用工少；且建造舟桥无须公路“引桥”，节省了巨大的征地拆迁费用，与公路桥梁相比造价低很多，易于融投资建造。由于承压舟的设计载荷大，其强度先天储备较好，运营中不易产生结构损坏，维护保养费用少；舟桥的运营管理也无须太多人员，运营成本较低。

3.2.2　承压舟舟桥设计理念

分置式承压舟舟桥的总体设计理念主要体现在对适应性、通载性、安全性三个方面的考量，形成“本质安全”理念。适应性考量主要针对流速、风速、江河底质、水深分布、岸坡和土质、水上漂流物、气温、通航条件等要素。通载性考量主要针对承载能力、通载能力、纵坡度等要素。安全性考量主要针对装备自身安全、多舟系统安全、舟桥系固安全、人车通行安全等要素。

1. 适应性考量

适应性是舟桥对江河自然环境、路网环境的适应能力和应变能力。主要考量以下要素。

（1）流速、风速与江河底质。舟桥主要依靠各种锚碇装置实现固定，舟桥的阻力与流速、风速息息相关，而锚碇的选取又与江河底质息息相关。因此，舟桥总体设计需确定最大流速、最大风速，并根据江河底质选取合适的锚碇类型和锚碇重量。

（2）水深分布。一是水深决定承压舟舟桥装备的使用工况（全漂浮、落滩、半落滩）。确定桥位所处位置的水深分布，是确定承压舟计算工况的先决条件。二是水深决定着舟桥架设、拆解辅助作业船舶的吃水设计。三是水深分布是舟桥应急拆除后装备放置水域选取的主要参考要素。四是水深与锚纲（缆）长度相关。

（3）岸坡和土质。岸坡关系岸边舟设计、跳板设计和码头设计；不同的车辆有不同的爬坡能力，舟桥设计应尽可能降低车辆上岸时的坡度；岸坡应考虑丰水期与枯水期的差异性。土质决定舟桥码头和连接路的工程处置，同时影响舟桥装备岸锚的设置。岸锚通常用于岸边舟或舟桥装备应急拆除后放置特定水域岸边时的系固。

（4）水上漂流物。在汛期，某些河流或河段易产生大量的漂流物（如滚木、树枝等），此时应考虑承压舟外伸舷、连接桥宽度设置及其下方的净空高度设置，同时考虑首部形状的设计。冬天有流冰的水域还应考虑结构加强。

（5）气温。舟桥装备的钢材等级和焊接工艺根据舟桥装备的工作环境气温选取，其目的是防止装备结构冷脆性破坏的发生。

（6）通航条件。架设舟桥的水域如有少量船只过往，则舟桥启闭应具更优的快速性，对连接方式、启闭方式及装备的形式与主尺度均应做特殊考虑。目前出现的四代承压舟舟型，尚不适合在船只通行频繁的水域架设舟桥。

（7）河面（幅）宽度。河面宽度影响承压舟及跳板数量、尺度选择，并直接影响舟桥建造成本。

（8）路网条件与通行需求。舟桥所连接两岸的路网条件是车辆通行需求的供给性要素，跨河通行需求是舟桥通载性能设计的主要考虑因素（多重的车、多少车）。跨河通行需求需根据当地社会经济文化发展作出前瞻性判断。

（9）其他。环境的适应性还要考虑水面波高、潮汐、战备及应急保障需求等的影响。

2. 通载性考量

通载性是舟桥在车辆通行过程中表现出的由自身结构所决定的各项保障能力。主要考量以下要素。

（1）承载能力。承载能力是舟桥装备的主要技术指标之一。承压舟应根据连接路网的条件所形成的车辆通行需求和应急保障需求，确定合理的装备承载能力。承压舟的承载能力主要取决于车辆甲板及甲板结构局部强度、连接桥总横弯扭强度和舟体承载浮力。提高承压舟承载浮力可通过提高单位吃水排水量、提高设计吃水等方法来实现。

（2）通载能力。舟桥的通载能力主要指舟桥在单位时间内通行车辆的数量。其主要与承压舟的承载能力、车辆通道设置、设计车速等因素有关。通常承载能力越强，车辆通道设置越多，设计车速越高，通载能力越大；反之越小。

（3）纵坡度。舟桥总体设计必须考虑将纵坡度控制在合理范围。纵坡度主要分为过渡部分纵坡度、河中舟纵坡度两种。车辆通过跳板上下舟桥时的坡度称为过渡部分纵坡度；车辆通过舟桥河中舟产生的坡度称为河中舟纵坡度。过渡部分纵坡度除要考虑车辆的爬坡能力外，还要考虑车辆的接近角和离去角。铰接系舟桥河中舟纵坡度具有典型的 V 形坡（图 3.1）特征，对车辆载荷形成不利。单位吃水、排水量大的承压舟在浮态使用时在相同的车辆载荷通过时产生的 V 形坡更小，使舟桥的通载性能更好。

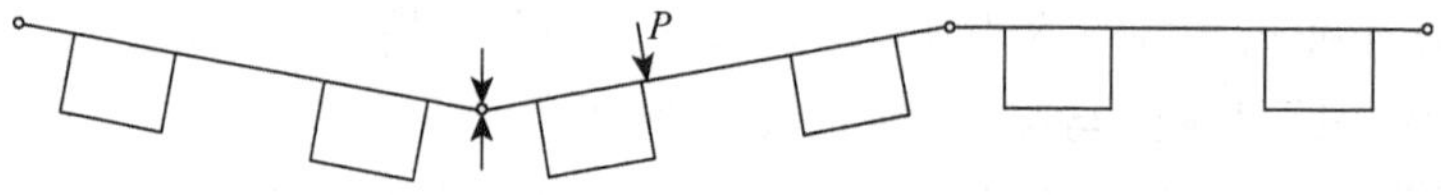

图 3.1　V 形坡示意图

（4）其他。装备的通道防滑措施设置、栏杆安全防护水平、连接装置形式、照明措施等也对舟桥通载性产生影响。

3. 安全性考量

舟桥的安全性是舟桥在作业环境中保障自身安全和人车通行安全的能力。其主要体现在装备自身安全、多舟系统安全、舟桥系固安全、人车通行安全四个方面。

（1）装备自身安全。承压舟舟桥装备的自身安全主要指其抗损性和浮性。承压舟的长宽比很小，使其先天具有良好的稳定性，且承压舟连接使用，舟与舟相互提供连带浮力，并非单船处在“自由状态”下的使用。因此，承压舟的稳定性无须顾虑。抗损性着力解决特定工作环境下结构强度问题，应统筹考虑适应性和承载能力的要求。浮性重点考虑储备浮力，储备浮力越大，浮性越好。承压舟的储备浮力要求不低于其承载浮力。

（2）多舟系统安全。承压舟主要受到车辆集中动载荷的冲击，车辆在不同的位置导致不同的受力强度和响应。承压舟结构系统为相互连接的多个承压舟，彼此相互作用、相互制约，并不是一个完全自由浮体。考虑在设计载荷通行下的多舟系统安全就是要考虑载荷集中在某个部位（或舟体）却给其他部位（或舟体）带来损伤的问题，通常需借助工程计算手段来实现。

（3）舟桥系固安全。舟桥的可靠系固是确保舟桥运营安全的先决条件之一，一旦发生系固不牢的问题，往往会导致垮桥事故的发生。因此，在进行舟桥设计时，应根据舟桥架设水域的流速、风速与底质，提出合理的系固方案。

（4）人车通行安全。保障人和车辆行驶安全，防止坠落或冲撞，是舟桥设计必须树立的核心安全理念之一。对此，可从两个方面入手，一是实现人车分离，即人行道与车行道分设，二是设置舟桥通道栏杆，车辆通道的栏杆必须具有一定的防撞能力。

4. “本质安全”理念

舟桥的总体设计考量体现了“本质安全”理念。一是舟桥自身安全要实现“不沉”“不断”“不垮”。“不沉”，就是承压舟要有足够大的承载浮力和储备浮力，要保证在可能出现的极限车辆载荷通行时有足够的承载浮力、储备浮力，成为“压不沉的舟桥”。“不断”，就是舟桥的桥桁结构要有足够的总强度和局部强度，在车辆载荷作用下不至于出现桥桁结构整体断裂或局部断裂，成为“压不断的舟桥”。“不垮”，就是舟桥系固要充分考虑最大水流和最大风速影响，根据底质选择合适的锚碇、锚纲（缆）加以可靠系固，成为“不垮的舟桥”；同时还要根据实际情况在岸上设置岸锚，以备岸边舟及舟桥拆除后装备的系固使用，防止“跑舟”险情发生。二是舟桥要实现对人和车的防护安全。对人的安全，首先是避免人车混行，专门设置供行人及非机动车通行的边道。对车的安全，首先考虑将舟桥铰接连接状态下车辆通行形成的V形坡控制在合理范围内，避免车轴“悬空”，造成车轴负荷、轮印载荷急剧放大，导致“断轴”“爆胎”“抱死”等情形的发生。从实践经验及理论分析情况来看，兼顾安全性与经济性，舟桥的最大名义纵坡度控制在3%以内较为合适；合理控制V形坡需统筹设计承压舟的桥节长及单位吃水、排水量。同时，要实现人车安全还要考虑栏杆设置问题，车辆通道两侧的栏杆应具有一定的防撞功能，一般针对大型客车设计；人行通道的栏杆主要考虑防护功能；当人行通道兼作机动车辆的应急通道时，通道栏杆也应具备一定的防撞功能。

3.2.3 总体设计方案

完成承压舟舟桥总体考量论证后，重点针对以下内容提出总体设计方案：

（1）舟桥长度；

（2）承压舟及跳板的数量；

（3）承载能力与纵坡度设计；

（4）通道设置与栏杆防护等级；

（5）承压舟特殊连接方式（如有）；

（6）系固形式；

（7）辅助作业船舶主要技术参数；

（8）岸坡与码头；

（9）其他。

3.3 承压舟设计理念

3.3.1 承压舟结构设计的基本原则

承压舟结构的布置，将直接影响承压舟结构的强度、重量及工艺性等，必须高度重视。这里，仅从强度方面考虑应遵循的一些基本原则，以便对此有一个总的概念。

（1）结构的整体性原则。有关构件应布置在同一平面内，以组成封闭的整体框架结构来共同承受载荷的作用，如甲板强横梁—强肋骨—支柱—实肋板、甲板横梁—普通肋骨—底肋骨、舷侧纵桁—横舱壁水平桁—纵舱壁水平桁等。

（2）受力的均匀性和有效传递原则。结构构件的布置要尽可能均匀，以避免构件规格太多或是造成材料的浪费。此外，结构应保证某一构件承受外力后，能有效地将力传递到邻近的构件上，以避免某一构件单独承受外力。例如，支柱的上下端应固定在纵、横强骨架交叉的节点上，使支柱所承受的力能有效地传递给甲板及船底结构；舷侧普通肋骨的端部应以肘板与邻近的甲板横梁及船底肋板相连等。

（3）结构的连续性和减少应力集中原则。构件的布置应力求保证其连续性，尽可能避免构件突然中断。必须保证尽可能多的主要纵向构件连续贯通至首、尾，如有困难，纵向强骨架应中断在横舱壁或横向强骨架上，并在横舱壁的另一边，设置至少延伸两个肋距的肘板。在同一船体横剖面内，不允许有超过 1/3 的甲板纵骨或船底纵骨中断；也不允许有大于两根的甲板或船底纵向强骨架间断；纵向构件中断的剖面彼此至少相距两个肋距。

（4）局部加强原则。在设计过程中，对那些使用中要承受较大局部载荷的结构进行适当的局部加强。例如，甲板上布置有甲板机械、系缆设备的部位应采用 1.5 倍甲板厚度的加厚板或用厚度相等的复板补强，复板应采用塞焊与甲板焊接。

3.3.2　承压舟结构设计的特殊原则

承压舟最初基于军用舟桥装备理念设计研发，在民用实践中不断改进，已发展了四代舟型。随着实践经验的深入总结和对技术理论的不断探索，其特有的设计理念逐步确立并得以完善。

（1）车辆甲板板格设计原则。为更好地保证局部强度，车辆甲板范围内甲板板格设计应充分考虑车辆轴负荷、轮印负荷的分布特征，并针对重型车辆轴距、轮距分布特点，确定横向构件及纵向构件的间距，使轴负荷、轮印负荷分布于不同的板格内，以更好地承担局部受力。这便是承压舟车辆甲板板格与轴负荷、轮印负荷分布的对应设计原则。

（2）桥桁结构连续性原则。从舟桥系统来看，舟桥桥桁在通道纵向（即车辆行驶方向）承受更大的弯扭载荷，是桥桁受力的主要矛盾。这一主要矛盾决定了承压舟桥桁结构的构件必须沿通道纵向保持良好的连续性，承压舟车辆甲板强横梁的“连续等值梁”设计思想由此而来。另外，从局部受力来看，承压舟片体上方区域由于 V 形坡的存在而形成载荷放大效应（图 3.2），也不允许在片体内形成强横梁的“梯形过渡”。

图 3.2　V 形坡产生的车轴悬空形成的载荷放大效应示意图

（3）甲板支撑设计原则。承压舟承受甲板集中动载，为加强对甲板载荷的支撑，甲板下方需设置一定数量的支柱，支柱间距应考虑重型车辆轴距、轮距的分布。但承压舟并不宜设置双向或单向桁架，桁架约束了舟体变形，极易造成桁架的断裂损伤，实践经验也证明了这一点。同时，承压舟的舷侧骨架应采用交替肋骨制。

（4）舱壁布置原则。当在承压舟车辆甲板下方设置横舱壁时，区别于一般船舶横舱壁延伸至干舷甲板或升高甲板的设置方法，其横舱壁应延伸至强横梁面板，不可取代强横梁；同时，横舱壁不应设在通道两端的强横梁下方，以更有利于应力分散。承压舟作为特种舟桥装备，不以航行为目的，其首、尾舱壁做防撞舱壁的意义不大，因此，其距首、尾垂线的距离较现行船检法规对船舶的要求可放宽，以便于施工及人员进舱维修。但无论何时，其横舱壁间距应不大于 6 倍型深。

（5）船底结构设计原则。船底结构设计考虑以下几个方面的因素：一是承压舟存在浮态、半落滩、落滩等多种使用工况，故承压舟船底板及船底骨架除承受水压力外，还承受落滩时河底对舟底的反力；二是船底结构通过支柱传递、承受较大载荷；三是车辆通行时会形成振动，也会对船底结构形成不利影响。因此，承压舟对船底骨架的要求较船检法规要求要高。为更好地适应这些受力特点，承压舟宜采用平底结构，且车辆甲板范围下方船底骨架的强构件更适合采用 T 型材，以确保其具有更好的稳定性。

（6）桥节长度设计原则。承压舟铰接连接产生的 V 形坡会形成局部载荷放大效应，当 V 形坡纵坡度超过 3.5%时会造成非常不利的后果，如导致重载车辆“爆胎”“断轴”“抱死”等。由此，自第四代承压舟研发开始，综合考虑承压舟桥节长度及单位吃水浮力，确立了在设计通载能力下最大名义纵坡度不得超过 3%的原则，形成了承压舟桥节长度设计的特殊理念。桥节长度是指承压舟通道两端连接装置耳孔中心线之间的水平距离（图 3.3）。最大名义纵坡度是指承压舟设计吃水减空载吃水数值与桥节长度比值的百分比，单位以“%”计。

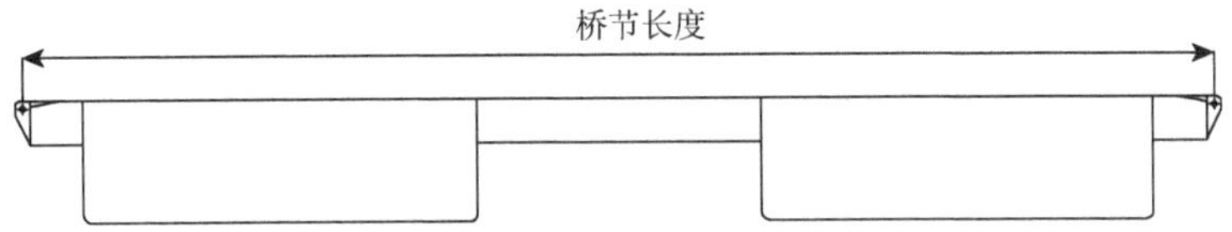

图 3.3　承压舟桥节长度示意图

（7）连接装置设计原则。承压舟连接装置的设计要充分考虑不同舟型的互换性和架、拆的快速性，以便于快速启闭与组合成桥，遵循便于架、拆作业及装备互换原则。随着承压舟的大型化发展，工程技术人员正着手无连接耳孔液压跳板搭接连接方式的研究与应用，以实现更高效率的舟桥架设与拆解。

3.4　承压舟系固设计

浮桥固定是保持浮桥在水平面上稳定的技术措施，包括横向固定和纵向固定。横向固定用以平衡浮桥所受的垂直于桥轴线方向上的水流力和风力等。纵向固定用以平衡浮桥所受的顺桥轴线方向上的风力和通过浮桥的车辆产生的纵向水平力及斜向水流力。浮桥的纵向固定比较简单，通常采用岸边系留固定的方式，由钢丝绳和岸锚或系留桩等进行固定。投锚固定是承压舟舟桥的主要横向固定方法。

投锚固定以锚的抓力和重力固定舟桥。黄河舟桥多采用自制长方体混凝土锚碇，锚缆则采用钢丝绳或钢丝绳与浮筒、锚链的组合。黄河下游为粉砂粉土底质，并存在粉质黏土底质。锚碇通常提前几个月投入河底，以使其充分没入河底砂土中。投放锚碇时，如遇黏土底质（俗称为“胶泥底”），锚碇往往难以没入，必须重新选位投放。黄河承压舟舟桥一只锚碇仅系固 1～2 艘承压舟，上游锚碇距舟桥多在 60 m 以上（10 倍以上最大水深）。

3.4.1 单舟阻力计算

承压舟的锚碇阻力主要为水阻力和风阻力。

（1）水阻力计算：

$$R_1 = 0.01(f_f S_1 + k_r F)V^2 \tag{3.1}$$

式中：

R_1 ——水阻力，kN；

f_f ——摩擦系数，钢质船为 0.17；

S_1 ——船舶浸水面积，m^2，$S_1 = (2d + 0.85B_{sw})L_s$，其中 d 为设计吃水（m），B_{sw} 为承压舟片体宽度之和（m），L_s 为满载水线长（m）；

k_r ——阻力系数，流线型船头取 5，方形船头取 10；

F ——船舶入水部分垂直水流方向的投影面积，m^2，$F = B_{sw}d$；

V ——航行区域的最大水流流速，黄河下游取值应不小于 3.5 m/s。

整理式（3.1）得

$$R_1 = 0.01[0.17(2d + 0.85B_{sw})L_s + k_r B_{sw} d]V^2 \tag{3.2}$$

（2）风阻力计算：

$$R_2 = SP_w \tag{3.3}$$

式中：

R_2 ——风阻力，kN；

P_w ——单位面积上的风力，kN/m^2，见表 3.1；

S ——承压舟满载水线以上主体垂直船宽方向的投影面积，含承压舟投影面积和通行车辆的侧投影面积，栏杆不计入，通行车辆在承压舟上的数量按车距 10 m 考虑，对于车辆投影面积，农用车外廓尺寸（长×宽×高）按 6.0 m×2.0 m×2.5 m 计，载货汽车外廓尺寸（长×宽×高）按 17.1 m×2.5 m×4.0 m 计，受风满实系数可取 0.85，若选用其他数据，应作说明。

表 3.1　单位面积上的风力　单位：kN/m²

航区	受风面积中心距实际水线的垂直高度/m												
	≤1.0	1.5	2.0	2.5	3.0	3.5	4.0	4.5	5.0	5.5	6.0	6.5	≥7.0
B 级	0.206	0.225	0.241	0.256	0.269	0.281	0.293	0.303	0.311	0.318	0.323	0.327	0.330
C 级	0.187	0.204	0.218	0.232	0.244	0.255	0.266	0.275	0.282	0.289	0.293	0.297	0.300

（3）阻力计算：

$$R = R_1 + R_2 = 0.01[0.17(2d + 0.85B_{\text{sw}})L_{\text{s}} + k_{\text{r}} B_{\text{sw}} d]V^2 + SP_{\text{w}} \tag{3.4}$$

3.4.2　锚缆的最小断破拉力计算

锚缆的最小断破拉力 T 应不小于按式（3.5）计算所得之值：

$$T = \frac{2 f_k R}{n \cos\theta} \tag{3.5}$$

式中：

T——锚缆的最小断破拉力，kN；

f_k——安全系数，钢丝绳取 8，锚链取 3；

n——作用在每艘承压舟上的锚缆数量；

R——阻力，kN；

θ——锚缆与承压舟船长方向的夹角，如图 3.4 所示。

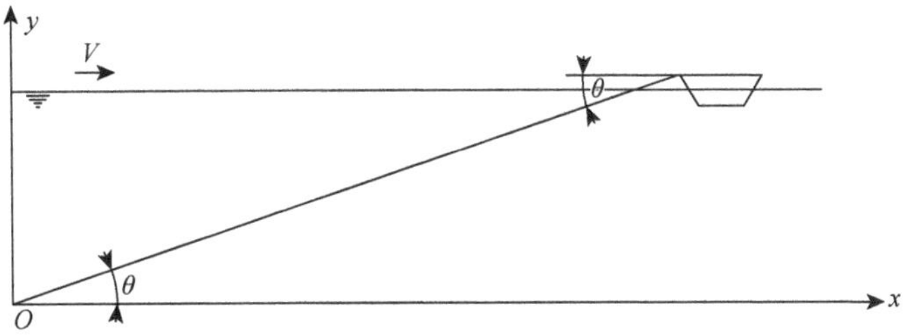

图 3.4　锚缆与承压舟船长方向夹角示意图

3.4.3　锚碇重量计算

锚碇重量的确定要考虑承压舟所受阻力、锚碇抓力系数、系留承压舟数量等因素。每只锚碇的重量应不小于按式（3.6）计算所得之值：

$$M = \frac{f_k N R}{9.8\mu} \tag{3.6}$$

式中：

M——锚碇重量，t；

f_k——安全系数；

R——阻力，kN；

N——每只锚碇系留承压舟数量；

μ——锚碇抓力系数。

锚碇抓力系数取决于锚碇的形状、底质、埋深，并没有准确有效的计算方法，目前只能通过经验或试验获得，因此，对舟桥锚碇重量的确定是需要结合实际考虑的，不可一概而论。

混凝土锚碇抓力系数，对于砂土，$\mu=3.0N_k$；对于淤泥性土，$\mu=2.3+2(N_k-1)$，其中 N_k 为埋深倍数。

针对黄河下游砂土底质，山东省济南市船舶检验局、武汉理工大学交通学院等单位曾联合进行了锚碇力试验，锚碇形状为方体、棱台＋方体等，分别如图 3.5 和图 3.6 所示，试验结果见表 3.2。试验过程中，当埋深达到 2 倍锚碇高度时，试验设备已无法将其拔出。

图 3.5　方体锚碇

图 3.6　棱台＋方体锚碇

表 3.2　黄河下游砂土锚碇力试验结果

锚碇形状	埋深	自重/t	最大拉力/t	锚碇抓力系数
方体	1	1.28	9.71	7.59
方体	1.5	1.28	18.19	14.21
棱台＋方体	1	1.02	8.60	8.43
棱台＋方体	1.5	1.02	13.70	13.43

通过试验可见，黄河下游砂土对两种形状的混凝土锚碇均可产生很大的抓力，两种形状的混凝土锚碇形成的锚碇力差别不大。从便于制造角度出发，推荐方体锚碇，其锚碇抓力系数 1 倍埋深可取 7.5 倍，1.5 倍埋深可取 13 倍。考虑黄河下游河底砂土在流速较高时具有一定的流动性，进行锚碇计算时安全系数可取 2。

3.4.4　舟桥下游系固

承压舟也应在下游设置系固设备，计算时，阻力 R 应大于等于按式（3.7）计算所得之值：

$$R_D = SP_w \tag{3.7}$$

式中：

R_D——阻力，kN；

P_w——单位面积上的风力，kN/m^2，见表 3.1；

S——同 3.4.1 节。

锚缆最小断破拉力、锚碇重量的计算同 3.4.2 节和 3.4.3 节。

3.5　承压舟人车防护设计

3.5.1　通道设置要求

承压舟应设置主通道和边通道，边通道在主通道的两侧分别设置，如图 3.7 所示。

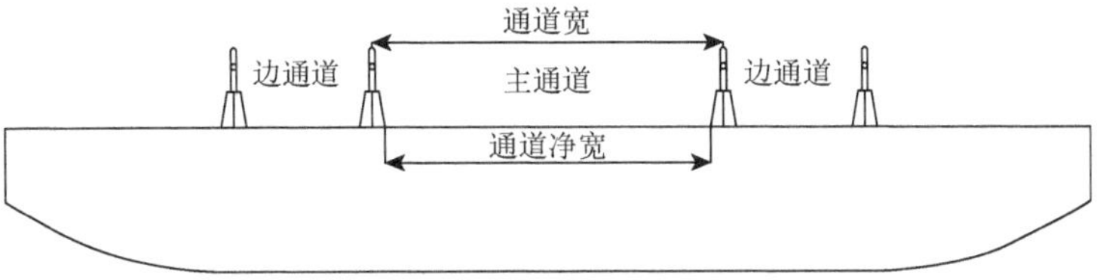

图 3.7　承压舟通道示意图

（1）主通道宽度应满足以下要求：当主通道按单车道设计时，通道净宽应大于等于 4.5 m；当主通道按多车道设计时，通道净宽应大于等于 3.75 m 乘以车道的数量。

（2）边通道宽度应满足以下要求：当边通道仅供行人及非机动车辆通行时，通道净宽应大于等于 1.8 m；当边通道兼作摩托车、农用三轮车、普通轿车应急通道时，通道净宽应大于等于 2.8 m；当边通道兼作除摩托车、农用三轮车、普通轿车以外车型的应急通道时，通道净宽应大于等于 3.75 m。

3.5.2　通道防撞与防护

仅供行人及非机动车辆通行的边通道，其外侧的栏杆可仅设防护装置。舟桥的防护装置为防护栏杆，其设计应满足《钢质内河船舶建造规范》（2016）[15]对客船栏杆的要求。供车辆通行的通道其两侧应设置防撞和防护措施。防撞措施从保证大型客车以一定时速与其发生碰撞时不至于冲出落水的角度来考虑，防护措施从人车隔离及防止人员落水角度考虑。

防撞装置和防护装置可为两者一体的梁柱式护栏，如图 3.8 所示；也可为 T 型材与梁柱式护栏的组合形式，如图 3.9 所示。撞击点设定高度（撞击点距车道甲板的距离）应不小于 0.35 m，防护装置的高度（防护装置顶端距车辆甲板的距离）应不低于 1.0 m。

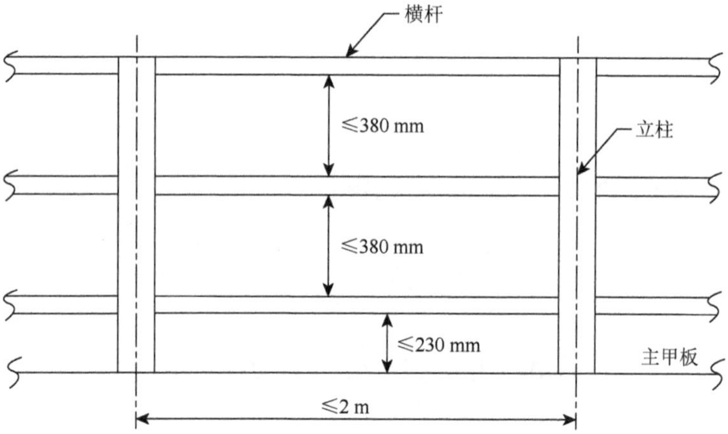

图 3.8　梁柱式护栏示意图

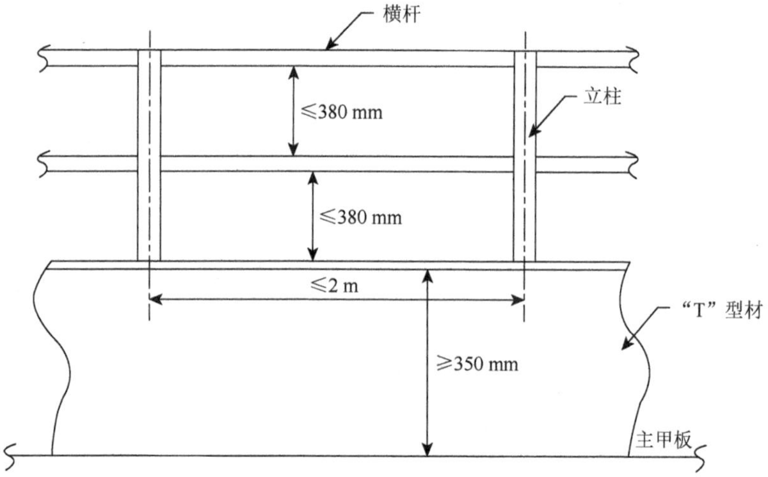

图 3.9　组合式护栏示意图

1. 车辆对防撞装置的冲撞力

车辆对防撞装置的冲撞力 P_{co} 可按式（3.8）计算：

$$P_{co} = V_{car}\sqrt{K_{ve}M_{car}} \tag{3.8}$$

式中：

P_{co} ——车辆对防撞装置的冲撞力，kN；

V_{car} ——正碰速度，km/h；

K_{ve} ——轮胎刚度，N/m；

M_{car} ——车辆质量，kg。

考虑车速方向与护栏角度时，正碰速度V_{car}按式（3.9）计算：

$$V_{car} = v_{car} \cdot \sin\theta_0 \tag{3.9}$$

式中：

v_{car}——车与护栏碰撞时实际行驶速度，如图 3.10 所示；

θ_0——车与护栏碰撞时车速方向与护栏的夹角，如图 3.10 所示，参照《公路交通安全设施设计细则》（JTG/T D81—2006），发生碰撞时碰撞角度一般不超过15°，因此计算时可取$\theta_0 = 15°$。

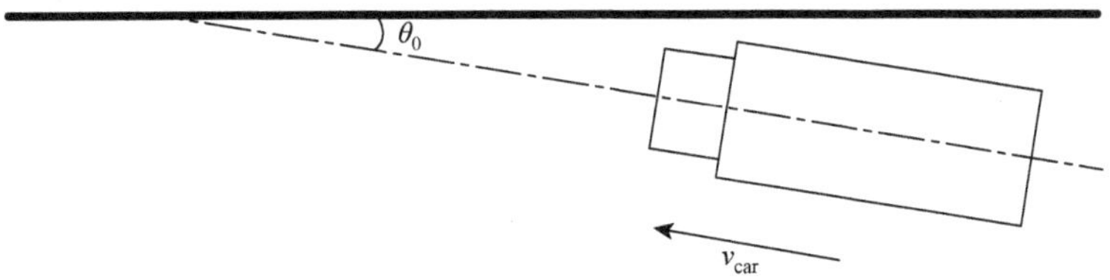

图 3.10　车与护栏碰撞时的速度及角度示意图

载重汽车轮胎刚度按式（3.10）估算：

$$K_{ev} = \frac{1000P_d g}{\dfrac{d_m}{2} - r_j} \quad (\mathrm{N/m}) \tag{3.10}$$

式中：

P_d——单胎负荷能力，kg；

d_m——最大外直径，mm；

r_j——静负荷半径，mm；

g——重力加速度，9.81 $\mathrm{m/s^2}$。

根据《载重汽车轮胎规格、尺寸、气压与负荷》（GB/T 2977—2008）提供的数据，载重汽车轮胎刚度估算最大值为$K_{ev} = 891\,818.2$ N/m。

将$\theta_0 = 15°$，$K_{ev} = 891\,818.2$ N/m 代入冲撞力计算公式［式（3.8）］，统一单位后，经整理得

$$P_{co} = 2147 v_{car}\sqrt{M_{car}} \quad (\mathrm{N}) \tag{3.11}$$

式中：

v_{car}——碰撞时车速，km/h，考虑舟桥通行实际，对大客车车速可取30 km/h；

M_{car}——车辆质量，t。

2. 边通道防撞计算

立柱及 T 型材防撞措施，均可视为悬臂梁，计算模型如图 3.11 所示。

图 3.11　立柱计算模型示意图

考虑 1.25 倍安全系数，则立柱或 T 型材最小剖面模数W不得小于

按式（3.12）计算之值：

$$W = \frac{1.25 \times 2147}{235} v_{car} h \sqrt{M_{car}} = 11.42 v_{car} h \sqrt{M_{car}} \tag{3.12}$$

式中：

W——剖面模数，cm^3；

v_{car}——碰撞时车速，km/h；

h——立柱高，m；

M_{car}——车辆质量，t。

梁柱式防撞栏杆横梁可视为两端自由支持的单跨梁来进行计算，计算模型如图 3.12 所示。

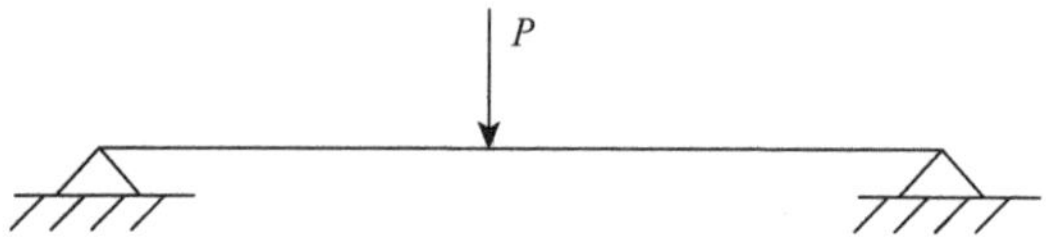

图 3.12　梁柱式防撞栏杆横梁计算模型示意图

考虑 1.25 倍安全系数，则梁柱式防撞栏杆横梁最小剖面模数 W_b 不得小于按式（3.13）计算之值：

$$W_b = \frac{1.25 \times 723}{4 \times 235} v_{car} l_{tb} \sqrt{M_{car}} = 2.86 v_{car} l_{tb} \sqrt{M_{car}} \tag{3.13}$$

式中：

W_b——梁柱式防撞栏杆横梁最小剖面模数，cm^3；

v_{car}——碰撞时车速，km/h；

l_{tb}——横梁跨长，m，计算时取最大立柱间距；

M_{car}——车辆质量，t。

《山东省钢质内河浮桥承压舟建造规范》（DB 37/T 3487—2019）[10]在式（3.12）和式（3.13）基础上，再次设定安全系数 1.25，并取车辆速度 30 km/h、车辆质量 20 t，提出立柱或 T 型材剖面模数、梁柱式防撞栏杆横梁最小剖面模数分别不小于式（3.14）和式（3.15）的计算之值：

$$W = 1915h \tag{3.14}$$

$$W_b = 480l \tag{3.15}$$

3. 边通道防撞设计

当边通道兼作应急机动车道时，其防撞设计方法与主通道防撞设置方法一致。

第 4 章　承压舟舟桥计算分析

4.1　概　　述

承压舟舟桥载荷的确定是进行合理可靠结构设计的前提和基础。由于承压舟的船长型深比一般较小，船体结构具有足够的纵向强度和刚度，它的纵向波浪诱导载荷一般不是设计者所关心的问题。但其有较大的侧面积和较大的船宽，在横波情况下有可能受到较大的横向波浪诱导载荷——横向弯矩、水平剪力和垂向剪力的作用，甚至能达到与总纵弯矩相当的量级，是承压舟的主要载荷。然而，承压舟主要应用于内河水域，遭受的波浪载荷较小，一般可忽略不计。

承压舟是典型的短宽船型，双片体，单甲板，车辆沿着船宽方向布置在甲板及连接桥上的车道通行。随着车辆的移动，作用在承压舟上的载荷也是不断变化着的，不同的车辆位置导致不同的载荷，从而结构的响应也不同。因此，双向四车道通行的承压舟承受的主要载荷为横向弯矩、横向扭矩及弯矩和扭矩联合作用，连接桥结构尤其是连接桥与主船体连接区域就成为最为敏感和薄弱的部位，是确定计算工况主要考虑的因素。

4.2　单艘承压舟载荷及计算工况

单艘承压舟的载荷和结构强度首先应该满足船舶相关规范的要求，根据中国船级社颁布的《钢质内河船舶建造规范》（2016）[15]第 1 篇第 9 章双体船船体结构补充规定之附录 I（双体船结构直接计算），对单艘承压舟进行计算，计算的载荷工况如下。

4.2.1　横弯载荷工况

连接桥总横弯矩可按式（4.1）计算：

$$M_{\mathrm{bx}} = 9.81\frac{\Delta b_{\mathrm{c}}}{s_{\mathrm{nav}}} \quad (\mathrm{kN \cdot m}) \tag{4.1}$$

式中：

Δ——双体船排水量，t；

b_{c}——任一片体中心至连接桥计算剖面的距离，m；

s_{nav}——航区系数，按表 4.1 选取。

表 4.1　航区系数

航区	A 级航区	B 级航区	C 级航区	J 级航区
s_{nav}	8.0	9.0	10.0	9.0

连接桥总横弯矩可通过在沿片体内侧舭部的系列节点上施加横向对开力来进行等效，横向对开力 f_y 按式（4.2）计算：

$$f_y = \frac{M_{bx}}{n_{trans} z} \quad \text{(kN)} \tag{4.2}$$

式中：

M_{bx}——连接桥总横弯矩，kN·m；

n_{trans}——单个片体施加横向对开力的强框架总数；

z——横向对开力施加点至连接桥中纵剖面中和轴的垂向距离，m。

M_{bx}（中拱，横向内开）工况所加的横向对开力如图 4.1 所示，M_{bx}（中垂，横向外开）工况所加的横向对开力如图 4.2 所示。

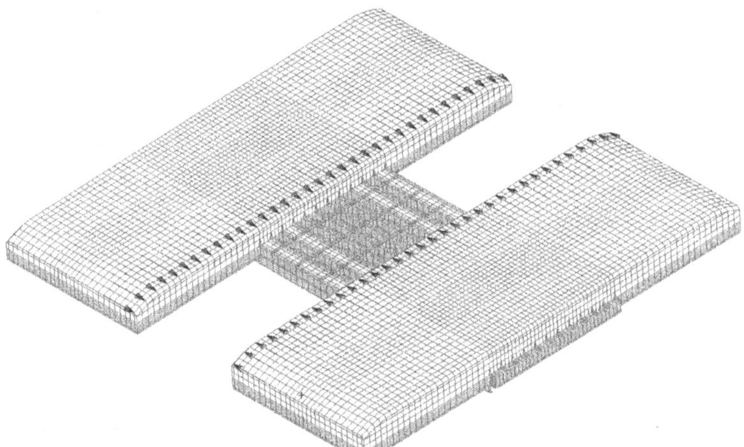

图 4.1　M_{bx}（中拱，横向内开）工况施加的横向对开力示意图

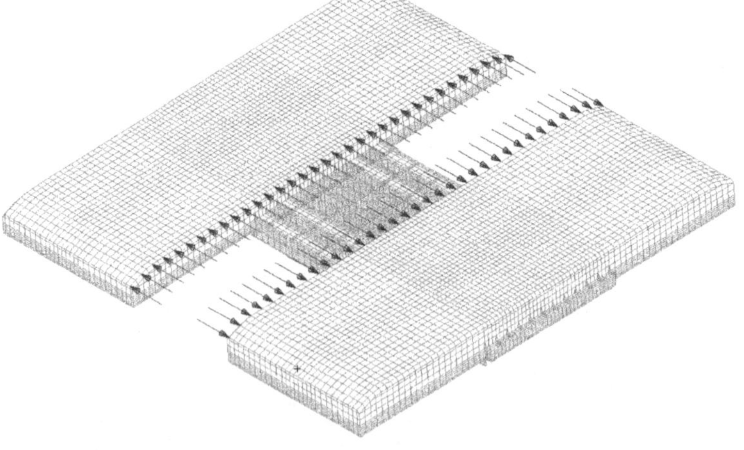

图 4.2　M_{bx}（中垂，横向外开）工况施加的横向对开力示意图

4.2.2　横扭载荷工况

连接桥横向扭矩 M_{ty} 可按式（4.3）计算：

$$M_{ty} = 9.81 k_0 k_N \Delta L \qquad (\text{kN·m}) \tag{4.3}$$

式中：

Δ——双体船排水量，t；

L——船长，m；

k_0——系数，$k_0 = (1871 - 69.71L + 1.056L^2 - 0.005\,42L^3) \times 10^{-4}$；

k_N——系数，A 级航区取 $k_N = 1$，B 级航区取 $k_N = 0.6$，C 级航区取 $k_N = 0.4$。

横向扭矩可通过反对称分布在片体中纵剖面内的垂向均布力等效施加，即左舷艏前施加垂直向上载荷，左舷艏后施加垂直向下载荷，同时右舷艏前施加垂直向下载荷，右舷艏后施加垂直向上载荷，如图 4.3 所示。所施加的垂向分布载荷大小可由式（4.4）计算：

$$p_x = \frac{4M_{ty}}{L^2} \qquad (\text{kN/m}) \tag{4.4}$$

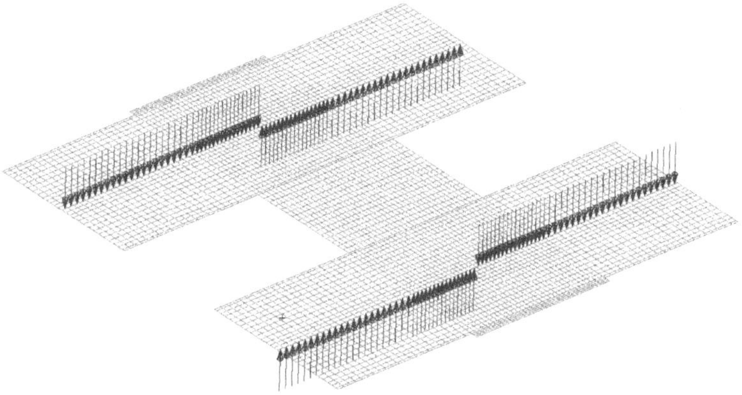

图 4.3　横向扭矩施加载荷示意图

4.2.3　边界条件

为了限制模型的刚体位移，使其数值计算能顺利进行，需在模型中施加最小限位移边界条件。在连接桥纵中剖面首端中点（图 4.4 中 A 点）约束 x、y、z 三个方向平动自由度，在连接桥纵中剖面尾端中点（图 4.4 中 B 点）约束 y、z 两个方向平动自由度，在任一片体中横剖面舷侧处（图 4.4 中 C 点）约束 z 方向平动自由度。边界条件如图 4.4 所示。

4.2.4　计算工况

根据承压舟特点，在对结构强度直接计算分析时，应分别计算如下载荷工况：

（1）M_{bx}（中拱，横向内开）；

（2）M_{bx}（中垂，横向外开）；

（3）$0.8M_{bx}$（中拱，横向内开）$+ 0.6M_{ty}$；

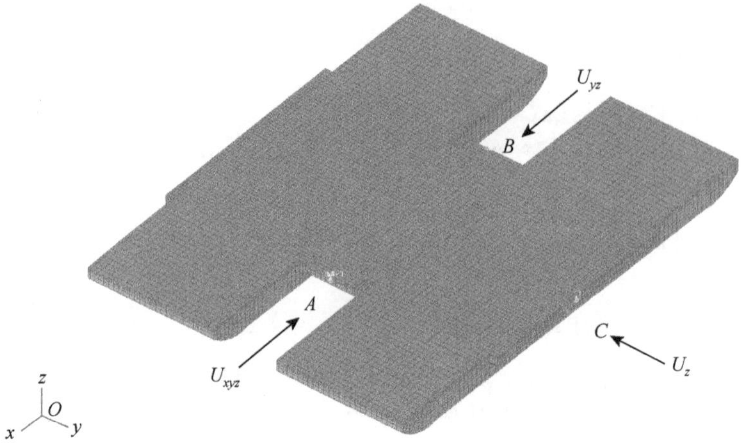

图 4.4 边界条件示意图

（4）0.8M_{bx}（中垂，横向外开）+ 0.6M_{ty}；

（5）0.6M_{bx}（中拱，横向内开）+ 0.8M_{ty}；

（6）0.6M_{bx}（中垂，横向外开）+ 0.8M_{ty}。

4.3 承压舟舟桥载荷及计算工况

承压舟不同于普通的双体船，一般置于内河水域，波浪载荷较小；多艘承压舟相互连接起来成为承压舟舟桥，承压舟间相互作用、相互制约，并不是一个自由浮体；主要载荷为甲板与连接桥上通行的车辆，其受力状态是一个动态的变化过程，车辆处于不同位置会导致不同的载荷工况和不同的结构响应。基于承压舟舟桥受力特点，考虑承压舟结构承受极端横弯、横扭及弯扭组合载荷作用[16]。

承压舟舟桥一般由多艘承压舟连接而成，计算时取三艘承压舟组成的舟桥结构系统基本可代表各种最恶劣的载荷工况。结合承压舟舟桥营运经验，定义了三艘承压舟组成的舟桥结构系统六种典型载荷工况[10]。

4.3.1 浮力载荷

当车辆载荷作用于承压舟时，会引起承压舟吃水变化，从而引起承压舟所受浮力变化，将这种由结构排水体积变化引起的浮力变化，简化为均匀分布在船底表面节点上的垂向弹簧，这些弹簧的垂向刚度总体上与单位吃水变化引起的浮力变化等效。而承压舟舟桥落滩舟体承受的河床作用力通过在落滩舟体底部施加 z 方向自由度约束来模拟。

每个弹簧单元在 z 方向上的刚度 K_{spr} 为

$$K_{\text{spr}} = \frac{\rho g s_{\text{s}}}{n_{\text{node}}} \quad (\text{N/m}) \tag{4.5}$$

式中：

ρ——水密度，kg/m^3；

g——重力加速度，m/s^2；

s_s——水线面面积，m^2，$s_s = B_{hs}L$，B_{hs}为单个片体宽度（m），L为计算船长（m）；

n_{node}——单个片体底部的节点数。

4.3.2　车辆载荷

车辆载荷是指车辆重量产生的重力通过车轮作用于承压舟甲板所产生的载荷。车辆载荷主要通过车轮与甲板接触面处压力作用于甲板上，由于车轮与甲板接触面积相对甲板面积很小，可在数值计算时将其简化为模型的节点力。车辆在甲板上行驶时，车辆会对结构产生一种动态作用力，引入动载系数来考虑车辆载荷的动态效应。

承压舟舟桥设计有四个车道双向通行，中间两个车道设计为通行重载车辆，外侧两个车道设计为通行小型车辆及行人。根据承压舟舟桥调研结果，承压舟舟桥上主要通行六轴大载重挂车，会引起较大吃水变化，而其他车辆引起吃水变化较小。对承压舟进行结构强度计算时，边车道载荷影响较小，可忽略不计，主要考虑中间车道通行六轴大载重挂车，六轴大载重挂车示意图如图 4.5 所示，主要技术参数如表 4.2 所示，从前到后各车轴依次标记为 1 轴、2 轴、3 轴、4 轴、5 轴和 6 轴。

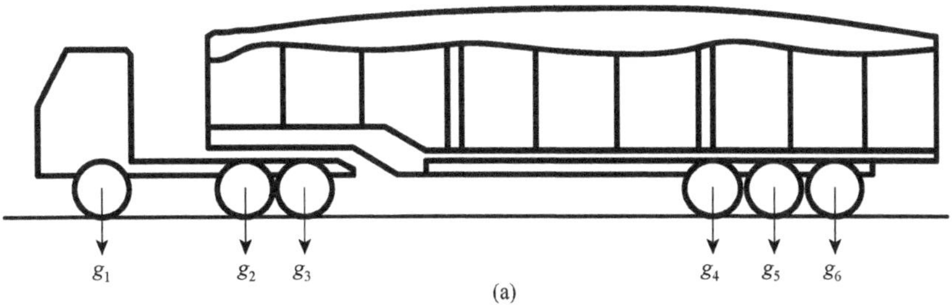

(a)

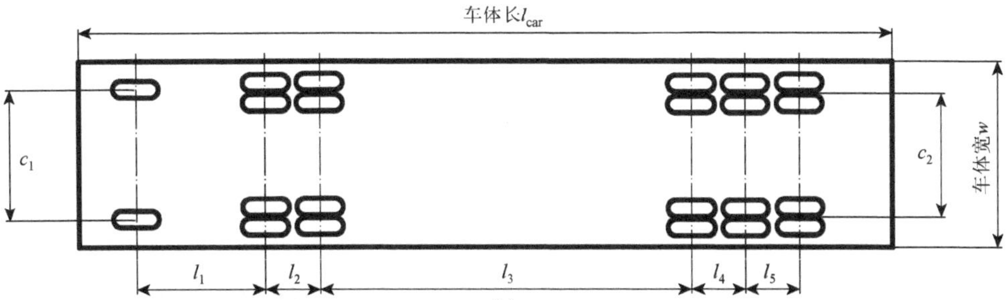

(b)

图 4.5　六轴大载重挂车示意图

表 4.2　六轴大载重挂车的主要技术参数表

项目	符号
吨位/t	m
1 轴轴重/t	g_1
2 轴轴重/t	g_2

续表

项目	符号
3 轴轴重/t	g_3
4 轴轴重/t	g_4
5 轴轴重/t	g_5
6 轴轴重/t	g_6
1 轴和 2 轴间距/m	l_1
2 轴和 3 轴间距/m	l_2
3 轴和 4 轴间距/m	l_3
4 轴和 5 轴间距/m	l_4
5 轴和 6 轴间距/m	l_5
汽车车轮中心距/m	c_1
挂车车轮中心距/m	c_2

考虑车辆载荷动态效应后，车辆轮压可按式（4.6）计算：

$$P_{\mathrm{wh}}=\frac{\lambda T_{\mathrm{wh}}}{n_{\mathrm{tire}}}\quad (\mathrm{kN}) \tag{4.6}$$

式中：

T_{wh} ——车轴轴压，kN；

n_{tire} ——单轴轮数；

λ——动载系数。

4.3.3　计算工况

承压舟舟桥在营运时，工作状态主要有三类：浮态，承压舟两个片体均浮在水中；半落滩，承压舟一个片体船底坐滩，一个片体浮在水中；落滩，承压舟两个片体船底坐滩。承压舟舟桥设计为双向四车道通行，中间双车道通行重载车辆，两侧边车道通行小型车辆和行人，车道沿着船宽方向分布在片体甲板及连接桥甲板上，车辆在舟桥上是不断移动的，车辆处于不同位置会导致不同的载荷工况和不同的结构响应。

载荷工况的选取应充分考虑各构件的实际载荷承载情况，应选取代表各构件受力最恶劣的情况。基于承压舟舟桥结构特点和受力特点，考虑承压舟结构承受极端横弯、横扭及弯扭组合载荷作用，连接桥和耳板-销轴结构是承压舟最薄弱的部位，是确定计算工况主要考虑的因素，结合承压舟舟桥营运经验，定义了六种典型载荷工况，代表了承压舟舟桥所承受的最恶劣工况。工况 1～6 模型中，一个承压舟为半落滩状态，其他两个承压舟为漂浮状态，其中工况 1～4 校核浮态承压舟的连接桥结构强度，工况 5 和 6 校核半落滩状态的承压舟连接桥结构强度。

工况 1：两个重型挂车的后部重载车轮位于浮态承压舟的连接桥上，车辆位置示意图如图 4.6 所示，校核浮态承压舟连接桥结构的抗横弯强度。

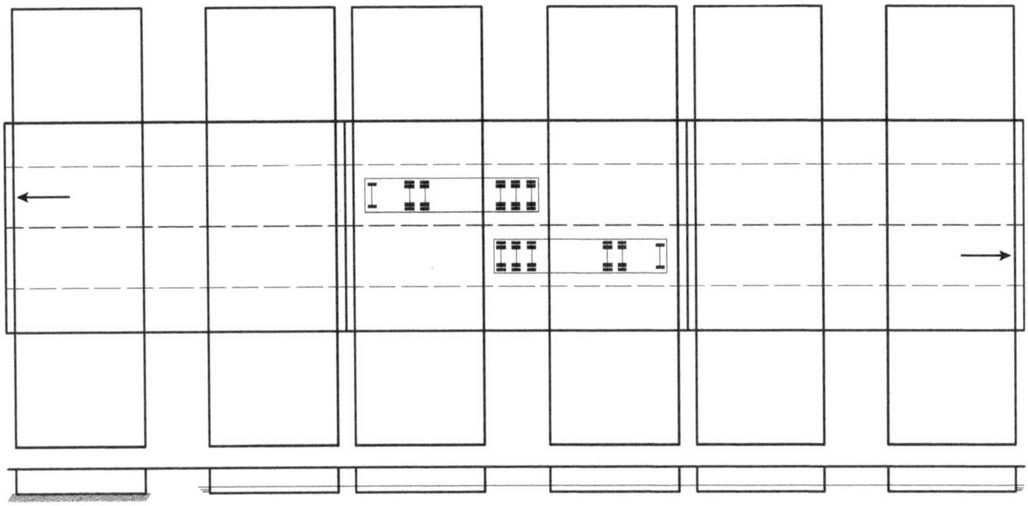

图 4.6　工况 1 车辆位置示意图

工况 2：两个重型挂车的后部重载车轮位于浮态承压舟的连接桥一侧片体上，车辆位置示意图如图 4.7 所示，校核浮态承压舟连接桥结构的抗横弯强度。

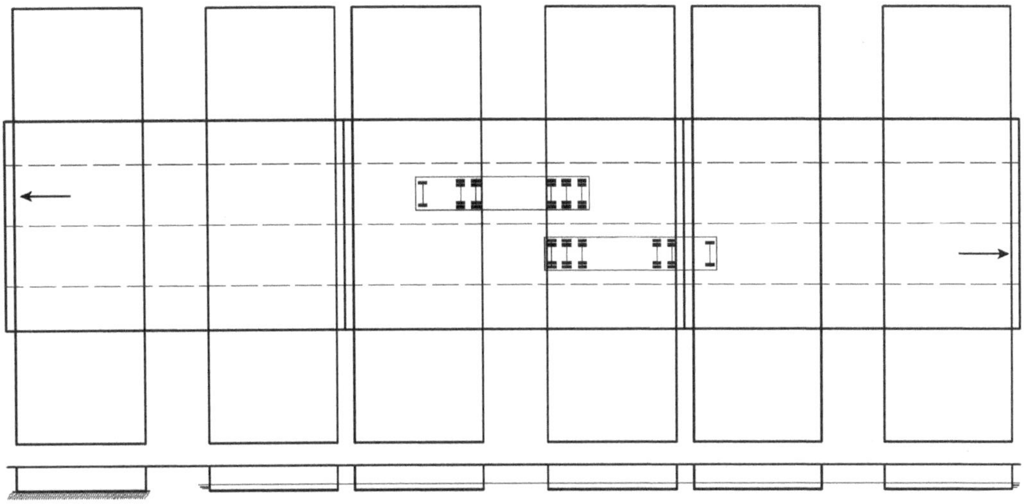

图 4.7　工况 2 车辆位置示意图

工况 3：两个重型挂车中心对称分布，分别位于浮态承压舟的连接桥两侧片体上，且后部重载车轮靠近外伸舷，车辆位置示意图如图 4.8 所示，校核浮态承压舟连接桥结构的抗横扭强度。

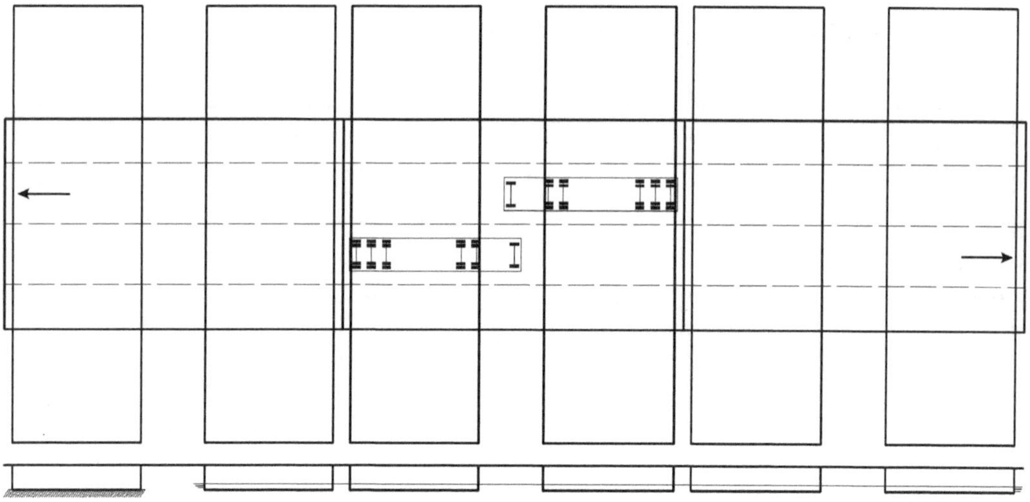

图 4.8　工况 3 车辆位置示意图

工况 4：两个重型挂车前、后部车轮分别位于浮态承压舟的连接桥结构的两侧片体上，车辆位置示意图如图 4.9 所示，校核浮态承压舟连接桥结构的抗横弯、横扭强度。

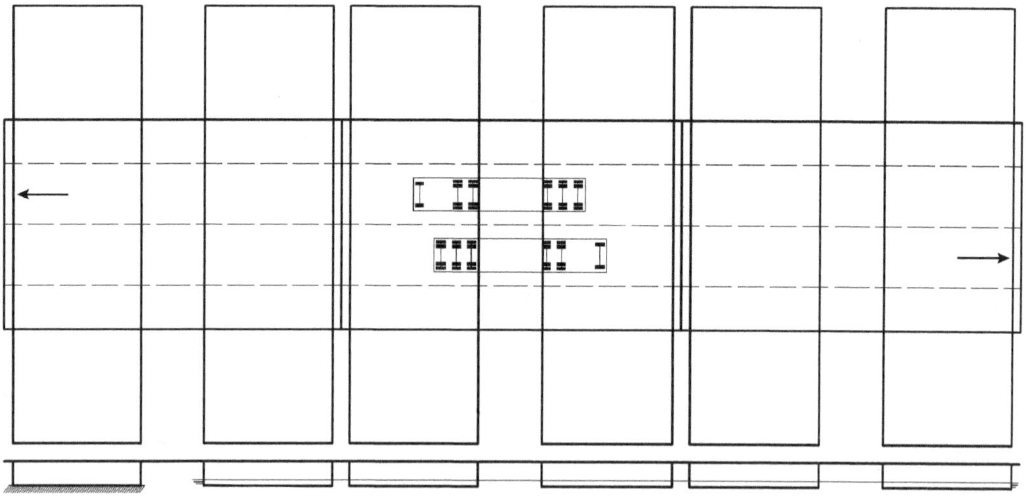

图 4.9　工况 4 车辆位置示意图

工况 5：两个重型挂车的重载车轮集中于半落滩承压舟的连接桥和浮态片体上，车辆位置示意图如图 4.10 所示，校核半落滩承压舟连接桥结构的抗横弯强度。

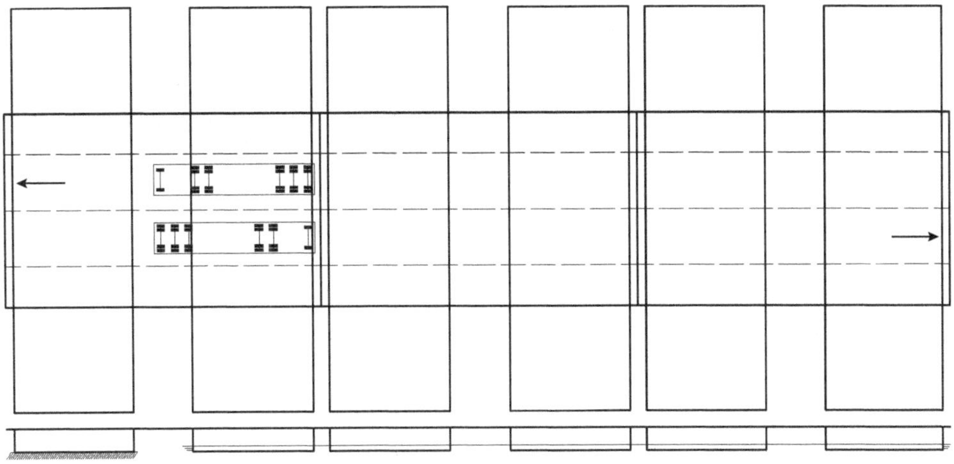

图 4.10　工况 5 车辆位置示意图

工况 6：两个重型挂车的后部重载车轮集中于半落滩承压舟的浮态片体上，车辆位置示意图如图 4.11 所示，校核半落滩承压舟连接桥结构的抗横弯强度。

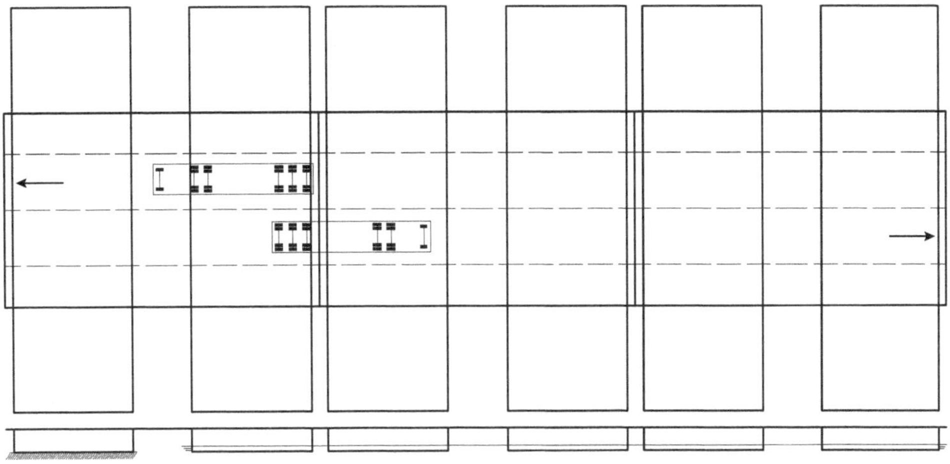

图 4.11　工况 6 车辆位置示意图

4.3.4　边界条件

对于三艘承压舟组成的舟桥结构系统，进行工况 1～6 计算时，在坐滩片体船底节点上限制其垂向自由度，另外在三艘承压舟结构系统两端外伸舷端部的一列节点上限制其纵向、横向和垂向自由度，具体如表 4.3 和图 4.12 所示。

表 4.3　计算所加约束

计算工况	位置/约束类型	U_x	U_y	U_z
工况 1～6	模型前后两侧的外伸舷端部	0	0	0
	模型坐滩片体船底			0

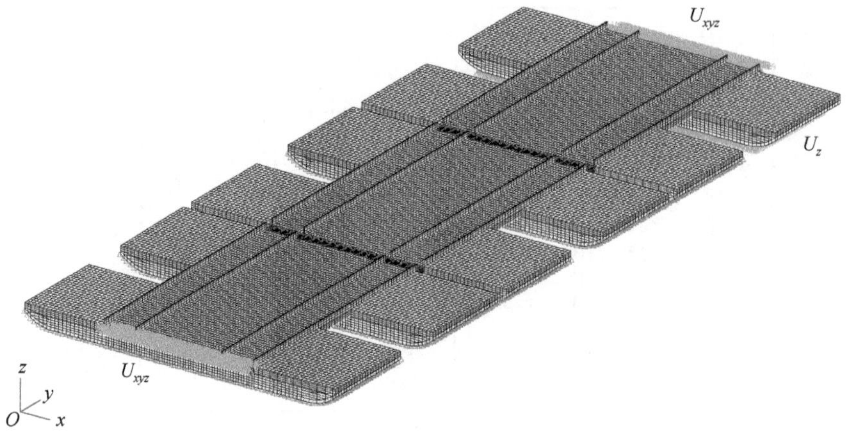

图 4.12　计算施加约束示意图

第5章　承压舟结构设计和强度校核

承压舟舟桥主要承载轮式车辆，并在“浮态”“半落滩”“落滩”等条件下使用，其载荷及工况具有特殊性。目前，我国《钢质内河船舶建造规范》(2016)(以下简称《钢内规》)并没有明确提出针对承压舟结构特点、受力特点、工况特点的结构设计和强度校核标准。本章结合实践经验对现有规范相关规定的适用性作出分析，并进行有关受力模型分析，建立承压舟结构设计和强度校核针对性标准体系，为承压舟结构布置及构件尺寸确定提供规范设计依据。

5.1　一般规定

5.1.1　一般要求

(1) 适用本章公式的钢材最低屈服应力 $R_{eH} = 235\ MPa^2$；除另有规定外，普通钢的弹性模量可取 $2.06 \times 10^5\ MPa^2$。

(2) 本章计算公式中所涉及的半波高 r_w 取值如下：B 级航区，$r_w = 0.75\ m$；C 级航区，$r_w = 0.25\ m$。

(3) 除另有规定外，规范内所要求的构件剖面模数和惯性矩均为连同带板的最小要求值，且假定带板是与构件的腹板垂直的。

(4) 强力甲板相邻板材间、船体外板相邻板材间的建造厚度的差值，应不大于较厚板厚度的50%。

(5) 运营于 J_2 急流航段的承压舟，其船体结构应不小于 B 级航区承压舟的规定。

(6) 承压舟构件计算跨距应符合《钢内规》的相关要求。

(7) 承压舟结构连续与过渡、主要构件之间的连接、次要构件之间的连接除特殊要求外，均应遵循《钢内规》的原则规定。

5.1.2　承压舟尺度比

作用在船体上的波浪载荷主要与船舶的线型及主尺度有关；当船长及主尺度比限定后，便可对作用于船体的波浪载荷进行统计分析，并建立其相应的计算公式。船检规范对不同船型船舶在船舶尺度与主要尺度比值和船体结构形式方面作出的规定，均基于此。

承压舟所应用的水域均为内河 B 级、C 级航区，具有趸船特征，并具有强大的中横剖面。因此，在设计实践中，为使承压舟在进行外板、船底结构、舷侧结构计算中引用、借鉴规范条款具备适用性，承压舟参考《钢内规》对趸船（单体）宽深比 $B/D \leqslant 7$ 的规定，确定片体的主尺度比片体宽深比 $b/D \leqslant 7$；参考《钢内规》双体趸船长深比 $L/D \leqslant 35$、双体船长不大于 60 m 的规定，确定长深比 $L/D \leqslant 35$，对船长超过 60 m 的承压舟，构件尺寸由直接计算确定。

5.1.3　焊缝设计与焊接

（1）承压舟连接桥与片体甲板的纵向对接缝距连接桥与片体交界处、承压舟外伸舷与片体甲板的纵向对接缝距外伸舷与片体交界处的距离应不小于 300 mm。需要注意的是，300 mm 的距离要求是高于《钢内规》要求的，在实践中发现，200 mm 的间距不足以避开承压舟连接桥端部的高应力集中区。

（2）承压舟船体外板、甲板、舱壁板之间的连接及通道结构型材、板材端接处应采用对接焊。

（3）承压舟通道甲板及型材、板材端接处，应采用构件开坡口的全焊透角焊（或其他确保焊缝焊透的措施），此处焊缝及船体大合拢时的环形焊缝应采用低氢焊接材料施焊。

（4）连接桥横梁腹板与甲板角焊缝在端部 1.5 倍腹板高度范围内和在肘板区域内应为双面连续焊。

（5）外伸舷、连接桥普通横梁肘板与片体舷侧板的焊接及与外伸舷、连接桥纵桁和横梁腹板的焊接应采用双面连续焊。

（6）连接桥纵桁与强横梁的连接，其端部加强焊长度应不小于腹板高度。

（7）通道范围内，甲板强横梁腹板与甲板、强纵桁腹板与甲板、实肋板腹板与船底板、旁内龙骨腹板与船底板、中内龙骨腹板与船底板应为双面连续焊；实肋板与中内龙骨、旁内龙骨的焊接应采用双面连续焊；强横梁与强纵桁的焊接应采用双面连续焊。

5.2　车辆甲板载荷

5.2.1　车型选取

1. 选取原则

从结构安全保障来讲，最易形成最大外部载荷（含局部载荷）和恶劣工况的车型是承压舟舟桥研究的重点对象。除大件运输车外，通行承压舟舟桥整车质量大的车型主要为六轴列车，且此类车也易形成较大的超载和轴荷放大效应。根据《汽车、挂车及汽车列车外廓尺寸、轴荷及质量限值》（GB 1589—2016），六轴列车的最大允许总质量在道路货运车辆当中也是最大的，汽车列车的外廓尺寸、质量限值见表 5.1。因此，承压舟舟桥一般将六轴列车作为车辆载荷的研究对象。

表 5.1　汽车列车的外廓尺寸、质量限值

轴数	车辆类型	图例	轴荷	总质量/t	长/m	宽/m	高/m
3	4×2 牵引车＋1 轴挂		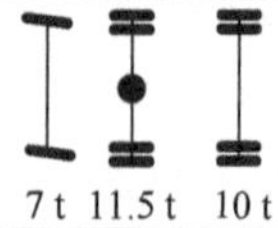 7 t　11.5 t　10 t	27	17.1	2.55	4
4	4×2 牵引车＋2 轴挂		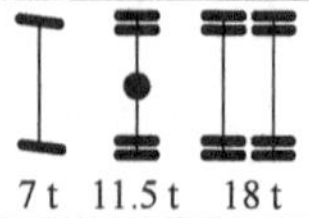 7 t　11.5 t　18 t	36			

续表

轴数	车辆类型	图例	轴荷	总质量/t	长/m	宽/m	高/m
5	4×2 牵引车＋3 轴挂		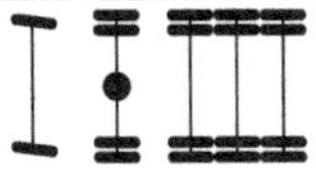 7 t 11.5 t 24 t	42			
	6×2 牵引车＋2 轴挂		 7 t 7 t 11.5 t 18 t	43			
			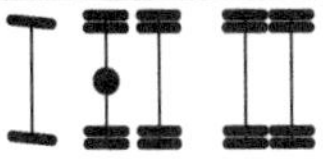 7 t 18 t 18 t				
	6×4 牵引车＋2 轴挂		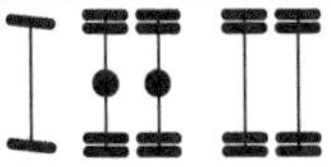 7 t 18 t 18 t		17.1	2.55	4
6	6×2 牵引车＋3 轴挂		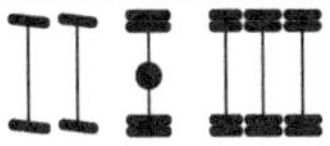 7 t 7 t 11.5 t 24 t	46			
			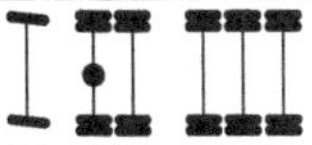 7 t 18 t 24 t	46			
	6×4 牵引车＋3 轴挂		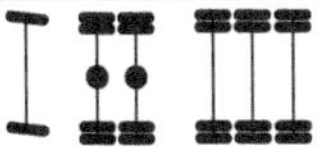 7 t 18 t 24 t	49			

注：4×2、6×2、6×4 表示牵引车驱动形式，“×”前的数字表示牵引车车轮总数，“×”后的数字表示驱动轮数，并将双轮按一个轮子算，即 1 根车轴按 2 个轮子算。把两个数字各除以 2，就是牵引车轴数与驱动轴轴数，如“6×4”指该车共 3 轴，其中 2 轴是驱动轴。

2. 典型车辆载荷参数

将六轴列车中“6×4 牵引车＋3 轴挂”车型作为典型车辆载荷，其主要技术指标及立面平面尺寸如表 5.2 和图 4.5 所示。对设计整车质量超过标准设计值的车辆，应假定前轴质量不变，而中后轮组承受质量按相同比例放大。举例来说，如实际整车质量为 143 t，则应按（139–7）÷（49–7）≈ 3.14 的比例进行中后轮组承受质量放大。

表 5.2　典型车辆载荷尺寸及主要技术指标

项目	单位	技术指标	项目	单位	技术指标
轴距 $l_1+l_2+l_3+l_4+l_5$	m	3.0＋1.3＋7.0＋1.3＋1.3	前轴重量标准值 g_1	t	7
轮距 c_1、c_2	m	1.8	中轴组重量标准值 g_2+g_3	t	9＋9
车辆长 l_{car}	m	17	后轴组重量标准值 $g_4+g_5+g_6$	t	8＋8＋8
车辆宽 w	m	2.55	前轮着地宽度及长度	m	0.2×0.2
整车质量标准值	t	49	中后轮组着地宽度及长度	m	0.4×0.2

5.2.2　载荷影响因素

除车辆载荷大小外，影响局部强度的因素主要还有动载冲击系数、V 形坡放大效应和轮胎着地面积。

1. 动载冲击系数

车辆动载通过舟桥时产生竖向动力增大系数，即动载冲击系数。从多次舟桥试验测试结果来看，车辆动载对舟体形成的动载冲击系数均未超过 1.2（在 1.16 以下），因此，动载冲击系数取 1.2 可满足要求。

2. V 形坡放大效应

铰接系舟桥在车辆载荷下形成 V 形坡。对汽车列车来说，当牵引车与挂车分别位于两艘承压舟的两个相邻片体时，V 形坡才会对轴组产生放大效应，后轴组最为突出，且后轴组越接近连接部位，放大效应越为明显。从放大效应产生的区域来看，主要集中在外伸舷及片体结构上方偏外伸舷一侧，并不会作用在连接桥上方。结合实际，当最大名义纵坡度不超过 3%时，轴荷放大系数取 1.4 即可；考虑冲击系数影响，综合系数可取 1.7。

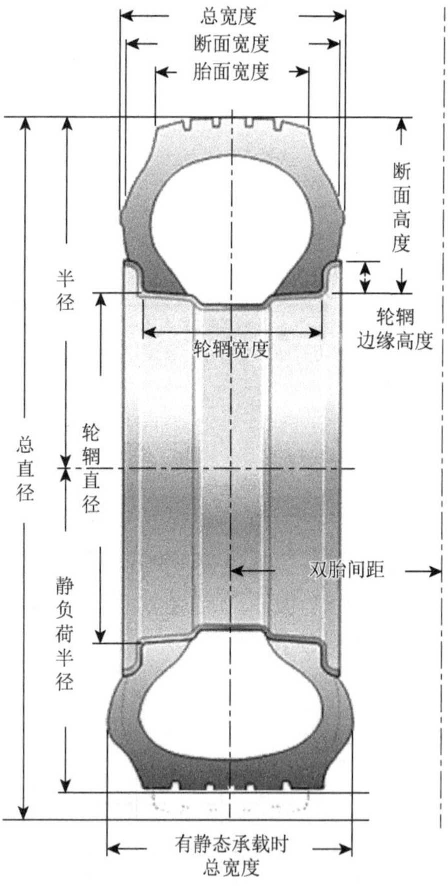

图 5.1　轮胎截面结构

3. 轮胎着地面积

汽车载荷的轮胎着地面积与舟桥车辆甲板局部强度设计紧密相关。我国《公路桥涵设计通用规范》（JTG D60—2015）及军用舟桥对汽车载荷前轮着地宽度和长度采用 0.3 m×0.2 m，中后轮着地宽度和长度采用 0.6 m×0.2 m。承载状态下，汽车轮胎最大着地宽度为胎面宽度而非断面宽度，轮胎截面结构如图 5.1 所示。经统计，额定载重量不低于 20 t 的运输车辆主要选配名义断面宽度（一般较实际断面宽度稍小）为 11 in①及以上规格的子午线轮胎，此类轮胎胎面宽在 200 mm 以上，部分类型轮胎规格（以韩泰轮胎为例）见表 5.3。由此推荐轮胎的着地宽度取值为 0.2～0.25 m，偏于安全，可取 0.2 m。

① 1 in = 2.54 cm。

表 5.3　韩泰轮胎规格参数表

轮胎型号	规格	最大直径/mm	断面宽度/mm	胎面宽度/mm	胎面深度/mm	静负荷半径/mm
韩泰 DM80	10.00R20	1064	275	208	18.4	487
	11.00R20	1091	294	226	18.4	499
	11.00R20	1091	294	226	18.4	499
	12.00R20	1128	317	240	17.9	514
	12.00R20	1128	317	240	17.9	514
	9.00R20	1026	254	196	17.5	471
韩泰 DM81	10.00R20	1064	278	219	20.4	488
	11.00R20	1092	292	242	19.4	500
	11R22.5	1064	280	219	20.4	492
	1200R20	1135	312	246	19.9	518
	12R22.5	1094	294	242	19.4	505
	12R22.5	1094	308	238	19.4	505
	245/70R19.5	849	246	216	16	397
	295/80R22.5	1058	303	250	22.8	492
	315/80R22.5	1093	315	264	23.3	506
韩泰 AL81 +	11R22.5	1054	278	210	14.5	487
	12R22.5	1084	302	216	15	501
	295/80R22.5	1053	306	232	14.5	488
	315/80R22.5	1075	320	242	15	499
韩泰 TL10 e-cube	385/65R22.5	1082	382	308	15.5	501
韩泰 TH80	12R22.5	1082	308	216	14.5	501

注：DM80 混合路面翻斗车驱动轮适用；DM81 中长距离、国道及铺装路面驱动轮适用；AL81 + 长距离、高速公路适用；TL10 e-cube 具有良好节油性的拖动轮；TH80 中长距离货车拖动轮专用。

5.2.3　局部载荷计算

（1）轴重 P_c 按式（5.1）计算：

$$P_c = \lambda_c \cdot T_c \tag{5.1}$$

式中：

P_c——轴重，t；

T_c——设计通行车辆（静态）单轴最大负荷，t，单轴最大负荷应取可能装载车辆的最大值；

λ_c——系数，连接桥范围内取 1.2，其他部位取 1.7。

（2）轮印负荷 P_{ly} 按式（5.2）计算：

$$P_{ly} = k_{ly} \cdot P_c \tag{5.2}$$

式中：

P_{ly} ——轮印负荷，t；

P_c ——轴重，t；

k_{ly} ——系数，当并排 2 个轮印及前后相邻 2 个轮印均分布在 2 个不同板格上时取 1/4，否则取 1/2，对设计最大单车整车质量 40 t 及以上车辆通行的承压舟车辆甲板轮印板格（图 5.2），当 $s_{ly} \leqslant 345$ mm 且 $l_{ly} \leqslant 1300$ mm 时，取 1/4，否则取 1/2。

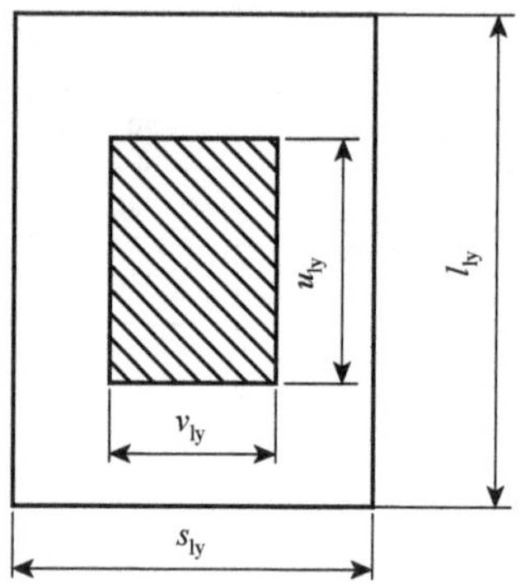

图 5.2　轮印板格示意图

s_{ly} 为纵骨或横梁间距，m；l_{ly} 为纵骨或横梁跨距，m；u_{ly}、v_{ly} 分别为轮印的长度和宽度，m，对重型货车，u_{ly} 一般可取 0.2 m，v_{ly} 一般可取 0.2～0.25 m

5.3　甲板与外板

5.3.1　车辆甲板

《钢内规》对车辆甲板计算给出了两个公式，一个是针对无轮印资料的，一个是针对有轮印资料的。前者适用性差，后者适用性较好，具体分析如下。

1. 无轮印资料的车辆甲板计算

承压舟车辆甲板骨架横梁间距 s 取 0.33 m，将值代入《钢内规》给出的公式：

$$t = \frac{s(P_{ly}+1)}{27P_{ly}+138} \times 10^3 \tag{5.3}$$

变形整理得

$$P_{ly} = \frac{138t - 333}{333 - 27t} \tag{5.4}$$

式中：

t——车辆甲板厚度，mm；

P_{ly}——轮印负荷，t；

s——纵骨或横梁间距，m。

从式（5.4）可以看出，当板厚为 12.3 mm 时，$333-27t=0$，轮印负荷无限大，即在承压舟车辆甲板横梁间距为 0.33 m 的情况下，如车辆甲板厚度不低于 12.3 mm，则可承受无限大的轮印负荷。这与实际是严重不符的。因此，式（5.4）对承压舟不具适用性。承压舟确立了车辆载荷处置方法，对轮印资料做了规定，也无须使用该公式。

2. 有轮印资料的车辆甲板计算

承压舟车辆甲板计算，在充分考虑局部载荷特性后，对“轮印之间的间距很小”做了进一步界定：当并排 2 个轮印或前后相邻两个轮印均能分布在 2 个不同板格上时，视为“间距大”；否则，视为“间距很小”。需要注意的是，这里对间距大小的界定，既包括了对同一车轴并排双轮间距的要求，又包含了对轴组中相邻两轴前后轮印间距的要求。鉴于“轮胎的着地宽度取值一般为 0.2～0.25 m，基于安全考虑，轮胎着地宽度可取 0.2 m。

承压舟车辆甲板厚度应不小于按式（5.5）计算之值：

$$t = k_{ly}\sqrt{P_{ly}} + 1.5 \tag{5.5}$$

式中：

t——车辆甲板厚度，mm；

P_{ly}——车辆轮印上的负荷，t，按 5.2.3 节规定；

k_{ly}——系数，取值为

$$k_{ly} = 4.668 - 8.4\frac{v_{ly}}{s} + 4.2\left(\frac{v_{ly}}{s}\right)^2 - 0.38\frac{u_{ly}}{v_{ly}} + \frac{l}{s} - \delta\left(\frac{l}{s}\text{取} \leqslant 2.5\right)$$

s 为纵骨或横梁间距 (m)，l 为纵骨或横梁跨距 (m)，u_{ly}、v_{ly} 分别为轮印的长度和宽度 (m)，如图 5.2 所示。δ 为系数，当 $v_{ly}/s > 0.5$ 且 $u_{ly}/v_{ly} > 1.5$ 时，取 $\delta = 0.7\left(\frac{v_{ly}}{s} - 0.5\right)\left(\frac{u_{ly}}{v_{ly}} - 1.5\right)$，否则取 $\delta = 0$。

5.3.2　船底板

外底板的计算主要考虑水压力与落滩时河底对舟底的反力。选取计算模型时，浮于水中的舟体考虑水压作用，对于落滩的舟体，去除河底有突出硬物等使用中应避免的工况，考虑平整但存在起伏的河底。

1. 漂浮状态计算

按《钢内规》要求计算。考虑承压舟具有趸船属性，且使用过程中难以实施坞内检验，故应在趸船船底板增厚 1 mm 的基础上进一步增厚（可按 1 mm 考虑）；同时，结合实践经验，受振动影响，低于 4.5 mm 厚度的船底板易发生振裂。

故承压舟船底板厚度 t_{bt} 应不小于按式（5.6）和式（5.7）计算所得之值的较大者，且不小于 4.5 mm：

$$t_{bt} = a_{na} k_{bt} (0.06L + 4.5 s_{bt}) + 2 \tag{5.6}$$

$$t_{bt} = 4.8 s_{bt} \sqrt{d + r_w} + 2 \tag{5.7}$$

式中：

t_{bt}——船底板厚度，mm；

a_{na}——航区系数，B 级航区取 0.85，C 级航区取 0.7；

k_{bt}——系数，单底区域取 1.0，双层底区域取 0.9；

L——船长，m；

d——设计吃水，m；

s_{bt}——肋骨或纵骨间距，m；

r_w——半波高，m。

2. 落滩状态计算

1）板格最大应力

外底板的计算模型取为四周刚性固定、受均布载荷作用的板模型，其计算模型如图 5.3 所示。

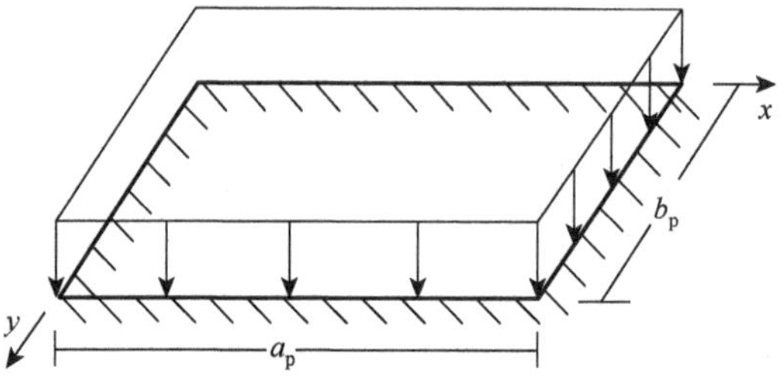

图 5.3　外底板计算模型

此模型板内弯矩按式（5.8）计算：

$$\begin{cases} M_x = k_x q a_p^2 \\ M_y = k_y q a_p^2 \\ \bar{M}_x = k_{\bar{x}} q a_p^2 \\ \bar{M}_y = k_{\bar{y}} q a_p^2 \end{cases} \tag{5.8}$$

式中：

M_x——板中点垂直于 x 轴的断面弯矩，N·m；

M_y——板中点垂直于 y 轴的断面弯矩，N·m；

$\bar{M}_x$ ——板短边中点的弯矩，N·m；
$\bar{M}_y$ ——板长边中点的弯矩，N·m；
q ——板上单位面积的均布载荷，N/m；
a_p ——板的短边长，m；
k_x、k_y、$k_{\bar{x}}$、$k_{\bar{y}}$ ——系数，按表 5.4 查取。

表 5.4　系数取值表

板的 a_p/b_p	k_x	k_y	$k_{\bar{x}}$	$k_{\bar{y}}$
1.0	0.0231	0.0231	0.0513	0.0513
1.1	0.0231	0.0264	0.0538	0.0581
1.2	0.0228	0.0299	0.0554	0.0639
1.3	0.0222	0.0327	0.0563	0.0687
1.4	0.0212	0.0349	0.0568	0.0726
1.5	0.0203	0.0368	0.0570	0.0757
1.6	0.0193	0.0381	0.0571	0.0780
1.7	0.0182	0.0392	0.0571	0.0799
1.8	0.0174	0.0401	0.0571	0.0812
1.9	0.0165	0.0407	0.0571	0.0822
2.0	0.0158	0.0412	0.0571	0.0829
3.0	0.0143	0.0415	0.0571	0.0832
4.0	0.0139	0.0417	0.0571	0.0833
5.0	0.0139	0.0417	0.0571	0.0833
∞	0.0125	0.0417	0.0571	0.0833

于是得板中最大弯矩为

$$M_{\max} = \max(M_x, M_y, M_{\bar{x}}, M_{\bar{y}}) = \max(k_x, k_y, k_{\bar{x}}, k_{\bar{y}}) q a_p^2 = k_{\bar{y}} q a_p^2 \tag{5.9}$$

则板中最大应力为

$$\sigma_{\max} = \frac{6M_{\max}}{t_{bt}^2} = \frac{6k_{\bar{y}} a_p^2}{t_{bt}^2} \cdot q \tag{5.10}$$

式中：

t_{bt} ——板厚，mm；
其余符号定义同上。

2）漂浮状态板厚

当舟体全浮时，载荷 q 为水压，则载荷 q 按式（5.11）计算：

$$q = \rho g(d + r_w) \tag{5.11}$$

式中：

ρ ——河水密度，kg/m^3；

g ——重力加速度，m/s^2；

d ——设计吃水，m；

r_w ——半波高，m。

将 q 的计算式代入最大应力计算公式［式（5.10）］得

$$\sigma_{\max} = \frac{6k_{\bar{y}}a_p^2}{t_{bt}^2} \cdot q = \frac{6\rho g k_{\bar{y}}(d + r_w)a_p^2}{t_{bt}^2} \tag{5.12}$$

将式（5.12）代入强度条件 $\sigma_{\max} < \dfrac{\sigma_s}{k_{safe}}$，经整理得板厚计算公式：

$$t_{bt} = \sqrt{\frac{6k_{safe}\rho g k_{\bar{y}}(d + r_w)a_p^2}{\sigma_s}} \tag{5.13}$$

再将 $k_{safe} = 1.25$（安全系数，下同），$\rho = 1000\ \mathrm{kg/m^3}$，$g = 9.81\ \mathrm{m/s^2}$，$k_{\bar{y}} = k_{stif}$，$a_p = s_p$，$\sigma_s = 235 \times 10^6\ \mathrm{N/m^2}$ 代入式（5.13），统一单位后可得船底板厚度 t_{bt} 应不小于：

$$t_{bt} = 17.69 s_p \sqrt{k_{stif}(d + r_w)}\,(\mathrm{mm}) \tag{5.14}$$

式中：

t_{bt} ——船中部船底板厚度，mm；

s_p ——计算板格短边长，m，横骨架式舟底板取底肋骨间距，纵骨架式舟底板取底纵骨间距；

k_{stif} ——系数，按表 5.5 查取；

d ——设计吃水，m；

r_w ——半波高，m。

表 5.5　k_{stif} 值表

板的 a_p/b_p	k_{stif}	板的 a_p/b_p	k_{stif}
1.0	0.0513	1.8	0.0812
1.1	0.0581	1.9	0.0822
1.2	0.0639	2.0	0.0829
1.3	0.0687	3.0	0.0832
1.4	0.0726	4.0	0.0833
1.5	0.0757	5.0	0.0833
1.6	0.0780	∞	0.0833
1.7	0.0799		

3）落滩状态处置方法

当考虑舟体落滩时，需对式（5.14）计算所得板厚加以修正，以保证其落滩强度。

从直观上考虑，此修正项应与允许通过车辆最大质量有关。因此，考虑落滩工况的修正载荷 q' 可按式（5.15）计算：

$$q' = \rho g(d + r_{\mathrm{w}}) + \psi \tag{5.15}$$

式中：

ψ——落滩修正项。

将式（5.15）代入最大应力计算公式得修正应力：

$$\sigma_{\max} = \frac{6k_{\bar{y}}s_{\mathrm{p}}^2}{t_{\mathrm{bt}}^2} \cdot q' = \frac{6k_{\bar{y}}s_{\mathrm{p}}^2}{t_{\mathrm{bt}}^2}[\rho g(d + r_{\mathrm{w}}) + \psi] \tag{5.16}$$

将式（5.16）代入强度条件 $\sigma_{\max} < \dfrac{\sigma_{\mathrm{s}}}{k_{\mathrm{safe}}}$，经整理得修正板厚计算公式：

$$t_{\mathrm{bt}} = \sqrt{\frac{6k_{\mathrm{safe}}k_{\bar{y}}s_{\mathrm{p}}^2}{\sigma_{\mathrm{s}}}[\rho g(d + r_{\mathrm{w}}) + \psi]} \tag{5.17}$$

再将 $k_{\mathrm{safe}} = 1.25$，$\sigma_{\mathrm{s}} = 235 \times 10^6\ \mathrm{N/m^2}$，$\rho = 1000\ \mathrm{kg/m^3}$，$g = 9.81\ \mathrm{N/kg}$，$k_{\bar{y}} = k_{\mathrm{stif}}$ 代入式（5.17），统一单位后可得

$$t_{\mathrm{bt}} = 17.69 s_{\mathrm{p}} \sqrt{k_{\mathrm{stif}}(d + r_{\mathrm{w}} + \psi)} \tag{5.18}$$

式中：

s_{p}——计算板格短边长，m，横骨架式舟底板取底肋骨间距，纵骨架式舟底板取底纵骨间距；

k_{stif}——系数，按表 5.5 查取；

ψ——落滩修正项。

4）落滩修正项 ψ 的确定

承压舟使用过程中，由于河流的冲刷作用，河底地形复杂多变，不可能通过简单的数学推导得出修正项计算公式。通过现役承压舟设计与使用经验来确定此修正项不失为一种简便、实用的方法。

考虑落滩的板厚计算公式（5.18）经变形整理得

$$\psi = \frac{t_{\mathrm{bt}}^2}{313.085 k_{\mathrm{stif}} s_{\mathrm{p}}^2} - d - r_{\mathrm{w}} \tag{5.19}$$

表 5.6 中，列出了六种不同现役承压舟的最大承载总质量 M_{car}、底板实取厚度 t_{bt}、设计吃水 d、半波高 r_{w}、船底纵骨间距 s_{p}、实肋板间距及 k_{stif} 值。

表 5.6　验证舟型相关参数

型号	M_{car}/t	t_{bt} / mm	d / m	r_{w} / m	s_{p} / m	实肋板间距/m	k_{stif}
87 舟	15	4	1.0	0.75	0.6	1.0	0.0793
96 舟	45	5	1.0	0.75	0.5	1.0	0.0829

续表

型号	M_{car}/t	t_{bt} / mm	d / m	r_w / m	s_p / m	实肋板间距/m	k_{stif}
2000 型	80	5	1.0	0.75	0.425	1.0	0.083
95B2	120	6	1.0	0.75	0.4	1.0	0.0831
40 m 舟	150	8	1.0	0.75	0.5	1.0	0.0829

根据表 5.6 的数据计算现有各舟型落滩修正项ψ，拟合落滩修正项随车重变化曲线，如图 5.4 所示。

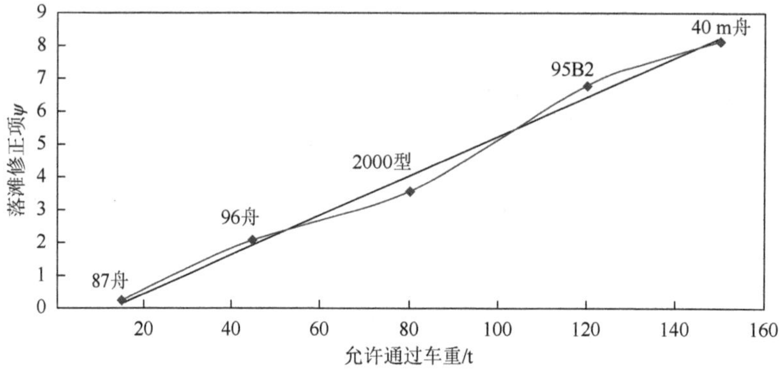

图 5.4　落滩修正项变化曲线

由图 5.4 的曲线可以看出落滩修正项ψ与允许通过车重基本呈线性关系，其拟合关系式为

$$\psi = 0.0593 M_{car} - 0.7046 \tag{5.20}$$

式中：

M_{car}——最大承载总质量，t。

按上述方法计算现有承压舟，列于表 5.7。

表 5.7　验证计算表

型号	M_{car} / t	ψ	d / m	r_w / m	s_p / m	k_{stif}	t_j / mm	t_s / mm
87 舟	15	0.1849	1.3	0.75	0.6	0.0793	3.9	4
96 舟	45	1.9639	1.5	0.75	0.5	0.0829	4.9	5
2000 型	80	4.0394	1.5	0.75	0.425	0.083	5.2	6
95B	130	7.0044	1.65	0.75	0.5	0.0829	7.6	6
95B2	120	6.4114	1.64	0.75	0.4	0.0831	5.9	6
40 m 舟	150	8.1904	1.5	0.75	0.5	0.0829	8.0	8

注：t_j 为计算最小板厚；t_s 为实际使用板厚。

表5.7计算结果与实际基本相符。从实际情况来看，承压舟船底板厚度应不小于4.5 mm，但也不必大于 10 mm。

5）落滩状态板厚

综上，承压舟船中部船底板厚度尚应不小于按式（5.21）计算所得之值：

$$t_{bt}=17.69s_p\sqrt{k_{stif}(d+r_w+\psi)} \tag{5.21}$$

式中：

s_p——板格短边长，m；

k_{stif}——系数，按表 5.5 查取；

d——设计吃水，m；

r_w——半波高，m；

ψ——修正系数，无落滩工况时，$\psi=0$，有落滩工况时，$\psi=0.0593M_{car}-0.7046$，且当$\psi<1.1$时，取 1.1，当$\psi>13.5$时，取 13.5，$M_{car}$为最大承载总质量（t），$M_{car}=\sum_{i=1}^{n}M_i$，$M_i$为每个车道设计通行单车整车质量，当$M_{car}$小于设计单向通行最大整车质量时，取单向通行最大单车整车质量。

承压舟在全船长度范围内，船底板厚度均与船中部船底板厚度相同。

5.3.3　其他外板

1. 平板龙骨

平板龙骨厚度与船中部底板厚度相同。平板龙骨宽度应不小于片体宽度的 0.1 倍，且应不小于 0.75 m，也不必大于 1.5 m。

2. 舭列板

舭列板厚度与船中部底板厚度相同。如果采用圆舭，则舭列板宽度应至少超过舭部圆弧以外 100 mm，并应超过实肋板面板表面以上 150 mm。如舭部为折角型，当采用连接型材与承压舟底板及舷侧外板对接或搭接连接时，型材厚度应不小于舭列板厚度。

3. 舷侧外板

舷侧外板厚度按 5.3.2 节规定确定。舷侧顶列板在强力甲板以下的宽度应不小于 0.1D（D为型深），且应不小于 250 mm。

兼作护舷材的舷侧顶列板厚度t_{su}应不低于按式（5.22）和式（5.23）所得之值的较大者，且不小于 7.5 mm：

$$t_{su}=a_{na}k_{bt}(0.06L+4.5s_{bt})+0.05L+2.5 \tag{5.22}$$

$$t_{su}=4.8s_{bt}\sqrt{d+r_w}+0.05L+2.5 \tag{5.23}$$

式中：

t_{su}——舷侧顶列板厚度，mm；

a_{na}——航区系数，B 级航区取 0.85，C 级航区取 0.7；

k_{bt} ——系数，单底区域取1.0，双层底区域取0.9；
L ——船长，m;
d ——设计吃水，m;
s_{bt} ——肋骨或纵骨间距，m;
r_w ——半波高，m。

4. 首尾封板

承压舟首尾封板的厚度与舷侧外板厚度相同。

5.4 车辆甲板骨架

分置式承压舟通道沿船宽方向布置，车辆载荷也沿通道方向分布，通道方向受力是主要矛盾。因此，分置式承压舟甲板骨架选择横骨架式。承压舟车辆甲板板格的纵向骨架也较为强大，形成对甲板普通横梁的支撑，为突出强调此特点，将承压舟车辆甲板纵向骨架分别称为甲板纵桁、甲板强纵桁。承压舟车辆甲板板格间距，应充分考虑车辆载荷的轴距（取 1.3 m）、轮印分布特征。通道范围内，分置式承压舟甲板横梁、强横梁应等值穿过纵舱壁及舷侧板。

承压舟车辆甲板骨架结构计算参照《钢内规》中“双体船船体结构补充规定”“滚装船船体结构补充规定”的相关规定即可。但进行车辆甲板强横梁计算时，鉴于车辆载荷引起的垂向最大加速度不会超过0.2 g，由此考虑连接桥的总横弯矩 M_{bx} 不会超过 1.2 倍静水总横弯矩 M_{bx0}，保守起见可取 $M_{bx}=1.2M_{bx0}$；而静水总横弯矩借鉴《海上高速船入级与建造规范》（2012）中 $M_{bx0}=2.45\Delta(b_{ch}-0.8B_{hs}^{0.88})$（$\Delta$ 为排水量，b_{ch} 为片体中心线间距，B_{hs} 为船宽）的规定。

5.4.1 车辆甲板横梁或纵骨

（1）连接桥车辆甲板横梁的剖面模数 W 应不小于按式（5.24）计算所得之值：

$$W=6.92P_c l_b \tag{5.24}$$

式中：

W ——剖面模数，cm^3；
P_c ——计算轴重，t，按 5.2.3 节规定；
l_b ——骨材跨距，m，取连接桥甲板纵桁之间的距离。

（2）连接桥范围以外车辆甲板横梁的剖面模数 W 应不小于按式（5.25）计算所得之值：

$$W=4.07P_c l_b \tag{5.25}$$

式中：

W ——剖面模数，cm^3；
P_c ——计算轴重，t，按 5.2.3 节规定；
l_b ——骨材跨距，m，取甲板纵桁或强横梁之间的距离。

（3）车辆甲板横梁的剖面惯性矩 I 应不小于按式（5.26）和式（5.27）计算所得之值的较大者：

$$I = 3Wl_{ts} \tag{5.26}$$

$$I = 1.1(C_{wm}W^{2/3} + f_a)l_{ts}^2 \tag{5.27}$$

式中：

I——剖面惯性矩，cm^4；

C_{wm}——形状系数，角钢取 0.73，球扁钢取 0.66；

W——剖面模数，cm^3；

l_{ts}——强横梁跨距，m；

f_a——横梁或纵骨带板剖面积，cm^2。

5.4.2　车辆甲板纵桁和强纵桁

（1）车辆甲板纵桁的剖面模数 W 应不小于按式（5.28）计算所得之值：

$$W = k_c P_c l_{es} \tag{5.28}$$

式中：

W——剖面模数，cm^3；

P_c——计算轴重，t，按 5.2.3 节规定；

l_{es}——纵桁跨距，m；

k_c——系数，$k_c = 3.6l_{es} + 6.9$。

（2）车辆甲板纵桁的剖面惯性矩 I 应不小于按式（5.29）计算所得之值：

$$I = 2.75Wl_{ts} \tag{5.29}$$

式中：

I——剖面惯性矩，cm^4；

W——剖面模数，cm^3；

l_{ts}——强横梁跨距，m。

（3）连接桥应设置强纵桁。连接桥强纵桁与片体内侧壁及连接桥强纵桁之间的距离应不大于 2.5 m。

（4）连接桥强纵桁的尺寸与连接桥强横梁相同。

5.4.3　车辆甲板强横梁

（1）连接桥车辆甲板强横梁的剖面模数应不小于按式（5.30）计算所得之值：

$$W = 15.3P_c l_{ts} \tag{5.30}$$

式中：

W——剖面模数，cm^3；

P_c——计算轴重，t，按 5.2.3 节规定；

l_{ts}——强横梁跨距，m。

（2）连接桥车辆甲板强横梁的剖面惯性矩 I 应不小于按式（5.31）计算所得之值：

$$I = k_{cd}Wl_{ts} \tag{5.31}$$

式中：

I——剖面惯性矩，cm^4；

k_{cd}——系数，当 $l_{ts} < 5$ m 时，取 $k_{cd} = 3$，当 $l_{ts} \geqslant 5$ m 时，取 $k_{cd} = 2.5$；

W——剖面模数，cm^3；

l_{ts}——强横梁跨距，m。

（3）连接桥强横梁的剖面模数 W 在任何情况下应不小于按式（5.32）计算所得之值：

$$W = 6.84\frac{M_{bx0}}{n_b} \tag{5.32}$$

式中：

W——剖面模数，cm^3；

n_b——连接桥强横梁总根数；

M_{bx0}——连接桥静水总横弯矩，kN·m，计算式为

$$M_{bx0} = 2.45\varDelta(b_{ch} - 0.8B_{hs}^{0.88}) \tag{5.33}$$

其中：

$\varDelta$——设计吃水对应的排水量，t；

b_{ch}——片体中心线之间的距离，m；

B_{hs}——船宽，m。

连接桥首尾 0.15 连接桥长度范围内的强横梁，其剖面模数应不小于按式（5.32）计算所得之值的 1.25 倍。

（4）连接桥强横梁腹板的剖面积 a_{web} 应不小于按式（5.34）计算所得之值：

$$a_{web} = 9.52k_{web}\frac{Q_t}{n_b} \tag{5.34}$$

式中：

a_{web}——剖面积，mm^2；

n_b——连接桥强横梁总根数；

k_{web}——系数，连接桥首尾 0.15 倍连接桥长度范围内的强横梁取 $k_{web} = 2.03 - 0.0164L$，L 为船长（m），其他区域强横梁取 $k_{web} = 1$；

Q_t——连接桥总剪力，kN，$Q_t = \dfrac{9.81}{s_{nav}}\varDelta$，其中 $\varDelta$ 为设计吃水对应的排水量（t），s_{nav} 为航区系数，B 级航区或急流航段取 9，C 级航区取 10。

（5）连接桥范围以外车辆甲板强横梁的剖面模数 W 应不小于按式（5.35）计算所得之值：

$$W = 9P_c l_{ts} \tag{5.35}$$

式中：

W——剖面模数，cm^3；

P_c——计算轴重，t，按 5.2.3 节规定；

l_{ts}——强横梁跨距，m。

（6）连接桥范围以外车辆甲板强横梁的剖面惯性矩 I 应不小于按式（5.36）计算所得之值：

$$I = 2.75Wl_{ts} \tag{5.36}$$

式中：

I——剖面惯性矩，cm^4；

W——剖面模数，cm^3；

l_{ts}——强横梁跨距，m。

5.5　舷侧结构

为有利于甲板载荷传递及对甲板载荷支撑作用的发挥，承压舟舷侧骨架应满足交替肋骨制的要求。根据《钢内规》中“双体船船体结构补充规定”对骨材间距及舷侧强肋骨间距的设置要求，船长小于 30 m 的分置式承压舟，肋骨或纵骨间距应不大于 500 mm；船长大于等于 30 m 的分置式承压舟，肋骨或纵骨间距应不大于 550 mm。船长小于 30 m 的分置式承压舟，车辆甲板范围内强肋骨间距应不大于 1.0 m；船长大于等于 30 m 的分置式承压舟，强肋骨间距应不大于 1.1 m。其他范围强肋骨间距不大于 3 个肋距。

5.5.1　强肋骨

1. *屈服强度*

强肋骨不仅支持舷侧板承受舷侧水压，而且承受甲板强横梁传递下来的车辆载荷，计算时首先考虑其屈服强度，压应力按式（5.37）计算：

$$\sigma = \frac{F_c}{A} \tag{5.37}$$

式中：

F_c——压力，N；

A——受压杆截面积，cm^2。

将式（5.37）代入强度公式 $\sigma < \frac{\sigma_s}{k_{safe}}$，有

$$\frac{F_c}{A} < \frac{\sigma_s}{k_{safe}} \tag{5.38}$$

整理得

$$A > \frac{k_{safe}F_c}{\sigma_s} \tag{5.39}$$

令

$$A_{min} = \frac{k_{safe}F_c}{\sigma_s} \tag{5.40}$$

将 $k_{safe} = 1.25$（安全系数），$F_c = 10^4 \times P_{ly}$，$\sigma_s = 235 \times 10^2$ N/cm² 代入式（5.40），得

$$A_{min} = 0.54P_{ly} \tag{5.41}$$

式中：

A_{min}——受压杆最小截面积，cm^2。

P_{ly}——设计轮压，t。

2. 稳定性

偏于安全考虑，其计算模型选为两端自由支持的压杆，如图 5.5 所示。

图 5.5　压杆计算模型

为保证强肋骨有足够的稳定性，要求

$$\sigma_E > 2.8\sigma_s \quad (5.42)$$

式中：

σ_E ——欧拉应力，N/m^2；

σ_s ——钢材屈服应力，N/m^2。

欧拉应力 σ_E 按式（5.43）计算：

$$\sigma_E = \frac{\pi^2 EI}{A_s l_s^2} \quad (5.43)$$

式中：

E ——材料弹性模量，N/m^2；

I ——强肋骨剖面惯性矩，cm^4；

A_s ——强肋骨剖面面积，cm^2；

l_s ——强肋骨跨距，m。

经整理得

$$I > \frac{2.8\sigma_s A_s l_s^2}{\pi^2 E} \quad (5.44)$$

将 $\sigma_s = 235\times10^6\ N/m^2$， $E = 2.06\times10^{11}\ N/m^2$ 代入式（5.44）得

$$I_{min} = 3.24 A_s l_s^2 (cm^4) \quad (5.45)$$

式中：

I_{min} ——强肋骨最小剖面惯性矩，cm^4；

A_s ——强肋骨剖面面积，cm^2；

l_s ——强肋骨跨距，m。

3. 弯曲强度

强肋骨弯曲强度计算模型选为垂向受线性分布载荷、两端自由支持的单跨梁，如图 5.6 所示。

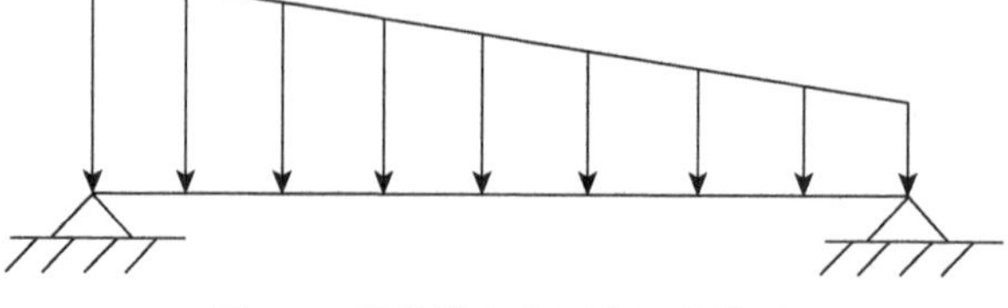

图 5.6　强肋骨弯曲强度计算模型

可将其分解为如图 5.7 所示模型进行计算。

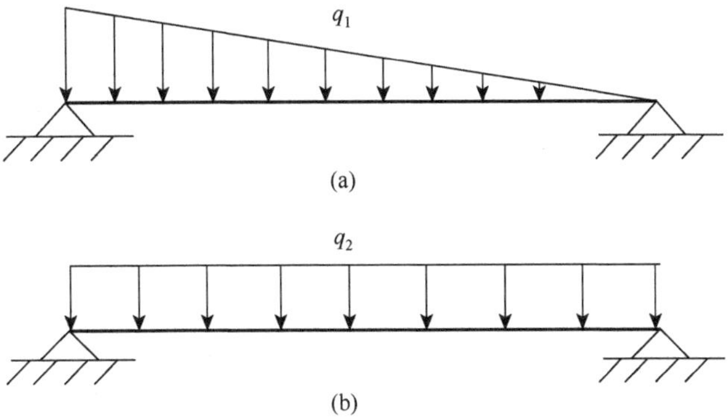

图 5.7　强肋骨弯曲强度计算分解模型

偏于安全考虑，认为图 5.7（a）、（b）的最大弯矩在同一位置，则有

$$M_{\max} = (0.064\ 15q_1 + 0.125q_2)l_s^2 \tag{5.46}$$

在相应吃水时强肋骨仍有足够的强度，则有

$$M_{\max} = (0.064\ 15d + 0.125r_w)s_{tw}\rho g l_s^2 \tag{5.47}$$

式中：

d——设计吃水，m；

r_w——半波高，m；

s_{tw}——强肋骨间距，m；

ρ——水的密度，kg/m^3；

g——重力加速度，m/s^2；

l_s——强肋骨跨距，m。

将式（5.47）代入强度条件$\dfrac{M_{\max}}{W} < \dfrac{\sigma_s}{k_{safe}}$，经整理有

$$W > \frac{k_{safe}(0.064\ 15d + 0.125r_w)s_{tw}\rho g l_s^2}{\sigma_s} \tag{5.48}$$

将$k_{safe} = 1.25$，$\rho = 1000\ \text{kg/m}^3$，$g = 9.81\ \text{N/kg}$，$\sigma_s = 235 \times 10^6\ \text{N/m}^2$代入式(5.48)，统一单位后整理得最小剖面模数$W$计算式：

$$W = 3.35 s_{tw}(d + 2r_w)l_s^2 \tag{5.49}$$

式中：

W——剖面模数，cm^3；

s_{tw}——强肋骨间距，m；

d——设计吃水，m；

r_w——半波高，m；

l_s——强肋骨跨距，m。

根据《钢内规》对双体船“片体内侧强肋骨剖面模数应不小于片体外侧强肋骨剖面模

数的 1.2 倍”的要求和《钢内规》中船体结构部分给出的强肋骨计算公式，同时要求强肋骨剖面模数尚应不低于式（5.50）计算之值（承压舟片体外侧强肋骨承受外伸舷这一悬臂梁的压力，因此其要求与对内侧强肋骨一致）：

$$W = 5.64 s_{tw}(d + r_w) l_s^2 \tag{5.50}$$

式中：

W——剖面模数，cm^3；

s_{tw}——强肋骨间距，m；

d——设计吃水，m；

r_w——半波高，m；

l_s——强肋骨跨距，m。

5.5.2　普通肋骨

1. 剖面面积

计算同强肋骨，其截面积 A_{web} 不得小于按式（5.51）计算之值：

$$A_{web} = 0.27 P_{ly} \tag{5.51}$$

式中：

A_{web}——普通肋骨剖面面积，cm^2；

P_{ly}——设计轮压，t。

2. 剖面惯性矩

根据我国船舶标准，在船体舯部 0.5 倍设计水线长范围内，其欧拉应力与其所用材料的屈服应力之比应大于 2.0 倍，在端部应大于 1.5 倍。对于承压舟结构，若采用 $\sigma_E > 2\sigma_s$，则普通肋骨剖面惯性矩 I 应不小于按式（5.52）计算所得之值：

$$I = 2.3 A_{web} l_{web}^2 \tag{5.52}$$

式中：

I——剖面惯性矩，cm^4；

A_{web}——普通肋骨剖面面积，cm^2；

l_{web}——普通肋骨跨距，m。

3. 剖面模数

剖面模数 W 不得小于按式（5.53）计算之值：

$$W = 3.35 s_{web}(d + 2r_w) l_{web}^2 \tag{5.53}$$

式中：

W——剖面模数，cm^3；

s_{web}——普通肋骨间距，m；

d——设计吃水，m；

r_w——半波高，m；

l_{web}——普通肋骨跨距，m。

根据《钢内规》对双体船“片体内侧普通肋骨剖面模数应不小于片体外侧普通肋骨剖面模数的 1.2 倍”的要求和《钢内规》给出的普通肋骨计算公式，同时要求普通肋骨剖面模数尚应不低于按式（5.54）计算之值：

$$W = 4.56 s_{web}(d + r_w) l_{web}^2 \tag{5.54}$$

式中：

W——剖面模数，cm^3；

s_{web}——普通肋骨间距，m；

d——设计吃水，m；

r_w——半波高，m；

l_{web}——普通肋骨跨距，m。

5.5.3　舷侧纵桁

当肋骨跨距超过 2.0 m 时，应设置一道舷侧纵桁。舷侧纵桁的剖面尺寸应与强肋骨相同，且应尽量延伸至首尾。舷侧纵桁应在间距不大于 2 个肋距的肋骨穿过处设置防倾肘板。

舷侧纵桁在舱壁处选用下列方式之一与舱壁（或舱壁水平桁）连接：

（1）将舷侧纵桁的腹板在一个肋距内逐渐升高至舱壁处，在该处的高度应为原高度的 1.5 倍，舷侧纵桁面板应延伸至舱壁（或舱壁水平桁）并与之焊接；

（2）用肘板与舱壁（或舱壁水平桁）连接，肘板的直角边长应等于舷侧纵桁腹板高度，肘板的厚度及面板（或折边）尺寸与舷侧纵桁相同，此时，舷侧纵桁面板可不与舱壁（或舱壁水平桁）焊接；

（3）将舷侧纵桁面板的宽度在一个肋距内逐渐加宽，至舱壁处为原宽度的 2 倍，并与舱壁焊接。

5.6　底 部 结 构

分置式承压舟的船底一般应为平底结构，可为纵骨架式、横骨架式或纵横混合骨架式；车辆甲板范围内实肋板、中内龙骨、旁内龙骨应为 T 型组合型材。船长小于 30 m 的分置式承压舟，车辆甲板范围内实肋板间距应不大于 1.0 m；船长大于等于 30 m 的分置式承压舟，车辆甲板范围内实肋板间距应不大于 1.1 m。其他范围实肋板间距不大于 3 个肋距。承压舟船底纵向构件不应突然中断。船底底骨架由一种形式过渡到另一种形式时，应采用增设肘板或延续构件等办法，相互延伸 2 个或交错 4 个肋距。

5.6.1　实肋板

1. 漂浮状态计算

按《钢内规》对甲板船实肋板的要求计算。实肋板的剖面模数 W 应不小于按式（5.56）计算所得之值：

$$W = k_{fe} s_{fe} (d + r_w) l_{fe}^2 \tag{5.55}$$

式中：

W——剖面模数，cm^3；

k_{fe}——系数，$k_{fe} = 7.1 - 0.72 l_{fe} + 0.056 l_{fe}^2$；

s_{fe}——实肋板间距，m；

d——设计吃水，m；

r_w——半波高，m；

l_{fe}——实肋板跨距，m，取舷侧与支柱、支柱与支柱间距的大者，但不小于 $l_{fe} = 1.2 + 0.072b$ 的计算之值，其中双体船时 b 取片体宽，单体船时 b 取船宽（m）。

2. 落滩状态计算

实肋板的计算类似外底板，由于承压舟使用工况的特点，根据水压确定的肋板尺寸远小于考虑落滩工况确定的尺寸。因此仍需借助落滩修正项 ψ 来确定肋板的尺寸。

偏于安全考虑，底肋板计算模型选择两端自由支持、受均布载荷的单跨梁，其跨距为支柱间距，计算模型如图 5.8 所示。

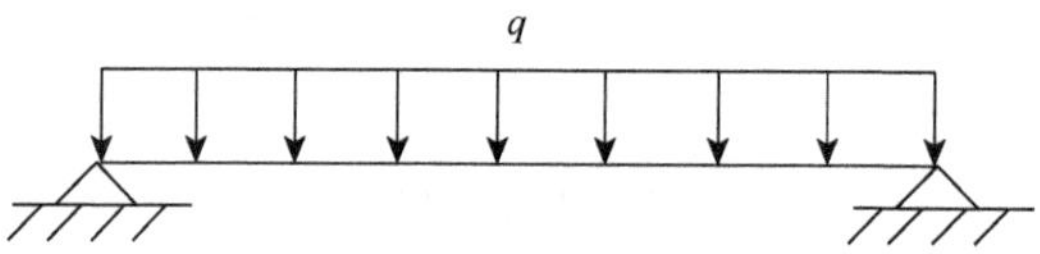

图 5.8　底肋板计算模型

梁内最大弯矩为

$$M_{max} = \frac{q l_{fe}^2}{8} \tag{5.56}$$

则梁中最大应力为

$$\sigma_{max} = \frac{k_{safe} q l_{fe}^2}{8W} \tag{5.57}$$

载荷 q 的计算类似外底板：

$$q = [\rho g (d + r_w) + \psi] s_{fe} \tag{5.58}$$

式中：

ρ——水的密度，kg/m^3；

g——重力加速度，m/s^2；

d——设计吃水，m；

r_w——半波高，m；

s_{fe}——实肋板间距，m；

ψ——落滩修正项。

将 q 代入最大应力计算式，得

$$\sigma_{\max} = \frac{k_{\text{safe}} l_{\text{fe}}^{\ 2}}{8W} \cdot [\rho g(d + r_{\text{w}}) + \psi] s_{\text{fe}} \tag{5.59}$$

将 $k_{\text{safe}} = 1.25$， $\rho = 1000\ \text{kg/m}^3$， $g = 9.81\ \text{N/kg}$ 代入式（5.60），统一单位后得

$$\sigma_{\max} = 1532.8 \frac{s_{\text{fe}}(d + r_{\text{w}} + \psi) l_{\text{fe}}^2}{W} \tag{5.60}$$

公式变形得

$$W = 1532.8 \frac{s_{\text{fe}}(d + r_{\text{w}} + \psi) l_{\text{fe}}^2}{\sigma_{\max}} = 6.52 s_{\text{fe}}(d + r_{\text{w}} + \psi) l_{\text{fe}}^2 \tag{5.61}$$

式中：

W——剖面模数，cm^3；

d——设计吃水，m；

r_{w}——半波高，m；

ψ——落滩修正项，$\psi = 0.0593 M_{\max} - 0.7046$；

s_{fe}——实肋板间距，m；

l_{fe}——实肋板跨距，m，取支柱与支柱、支柱与纵舱壁、支柱与舷侧间距中的大者。

5.6.2　中内龙骨

船底应设置中内龙骨。中内龙骨应尽量贯通全船。平底船允许以 2 根旁内龙骨（左右各 1 根）代替中内龙骨。中内龙骨与旁内龙骨不应在舱壁处突然中断，应各自向舱壁的另一面延伸，相互交错不小于 3 个肋距；或加过渡性肘板，肘板长度不小于 2 个肋距。

中内龙骨腹板的高度和厚度与该处实肋板相同，面板剖面积应不小于实肋板面板剖面积的 1.5 倍，面板厚度应不小于腹板的厚度。

中内龙骨在横隔板处中断时应采用下列方式之一与舱壁连接：

（1）将中内龙骨腹板在一个肋骨间距内逐渐升高至原高度的 1.5 倍，中内龙骨的面板应延伸至横隔板并与横隔板焊接，如图 5.9（a）所示。

（2）用有面板或折边的肘板与横隔板或垂直桁（或扶强材）连接，肘板的直角边长应等于中内龙骨的高度，肘板的厚度及面板（或折边）尺寸与中内龙骨相同，此时中内龙骨面板可不与横隔板焊接，如图 5.9（b）所示。

（3）将中内龙骨面板的宽度在一个肋骨间距内逐渐放宽，至横隔板处为原宽度的 2 倍，并与横隔板焊接，如图 5.9（c）所示。

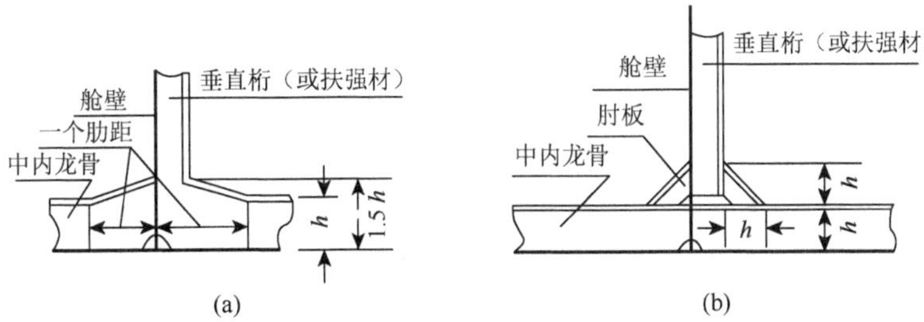

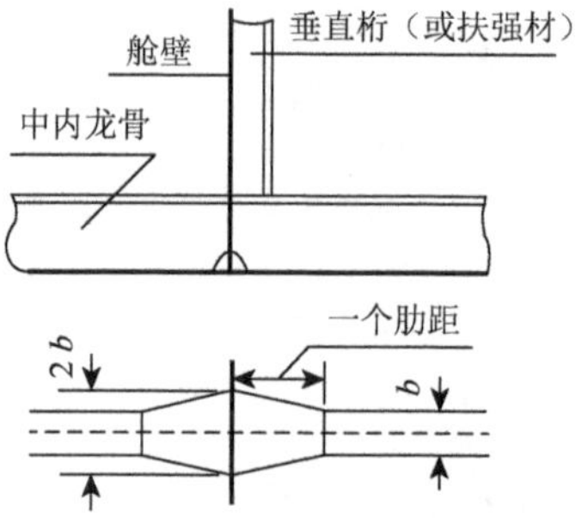

(c)

图 5.9　过渡结构示意图

5.6.3　旁内龙骨

承压舟船底应设置旁内龙骨，其尺寸与该处实肋板相同；旁内龙骨下方应开流水孔；旁内龙骨与旁内龙骨、旁内龙骨与中内龙骨、旁内龙骨与船舷（或纵舱壁）之间的距离应不大于 2.0 m。

5.6.4　底纵骨

1. 漂浮状态计算

按《钢内规》要求，船底纵骨的剖面模数W应不小于按式（5.62）计算所得之值：

$$W = K_e s_e (d + r_w) l_e^2 \tag{5.62}$$

式中：

W——剖面模数，cm^3；

K_e——系数，$K_e = 0.015L + 5.6$，但不大于 7.4，其中L为船长；

s_e——纵骨间距，m；

d——设计吃水，m；

r_w——半波高，m；

l_e——纵骨跨距，m，取实肋板间距。

2. 落滩状态计算

纵骨计算模型选定为两端自由支持、受均布载荷的单跨梁，计算模型如图 5.10 所示。

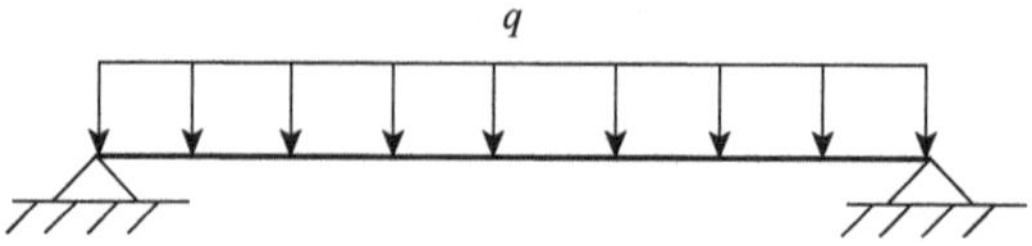

图 5.10　纵骨计算模型

梁中最大弯矩为

$$M_{max} = \frac{q l_e^2}{8} \tag{5.63}$$

根据强度条件得其最小剖面模数计算式：

$$W=\frac{K_e l_e^2}{8\sigma_s}\cdot q \tag{5.64}$$

载荷 q 的计算类似外底板：

$$q=[\rho g(d+r_w)+\psi]s_e \tag{5.65}$$

式中：

ρ——水的密度，kg/m^3；

g——重力加速度，m/s^2；

d——设计吃水，m；

r_w——半波高，m；

s_e——纵骨间距，m；

ψ——落滩修正项。

将 q 代入最小剖面模数计算式［式（5.64）］得

$$W=\frac{K_e l_e^2}{8\sigma_s}\cdot[\rho g(d+r_w)+\psi]s_e \tag{5.66}$$

将 $K_e=1.25$，$\sigma_s=235\times10^6\ N/m^2$ 代入并统一单位整理得

$$W=6.52s_e(d+r_w+\psi)l_e^2\quad (cm^3) \tag{5.67}$$

式中：

d——设计吃水，m；

r_w——半波高，m；

s_e——纵骨间距，m；

l_e——纵骨跨距，m，取肋板间距；

ψ——落滩修正项，$\psi=0.0593M_{max}-0.7046$。

5.6.5　底肋骨

1. 漂浮状态计算

按《钢内规》要求，船底肋骨的剖面模数 W 应不小于按式（5.68）计算所得之值：

$$W=4.2s_{bw}(d+r_w)l_{bw}^2+5 \tag{5.68}$$

式中：

W——剖面模数，cm^3；

s_{bw}——肋骨间距，m；

d——设计吃水，m；

r_w——半波高，m；

l_{bw}——底肋骨跨距，m，内龙骨之间或内龙骨与舷侧之间的距离，取大者。

2. 落滩状态计算

原理同底纵骨，船底肋骨的剖面模数 W 应不小于按式（5.69）计算所得之值：

$$W = 6.52 s_{bw}(d + r_w + \psi) l_{bw}^2 \tag{5.69}$$

式中：

W——剖面模数，cm^3；

s_{bw}——肋骨间距，m；

d——设计吃水，m；

r_w——半波高，m；

l_{bw}——底肋骨跨距，m，龙骨之间或龙骨与舷侧之间的距离，取大者；

ψ——落滩修正项，$\psi = 0.0593 M_{max} - 0.7046$。

5.7 支　柱

5.7.1 一般要求

（1）承压舟甲板下方应设置支柱，支柱上端为甲板纵桁或强横梁，支柱下端为船底龙骨或实肋板。

（2）分置式承压舟车辆甲板范围内，支柱与支柱、支柱与舱壁（或舷侧板或首尾封板）之间的距离，沿船宽方向一般应不大于 1.3 m，沿船长方向一般应不大于 2 个肋距；其他范围，其距离沿船宽方向一般应不大于 4 m，沿船长方向一般应不大于 3 个肋距。

（3）支柱的下端应尽量设置在实肋板与龙骨交叉点上。若支柱仅由实肋板或龙骨支持，则应在实肋板或龙骨两侧设置短桁材（或肘板），并与相邻的骨材连接。

（4）支柱可仅沿通道方向设置 2 块肘板，与船底构件连接，如图 5.11 所示。

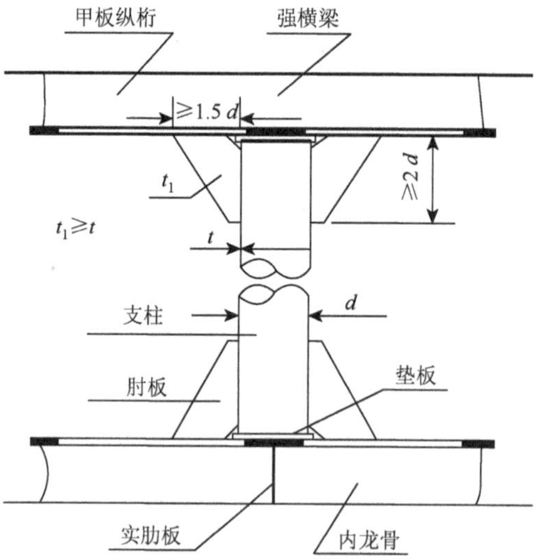

图 5.11　支柱连接

5.7.2 支柱负荷计算

车辆甲板下支柱的负荷 $\bar{P}$ 尚应不小于按式（5.70）计算所得之值：

$$\overline{P}=9.8k_{pe}a_{dk}b_{dk}h_{pe} \tag{5.70}$$

式中：

$\overline{P}$——负荷，kN；

a_{dk}——支柱所支持甲板面积的长度，m，见图 5.12；

b_{dk}——支柱所支持甲板面积的宽度，m，见图 5.12；

k_{pe}——系数，$k_{pe}=0.5\left(1+\dfrac{d}{h_{pe}}\right)$，$d$ 取设计吃水，当 $d<1.0$ m 时，取 1.0 m，h_{pe} 取计算水柱高度；

h_{pe}——计算水柱高度，m，计算式为

$$h_{pe}=1.5\frac{G}{A_{dk}}$$

其中：

G——车辆甲板所载车辆的总重量，t；

A_{dk}——车辆所占甲板总面积，m^2。

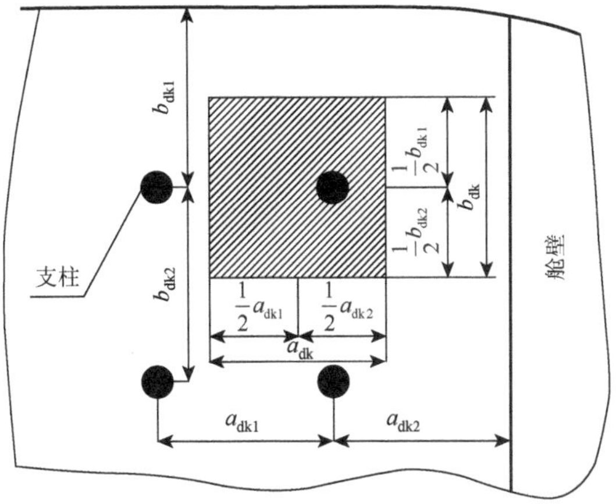

图 5.12　支柱支持面积示意图

5.8　舱　　壁

5.8.1　一般要求

（1）承压舟应在首尾各设一道水密舱壁。船长小于等于 40 m 的承压舟，首尾水密舱壁距首尾垂线的距离不大于 4.0 m；船长大于 40 m 的承压舟，首尾水密横舱壁距首尾垂线的距离不大于 0.1 L。

（2）承压舟强力甲板下横向舱壁的间距应不大于 6 倍型深。

（3）横舱壁位于车辆甲板范围内时，应设置包含车辆甲板强横梁在内的组合舱壁，组合舱壁如有水密要求，甲板强构件的焊缝应满足水密要求。

（4）水密舱壁上一般不应开门或人孔，如必须开时，应经船检机构同意，并应保证水密。

（5）横舱壁应避免在车辆通道端部设置。

5.8.2　平面舱壁板

平面舱壁板（含纵舱壁）的厚度 t 应不小于按式（5.71）计算所得之值，且应不小于 3.5 mm：

$$t = k_{\text{bhd}} s_{\text{bhd}} \sqrt{h_{\text{bhd}}} + c_{\text{bhd}} \tag{5.71}$$

式中：

t ——平面舱壁板厚度，mm；

k_{bhd} ——系数，首尾舱壁取 4.0，其他舱壁取 3.2；

s_{bhd} ——扶强材间距，m；

h_{bhd} ——由舱壁板下缘量至舱壁顶端的垂直距离，m，当 $h_{\text{bhd}} < 2.0$ m 时，取 2.0 m；

c_{bhd} ——系数，首尾舱壁取 0.5，其他舱壁取 0。

5.8.3　舱壁扶强材

（1）平面舱壁应设置垂向扶强材，其间距不大于肋骨间距或纵骨间距。横舱壁尚应在甲板纵桁处设置垂直桁，纵舱壁尚应在甲板强横梁处设置垂直桁。扶强材尺寸与普通肋骨尺寸相同，垂直桁尺寸与强肋骨尺寸相同。

（2）若承压舟需要增加水平方向的抗挤压强度，可在平面舱壁上设置水平桁。

5.9　连 接 装 置

承压舟采用铰链式连接装置，如图 5.13 所示。通道范围内，在每道强横梁端部设置连接装置，或相邻三道强横梁为一组、间隔分组设置连接装置；截至目前，承压舟车辆甲板强横梁均按 1 m 间距设置。由于重载汽车轮距为 1.8 m，车辆行驶时轮印只有两种分布状态：一种是轮印跨 1 道强横梁，一种是轮印跨 2 道强横梁。两种分布形式形成不同数量的连接装置受力。

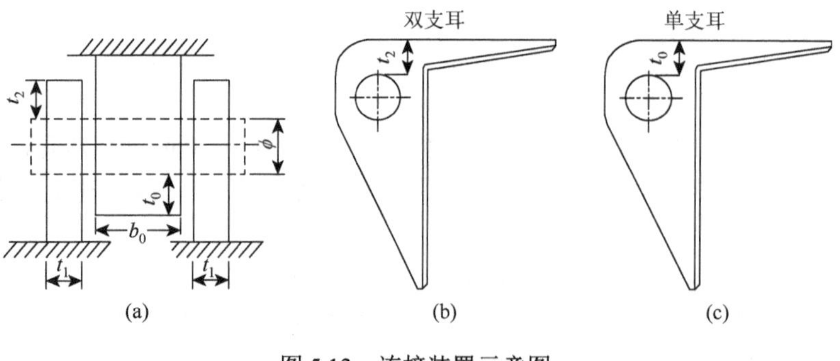

图 5.13　连接装置示意图

承压舟连接装置形式与《钢内规》中“滚装船船体结构补充规定”的铰链形式一致。但《钢内规》给出的铰链计算，基于连接装置仅在跳板两端设置的考虑，与承压舟的设置方式不符，因此适用性较差。

5.9.1　连接耳销

承压舟连接耳销两侧受剪，假定耳销承受的轴负荷全部转换为剪力，并作用于一个耳销上，则有

$$\frac{F_s}{2S_A} \leqslant \frac{[\tau]}{K_{mat}} \Rightarrow \frac{9.81\times 1000P_c}{2\times\frac{1}{4}\pi\phi^2} \leqslant \frac{81.6}{K_{mat}} \tag{5.72}$$

整理可得

$$\phi \geqslant 8.75\sqrt{K_{mat}P_c} \tag{5.73}$$

式中：

ϕ——轴销直径，mm，如图 5.13 所示；

F_s——最大剪应力，N；

P_c——计算轴重，t；

S_A——轴销截面积，mm^2；

$[\tau]$——许用剪切应力，取 81.6 N/mm^2；

K_{mat}——材料系数，按表 5.8 选取。

表 5.8　材料系数 K_{mat}

屈服应力 R_{eH} / (N/mm^2)	K_{mat}	屈服应力 R_{eH} / (N/mm^2)	K_{mat}
235	1	355	0.72
315	0.78	390	0.68

《钢内规》中“滚装船船体结构补充规定”给出的轴销计算公式，若考虑双侧受剪，并代入材料系数，则同样会得出式（5.73）。

从实践经验来看，轴销直径 ϕ 应不小于 28 mm。

5.9.2　连接支耳

统筹考虑承压舟连接装置的分布特征及重载车辆的轮距，假定支耳承受的轴负荷全部转换为剪力，且两组支耳受力；考虑受力的不平衡，取不平衡系数为 1.5，则有如下计算式。

（1）连接装置中心眼板（单支耳）b_0 的尺寸为

$$\frac{1.5F_s}{2b_0t_0} \leqslant \frac{[\tau]}{K_{mat}} \Rightarrow \frac{1.5\times 9.81\times 1000P_c}{2b_0t_0} \leqslant \frac{81.6}{K_{mat}} \tag{5.74}$$

整理可得

$$t_0 \geqslant \frac{90K_{\mathrm{mat}}P_{\mathrm{c}}}{b_0} \tag{5.75}$$

同时要求：

$$b_0 \geqslant \phi \tag{5.76}$$

（2）连接装置的两侧眼板（双支耳）t_1、t_2的尺寸为

$$\frac{1.5F}{4t_1t_2} \leqslant \frac{[\tau]}{K_{\mathrm{mat}}} \Rightarrow \frac{9.81\times1000P_{\mathrm{c}}}{4t_1t_2} \leqslant \frac{81.6}{K_{\mathrm{mat}}} \tag{5.77}$$

整理可得

$$t_2 \geqslant \frac{45K_{\mathrm{mat}}P_{\mathrm{c}}}{t_1} \tag{5.78}$$

同时要求：

$$t_1 \geqslant \frac{\phi}{2} \tag{5.79}$$

式中：

ϕ、b_0、t_0、t_1、t_2——含义如图 5.13 所示，mm；

P_{c}——计算轴重，t；

K_{mat}——材料系数。

第6章　承压舟舟桥结构直接计算

6.1　概　　述

承压舟不同于常规船舶，目前尚没有相对完善的技术规范和检验法规，计算大多参考内河船规范，而基于经验和简单力学方法的内河船体结构规范，有时候并不能较准确地表征承压舟的结构响应。因此，结构强度直接计算成为评估承压舟舟桥结构强度的一种重要手段。随着有限元法研究的不断深入和计算技术的发展，有限元软件得以迅速发展。建立承压舟舟桥三维有限元模型，反映船体结构的各种构件之间的相互作用，合理地定义承压舟舟桥使用时承受的各种载荷，以得到舟体结构中各种构件在各典型载荷下的应力水平，对承压舟舟桥结构强度进行更为合理的评估。

参考《钢质内河船舶建造规范》（2016）[15]中双体船结构直接计算的要求，按照《山东省钢质内河浮桥承压舟建造规范》（DB 37/T 3487—2019）[10]对承压舟的要求进行直接计算，验证单艘承压舟处于自由浮态，在波浪载荷下的总横弯曲和扭转强度。根据承压舟舟桥结构特点和受力特征，考虑其所承受的极端载荷及其组合工况，按照第4章给出的典型计算工况，对多艘承压舟组成的舟桥结构进行结构强度直接计算分析，并进行结构强度评估，以保证结构安全可靠。

6.2　有限元模型

6.2.1　坐标系定义

坐标系取右手坐标系，如图6.1所示，定义如下：

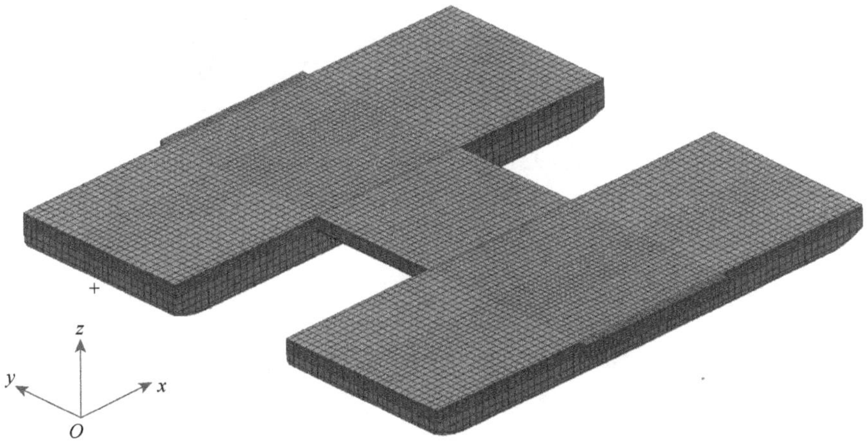

图6.1　坐标系示意图

（1）船长方向为 x 坐标方向，向船首方向为正；
（2）船宽方向为 y 坐标方向，向左舷为正；
（3）型深方向为 z 坐标方向，向上为正。

6.2.2 模型范围

1. 单艘承压舟

在进行单艘承压舟结构强度计算时需要建立单艘承压舟整体结构有限元模型，包括船底结构、舷侧结构、甲板结构、连接桥结构及纵、横舱壁等，如图 6.2 和图 6.3 所示。

图 6.2　单艘承压舟整体结构示意图

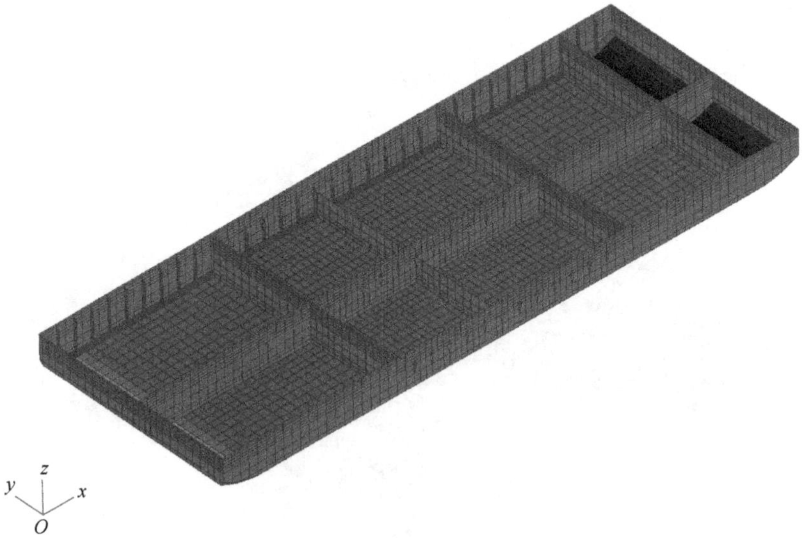

图 6.3　承压舟片体部分结构示意图

2. 承压舟舟桥结构系统

在进行由多艘承压舟连接而成的承压舟舟桥结构系统计算时至少要建立三艘承压舟结构有限元模型，与单艘承压舟有限元结构模型类似，船底结构、舷侧结构、甲板结构、连接桥结构及纵、横舱壁等均包含在计算模型中，如图 6.4 所示。各承压舟之间采用多点约束来模拟支耳与销轴的铰接连接作用。

图 6.4　三艘承压舟结构示意图

6.2.3　单元类型

根据结构的实际受力状态将模型中的各类结构离散为下列几种类型：

（1）甲板、舷侧外板、船底板、纵舱壁、横舱壁用板壳元（四节点或三节点）模拟；

（2）强构件如强肋骨、旁龙骨、舷侧纵桁、甲板纵桁、甲板强横梁的腹板用板壳元（四节点或三节点）模拟；

（3）纵骨、横梁、舱壁扶强材、支柱及强构件的面板用梁元模拟。

6.2.4　单元网格尺寸

单元网格尺寸一般按如下原则进行确定：

（1）沿船长方向按肋距或类似间距划分单元，船宽方向按纵骨间距来划分单元，型深方向可根据具体情况参照肋距或纵骨间距来划分单元；

（2）船底纵桁和肋板在腹板高度方向应不少于 3 个单元，组合强框架在腹板高度方向应不少于 2 个单元；

（3）板单元的长宽比通常应不超过 3，模型中尽可能少使用三角形板单元，在可能产生高应力或高应力梯度的区域内，板单元的长宽比应尽可能接近 1，并尽量避免使用三角形单元。

6.2.5 构件开孔

当主要构件的开孔影响到构件的应力分布或刚度时，如减轻孔、人孔等，可通过下列方法之一处理：

（1）等效板厚方法；

（2）对开孔进行几何建模；

（3）详细应力分析法，细化模型网格，中心区域的网格大小按 50 mm×50 mm 划分，许用应力为$[\sigma]=1.2\times 235/K_{\text{mat}}$ (MPa)，其中，K_{mat}为材料系数。

6.3 许用应力

根据中国船级社颁布的《钢质内河船舶建造规范》（2016）[15]和《山东省钢质内河浮桥承压舟建造规范》（DB 37/T 3487—2019）[10]的要求，承压舟片体上板和构件的许用应力如表 6.1 所示，连接桥上板和构件的许用应力如表 6.2 所示。板单元采用中面应力，梁单元采用轴向应力。

表 6.1　片体上板和构件的许用应力

构件名称	应力种类	许用应力/MPa
强力甲板、船体外板、纵舱壁板	σ_e	$165/K_{\text{mat}}$
甲板纵桁、龙骨等的腹板	σ_e	$165/K_{\text{mat}}$
甲板纵桁、龙骨等的面板	σ_z	$155/K_{\text{mat}}$
横舱壁板	σ_e	$188/K_{\text{mat}}$
实肋板、强肋骨、主肋骨、强横梁、舱壁垂直桁等的腹板	σ_e	$188/K_{\text{mat}}$
实肋板、强肋骨、主肋骨、强横梁、舱壁垂直桁等的面板	σ_z	$175/K_{\text{mat}}$
甲板纵骨	σ_z	$154/K_{\text{mat}}$
船底及舷侧纵骨	σ_z	$141/K_{\text{mat}}$
横梁、肋骨、底肋骨	σ_z	$188/K_{\text{mat}}$
纵、横舱壁骨材与普通骨材	σ_z	$200/K_{\text{mat}}$
板的剪应力	τ	$91/K_{\text{mat}}$

注：σ_e为单元 von Mises 应力，$\sigma_e=\sqrt{\sigma_x^2+\sigma_y^2-\sigma_x\sigma_y+3\tau_{xy}^2}$，$\sigma_x$为单元$x$方向的应力，$\sigma_y$为单元$y$方向的应力，$\tau_{xy}$为单元$xOy$平面的剪应力；$\sigma_z$为梁单元节点应力；$\tau$为剪应力，对于组合强构件为腹板总深度上的平均剪应力；K_{mat}为材料系数，按表 5.8 选取。

表 6.2　连接桥上板和构件的许用应力

构件名称	应力种类	许用应力/MPa
连接桥甲板、底封板	σ_e	$195/K_{\text{mat}}$
连接桥甲板强横梁腹板	σ_e	$195/K_{\text{mat}}$

续表

构件名称	应力种类	许用应力/MPa
连接桥甲板纵桁的腹板	σ_e	$195/K_{mat}$
连接桥甲板强横梁、纵桁的面板	σ_z	$176/K_{mat}$
板的剪应力	τ	$105/K_{mat}$

根据《钢质内河船舶建造规范》(2016)[15]和《山东省钢质内河浮桥承压舟建造规范》(DB 37/T 3487—2019)[10]的要求，支柱许用应力按式(6.1)和式(6.2)计算确定：

当$l_0/r_s \leqslant 120\sqrt{K_{mat}}$时，

$$[\sigma]=\frac{119.56}{K_{mat}}-\frac{4.9\times10^{-3}}{K_{mat}^2}\left(\frac{l_0}{r_s}\right)^2 \tag{6.1}$$

当$l_0/r_s > 120\sqrt{K_{mat}}$时，

$$[\sigma]=7.056\times10^5\bigg/\left(\frac{l_0}{r_s}\right)^2 \tag{6.2}$$

式中：

l_0——杆件计算长度，cm，对于支柱取包括肘板在内的支柱长度；

r_s——支柱剖面的最小惯性半径，cm；

K_{mat}——材料系数，按表5.8选取。

6.4 计算结果提交

承压舟舟桥结构强度直接计算后，应提交如下资料和计算结果：

(1) 所有图纸清单；

(2) 有限元计算程序说明(如采用商用有限元软件，说明软件名称即可)；

(3) 模型中构件属性与材料特性详细说明；

(4) 结构有限元模型的详细说明；

(5) 边界条件的详细说明；

(6) 计算工况的详细说明

(7) 施加载荷的详细说明；

(8) 总体和局部变形图；

(9) 屈服强度评估结果；

(10) 屈曲强度评估结果(要求时)；

(11) 表明结构是否满足设计衡准的结果列表。

6.5 计 算 实 例

6.5.1 概述

本节中承压舟舟桥结构强度直接计算是以山东胡家岸千吨级双向四车道承压舟舟桥[17]为示例进行的，该承压舟舟桥由 16 艘承压舟通过销耳–销轴铰接连接而成，承压舟主尺度如表 6.3 所示，主要构件尺寸如表 6.4 所示。该承压舟横剖面如图 6.5 所示，纵剖面如图 6.6 所示，船底及甲板结构如图 6.7 所示。

表 6.3　承压舟主尺度

项目	符号	数值	单位
总长	L_{oa}	39.60	m
满载水线长	L_{wl}	39.00	m
船宽	B_{pb}	31.60	m
片体宽	b_{pb}	12.00	m
型深	D_{pb}	2.26	m
车辆甲板宽	l_{pb}	19.00	m
满载吃水	d_1	1.20	m
空载吃水	d_2	0.55	m
满载排水量	Δ_1	1041.12	t
空载排水量	Δ_2	480.00	t
方形系数	C_b	0.91	—
水线面系数	C_{wp}	0.99	—

表 6.4　承压舟主要构件尺寸　　单位：mm

名称		中部	首尾端
外板		8	8
舱壁板		8	8
甲板		14	8
船底骨架	实肋板	⊥8×350/8×140	⊥8×350/8×140
	龙骨	⊥8×350/8×140	⊥8×350/8×140
	底纵骨	L90×56×8	L90×56×8
	底肋骨	L90×56×8	L90×56×8
舷侧	强肋骨	⊥8×250/8×140	⊥8×250/8×140
	普通肋骨	L90×56×8	L90×56×8

续表

名称		中部	首尾端
甲板结构	强横梁	⊥12×750/20×180	⊥8×350/8×140
	普通横梁	⊥8×350/8×100	L90×56×8
	支柱	ϕ108×8	ϕ108×8
	纵桁	⊥8×350/8×100	⊥8×350/8×140
舱壁	扶强材	L90×56×8	L90×56×8
	垂直桁	⊥8×250/8×140	⊥8×250/8×140
	舱壁纵桁	⊥8×250/8×140	⊥8×250/8×140
首尾封结构	首尾封板	—	8
	强肋骨	—	⊥8×250/8×140
	普通肋骨	—	L90×56×8

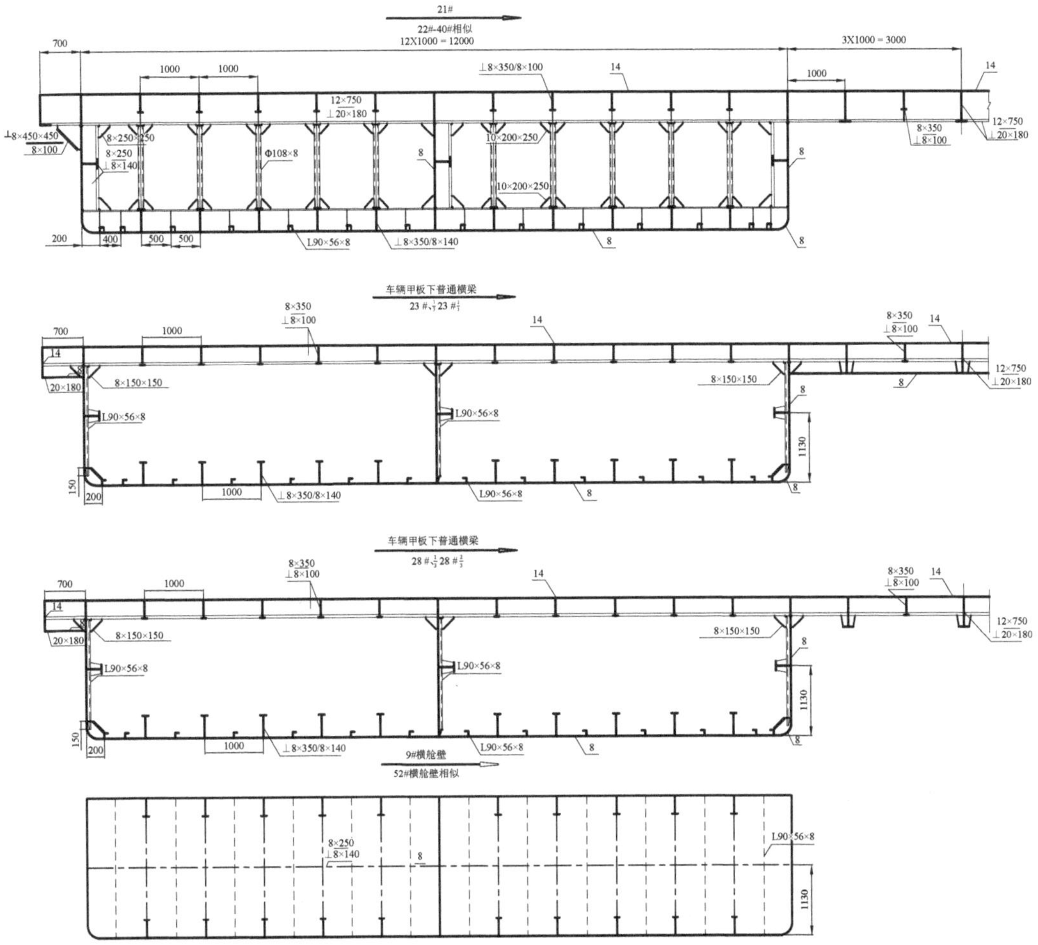

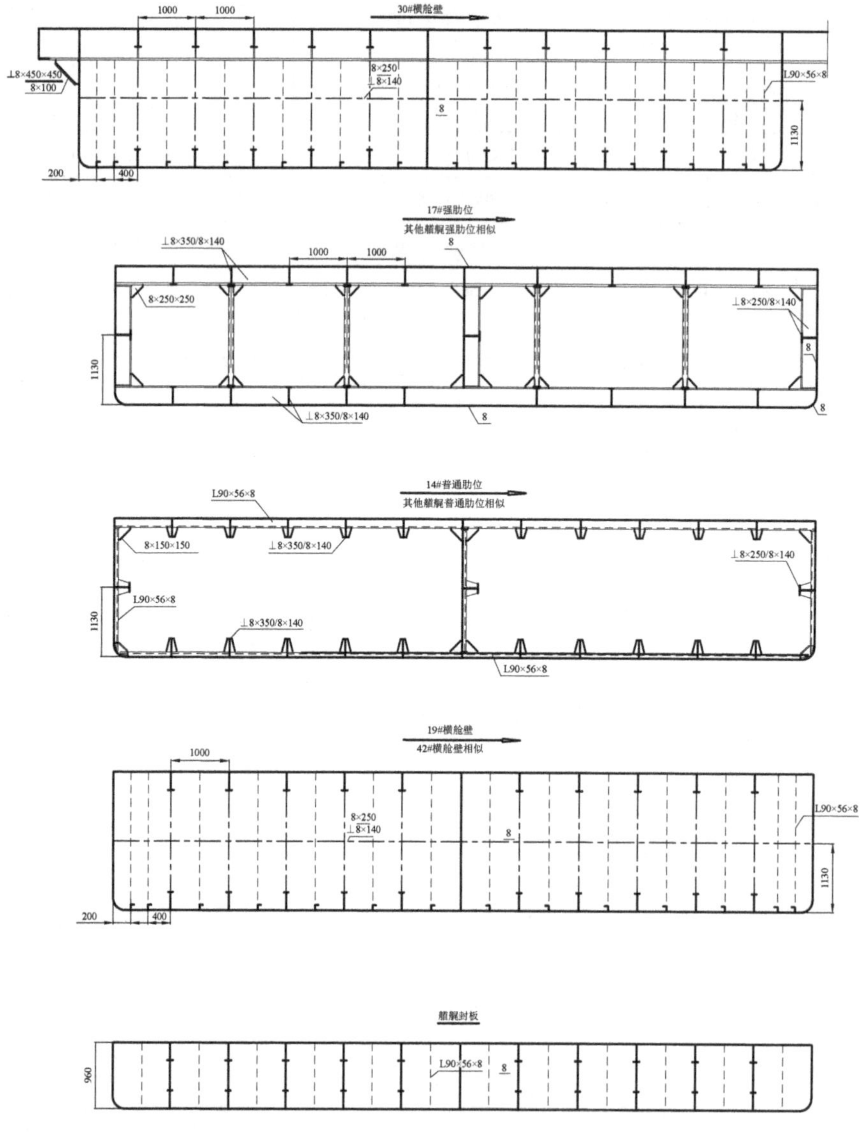

				39.6m×31.6m承压舟	VLH1501-110-02		
设计		标签		横剖面图	标记		共1页
校对					重量		第1页
审核					比例		
审定		日期					

图 6.5　承压舟横剖面图

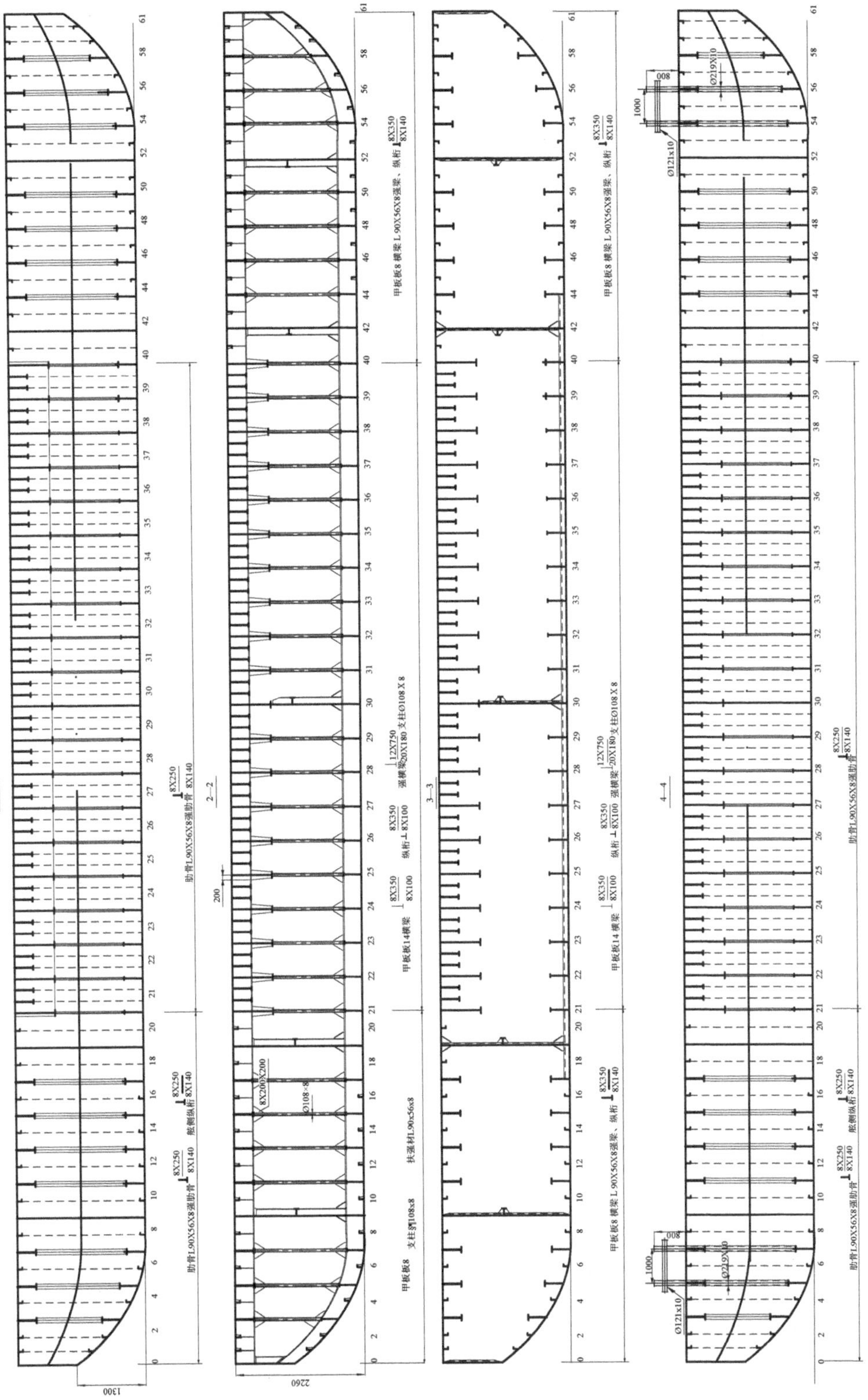

图 6.6　承压舟纵剖面图

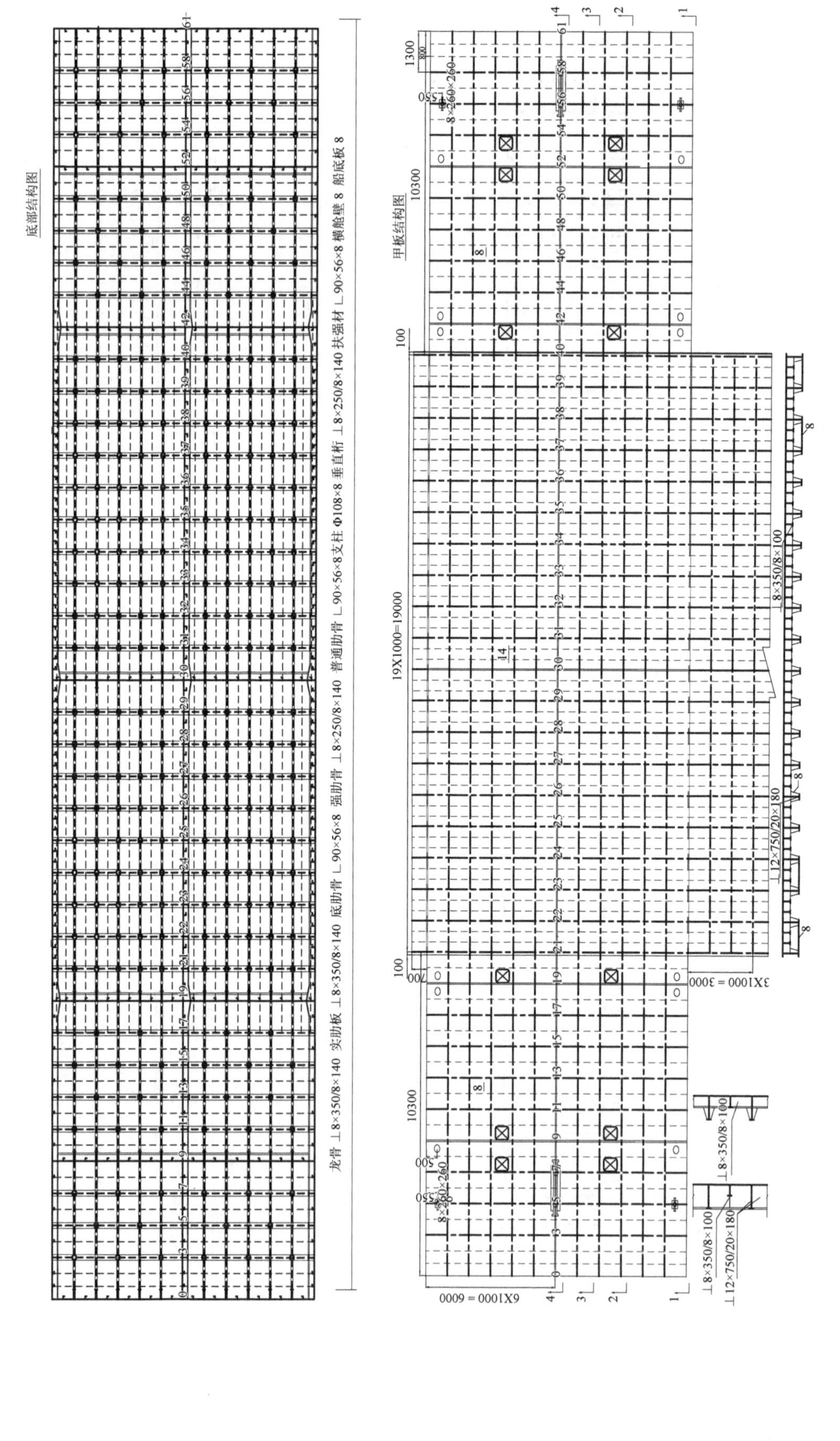

图 6.7　承压舟船底结构及甲板结构图

6.5.2　有限元建模及计算程序介绍

本书采用 MSC Patran 建立三维结构有限元模型，用 MSC Nastran 进行结构强度计算。

MSC Patran 是一个集成的并行框架式有限元前后处理及分析仿真系统。MSC Patran 最早由美国国家航空航天局（National Aeronautics and Space Administration，NASA）倡导开发，是工业领域最著名的并行框架式有限元前后处理及分析系统，其开放式、多功能的体系结构可将工程设计、工程分析、结果评估、用户化设计和交互图形界面集于一身，构成一个完整的计算机辅助工程（computer aided engineering，CAE）集成环境。MSC Patran 作为一个优秀的前后处理器，具有高度的集成能力和良好的适用性：模型处理智能化、自动有限元建模、分析的集成、用户可自主开发新的功能、分析结果的可视化处理。其中，MSC Patran 丰富的结果后处理功能可使用户直观地看到所有的分析结果，从而找出问题所在，快速修改，为产品的开发赢得时间，提高市场的竞争力。MSC Patran 能够提供图、表、文本、动态模拟等多种结果形式，形象逼真，准确可靠。

MSC Patran 提供了功能全面、方便灵活的可满足各种分析精度要求的复杂有限元建模能力。其综合全面、先进的网格划分技术，根据不同的几何模型为用户提供了多种不同的生成和定义有限元模型的工具，包括多种网格划分器、有限元模型的编辑处理、单元选定、任意梁截面建模、位移和载荷定义及交互式计算结果后处理。MSC Patran 快速曲面网格生成器功能包括：任意二维曲面网格生成和缝合；用户定义局部或全局单元尺寸；网格自动光顺以确保网格质量；网格密度控制，包括曲率检查；无曲面的面网格生成；板壳元中性面自动提取与网格划分；先进的算法保证在边界和特殊区域的网格形状最优化；基于 p-单元的分析。自动实体单元网格生成器功能包括：任意三维几何体的自动四面体网格生成；强大的网格密度控制功能，包括曲率控制和基于临近面的网格划分；先进的算法保证边界及重要区域网格的最优形状；四面体网格诊断信息详尽，能准确定位几何缺陷。映射网格生成器功能包括：单一命令多种网格划分选项；均匀或非均匀（包括单方向、双方向及基于曲率的网格划分）控制；网格过渡控制；网格种子控制；用户自定义的网格平滑处理。扫掠网格生成器功能包括：二维和三维单元可从低一阶次的单元扫掠形成，扫掠方法含圆弧方向、柱面径向、拉伸方向、球面径向、球面周向。

MSC Nastran 是由 MSC Software 公司推出的一个大型结构有限元分析软件。由于 MSC Nastran 具有很高的软件可靠性，品质优秀，得到了有限元界的肯定，众多大公司和工业行业都用 MSC Nastran 的计算结果作为标准，代替其他质量规范。MSC Nastran 具有开放式的结构，全模块化的组织结构使其不但拥有很强的分析功能，而且有很好的灵活性，使用者可针对自己的工程问题和系统需求通过模块选择、组合获得最佳的应用系统。

针对工程实际应用，MSC Nastran 中有 70 余种单元独特的单元库。所有这些单元可满足 MSC Nastran 各种分析功能的需要，且保证求解的高精度和高可靠性。模型建好后，MSC Nastran 即可进行分析，如动力分析、非线性分析、灵敏度分析、热分析等。此外，MSC Nastran 的新版本中还增加了更为完善的梁单元库，同时新的基于 p-单元技术的界面单元的引入可有效处理网格划分的不连续性（如实体单元与板壳单元的连接），并自动地进行多点约束（multi-point constraint，MPC）。MSC Nastran 的 RSSCON 连接单元可将壳—实体自动连接，使组合结构的建模更加方便。MSC Patran 建模和 MSC Nastran 分析的一般流程如下：

（1）导入或者建立几何模型；

（2）选择分析求解器；

（3）建立有限元模型；

（4）提交模型，分析运算；

（5）对结果进行后处理。

6.5.3 单艉承压舟结构计算

1. 有限元模型

用有限元软件 MSC Patran 建立三维有限元模型。沿船长方向单元的大小与肋骨间距相同，船宽和型深方向单元的大小基本与纵骨间距相同。所有板均采用板单元模拟，大骨材腹板如甲板强横梁腹板、甲板纵骨腹板、甲板纵桁腹板、船底肋骨腹板及旁龙骨腹板等用板单元模拟，且沿着腹板高度方向划分三个单元；小骨材如甲板普通横梁、船底纵骨等用梁单元模拟，大骨材面板如甲板强横梁面板、甲板纵骨面板、甲板纵桁面板等也用梁单元模拟。模型共有 41 005 个板单元、25 933 个梁单元、38 094 个节点，有限元模型如图 6.8 所示。

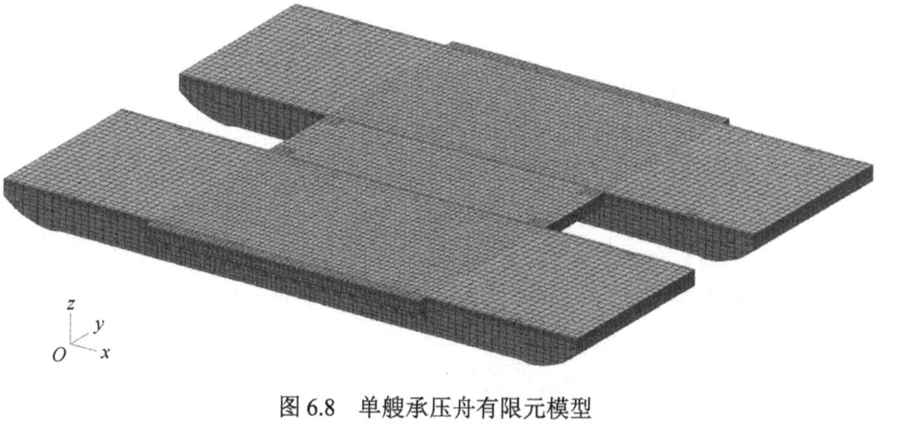

图 6.8 单艉承压舟有限元模型

2. 外载荷

1）横弯载荷

双体船连接桥总横弯矩按式（6.3）计算：

$$M_{\mathrm{bx}}=9.81\frac{\Delta b_{\mathrm{c}}}{s_{\mathrm{nav}}}=10\ 213.39(\mathrm{kN\cdot m}) \tag{6.3}$$

式中：

Δ——双体船排水量，$\Delta=1041.12$ t；

b_c——任一片体中心至连接桥计算剖面的距离，$b_c = 9$ m；

s_{nav}——航区系数，按表 4.1 取 9.0。

连接桥总横弯矩可通过在沿片体内侧舭部的系列节点上施加横向对开力来进行等效，横向对开力 f_y 按式（6.4）计算：

$$f_y = \frac{M_{bx}}{n_{trans} z} = 118.926 \quad (kN) \tag{6.4}$$

式中：

M_{bx}——连接桥总横弯矩，$M_{bx} = 10\,213.39$ kN·m；

n_{trans}——单个片体施加横向对开力的强框架总数，$n_{trans} = 38$；

z——横向对开力施加点至连接桥中纵剖面中和轴的垂向距离，$z = 2.26$ m。

2）横扭载荷

双体船连接桥横向扭矩 M_{ty} 可按式（6.5）计算：

$$M_{ty} = 9.81 k_0 k_N \Delta L \quad (kN \cdot m) \tag{6.5}$$

式中：

Δ——双体船的排水量，$\Delta = 1041.12$ t；

L——船长，$L = 39.6$ m；

k_0——系数，$k_0 = (1871 - 69.71L + 1.056L^2 - 0.005\,42L^3) \times 10^{-4} = 0.043\,1$；

k_N——系数，$k_N = 0.6$。

双体船横向扭矩可通过反对称分布在片体中纵剖面内的垂向均布力等效施加，即左舷舯前施加垂直向上载荷，左舷舯后施加垂直向下载荷，同时右舷舯前施加垂直向下载荷，右舷舯后施加垂直向上载荷。所施加的垂向分布载荷大小可由式（6.6）计算：

$$p_x = \frac{4M_{ty}}{L^2} = 26.678 \quad (kN/m) \tag{6.6}$$

3）边界条件

在单艘承压舟结构计算时，按 4.2.3 节施加边界条件，即在连接桥纵中剖面首端中点（图 4.4 中 A 点）施加 x、y、z 三个方向平动约束，在连接桥纵中剖面尾端中点（图 4.4 中 B 点）施加 y、z 两个方向平动约束，在任一片体中横剖面舷侧处（图 4.4 中 C 点）施加 z 方向平动约束。

4）计算工况

双体船连接桥结构分析中，应计算如下载荷组合工况：

（1）M_{bx}（中拱，横向内开）；

（2）M_{bx}（中垂，横向外开）；

（3）$0.8M_{bx}$（中拱，横向内开）$+ 0.6M_{ty}$；

（4）$0.8M_{bx}$（中垂，横向外开）$+ 0.6M_{ty}$；

（5）$0.6M_{bx}$（中拱，横向内开）$+ 0.8M_{ty}$；

（6）$0.6M_{bx}$（中垂，横向外开）$+ 0.8M_{ty}$。

5）计算结果及分析

$0.6M_{bx}$（中垂，横向外开）$+ 0.8M_{ty}$ 工况各构件应力计算结果与强度评价如表 6.5 所示。本计算工况下，各构件的应力值均小于许用应力，因此本计算工况下船体结构强度是满足要求的。

表 6.5　$0.6M_{bx}$（中垂，横向外开）+ $0.8M_{ty}$ 工况各构件应力计算结果与强度评价

构件名称	最大应力/MPa	许用应力/MPa	校核结果
片体甲板	91.9	165	满足
船体外板	144.0	165	满足
纵舱壁板	29.4	165	满足
横舱壁板	95.6	188	满足
片体甲板强横梁腹板	172.0	188	满足
片体甲板强横梁面板	156.0	175	满足
甲板普通横梁	16.5	188	满足
舷侧纵桁	38.4	141	满足
舱壁扶强材	22.1	200	满足
旁龙骨	20.2	128	满足
船底纵骨	61.9	141	满足
强肋骨	167.0	175	满足
普通肋骨	38.4	188	满足
支柱	30.9	100	满足
连接桥甲板	91.9	195	满足
连接桥甲板纵桁腹板	79.9	195	满足
连接桥甲板纵桁面板	79.9	176	满足
连接桥甲板强横梁腹板	160.0	195	满足
连接桥甲板强横梁面板	156.0	176	满足
连接桥上底封板	160.0	195	满足

本计算工况下，整体应力云图和整体位移云图及典型结构应力云图分别如图 6.9～图 6.13 所示。

6.5.4　承压舟舟桥结构系统计算

1）有限元模型

承压舟舟桥结构系统的计算通过建立三艘承压舟结构系统有限元模型实现，包括甲板结构、舷侧结构、船底结构、连接桥结构及纵、横舱壁等，如图 6.14 所示。中间横舱壁延伸到甲板强横梁面板下方，其他横舱壁和纵舱壁延伸至甲板，如图 6.15 所示。连接桥上两侧边缘分别间隔一个肋位的距离布置了两块底封板，如图 6.16 所示。各承压舟之间

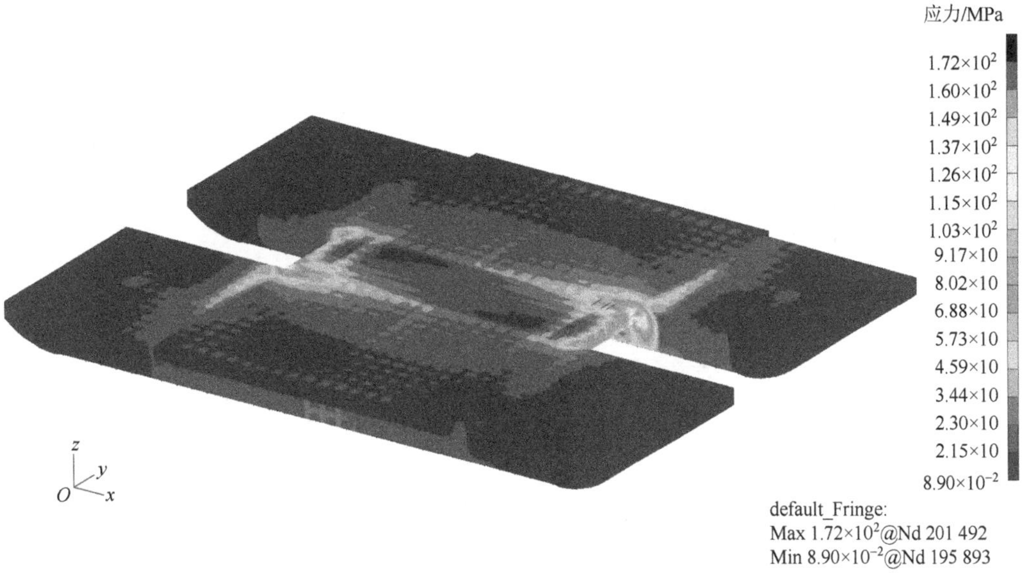

图 6.9　0.6M_{bx}（中垂，横向外开）+ 0.8M_{ty} 工况整体应力云图（最大应力 172 MPa）

扫一扫　看彩图

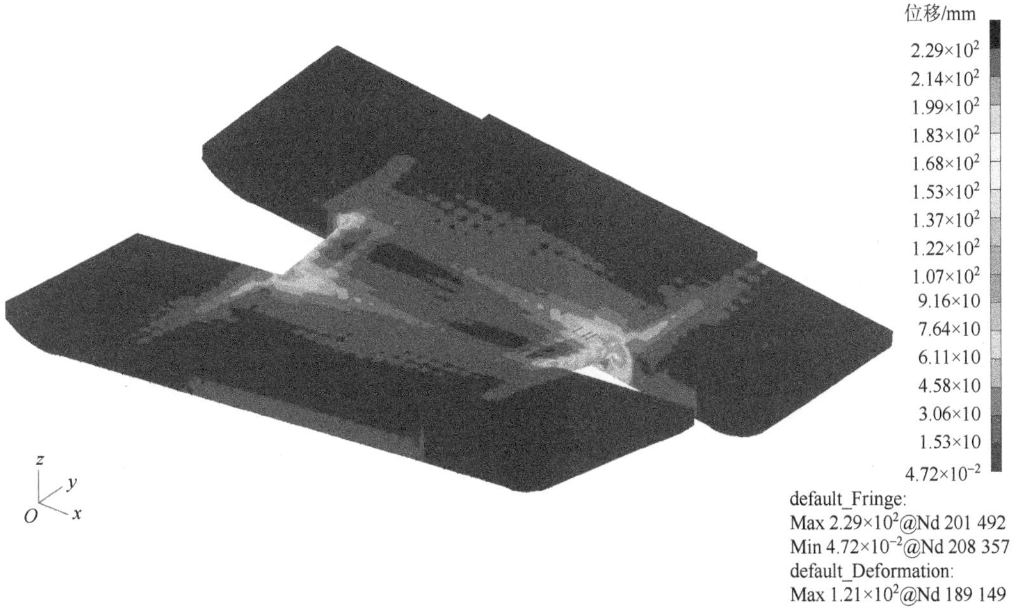

图 6.10　0.6M_{bx}（中垂，横向外开）+ 0.8M_{ty} 工况整体位移云图（最大位移 121 mm）

扫一扫　看彩图

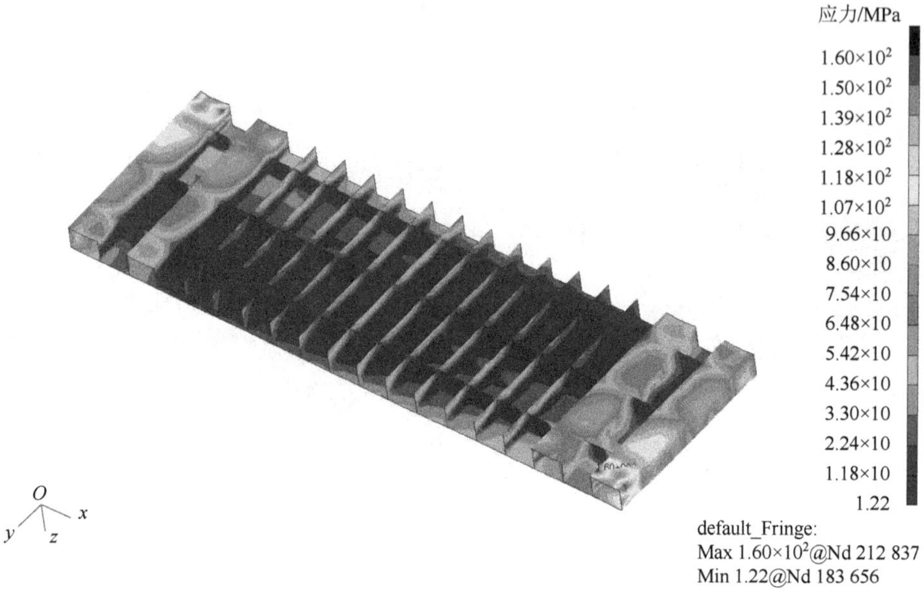

扫一扫　看彩图

图 6.11　$0.6M_{bx}$（中垂，横向外开）+ $0.8M_{ty}$ 工况连接桥整体应力云图（最大应力 160 MPa）

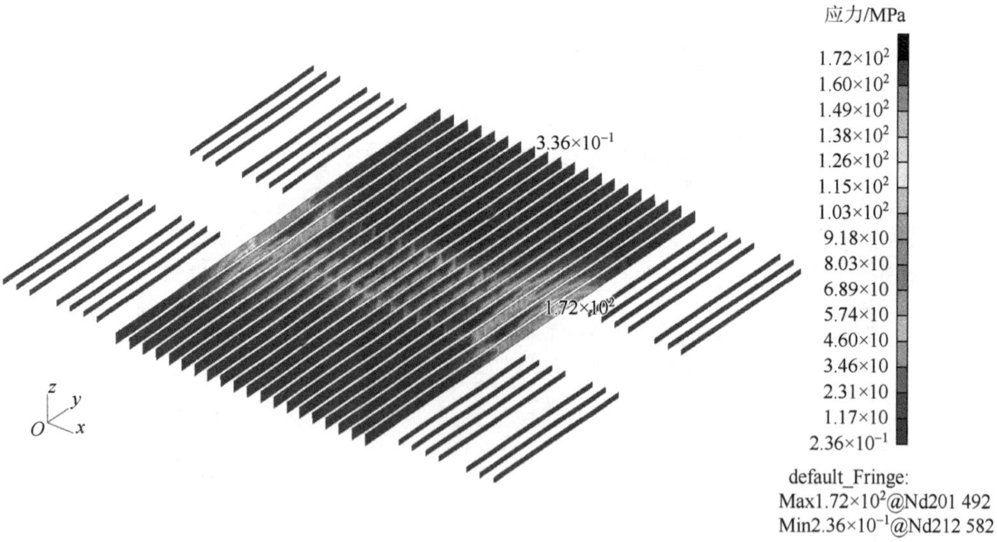

图 6.12　$0.6M_{bx}$（中垂，横向外开）+ $0.8M_{ty}$ 工况甲板强横梁整体应力云图（最大应力 172 MPa）

扫一扫　看彩图

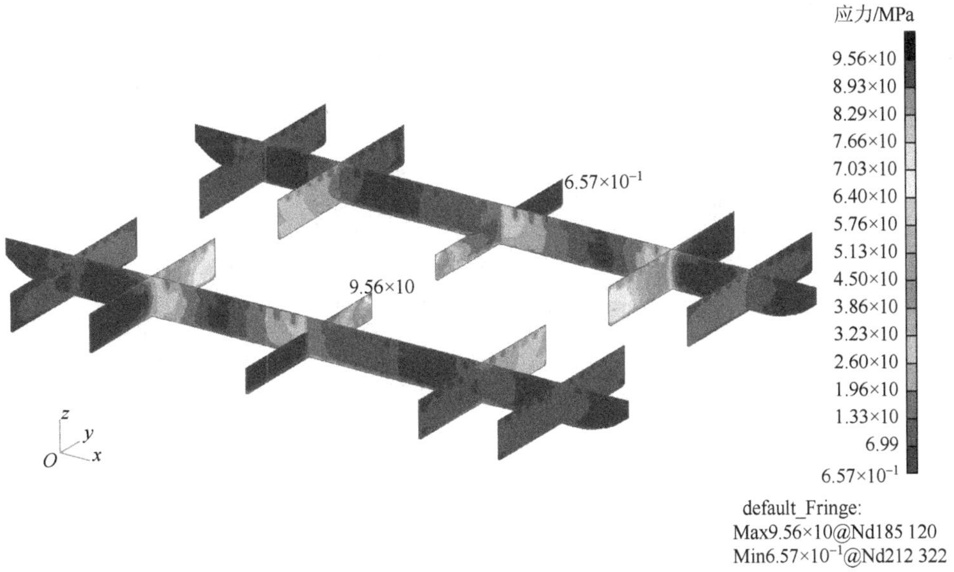

扫一扫　看彩图

图 6.13　$0.6M_{bx}$（中垂，横向外开）+ $0.8M_{ty}$ 工况舱壁整体应力云图（最大应力 95.6 MPa）

通过 MPC 来模拟耳板与销轴的铰接作用，用板单元模拟耳板结构，在销孔建立节点，将销孔中间节点与销孔边缘节点用 MPC 耦合，约束 U_x、U_y、U_z、R_y 和 R_z 的自由度，用梁单元将三个销孔中心节点的连接来模拟销轴作用，如图 6.17 所示，单耳板、双耳板结构示意图分别如图 6.18 和图 6.19 所示，销轴结构示意图如图 6.20 所示。

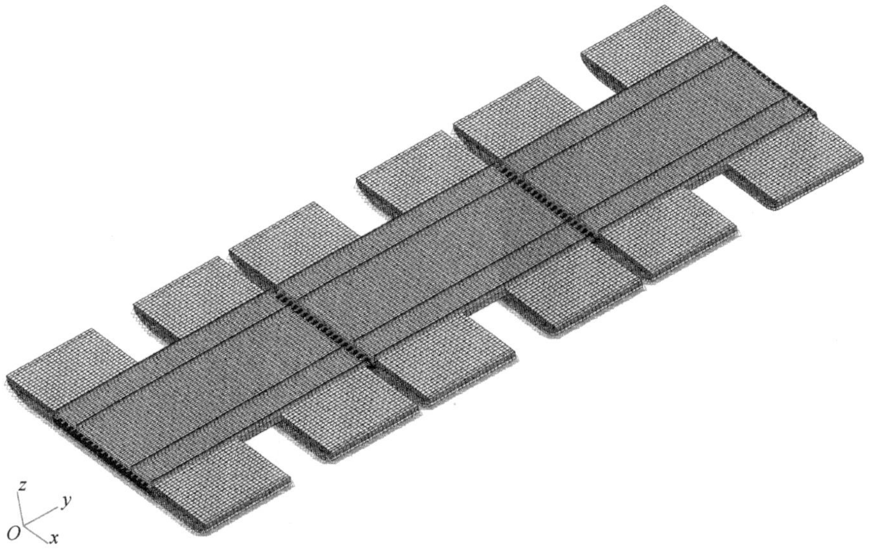

图 6.14　承压舟舟桥有限元模型

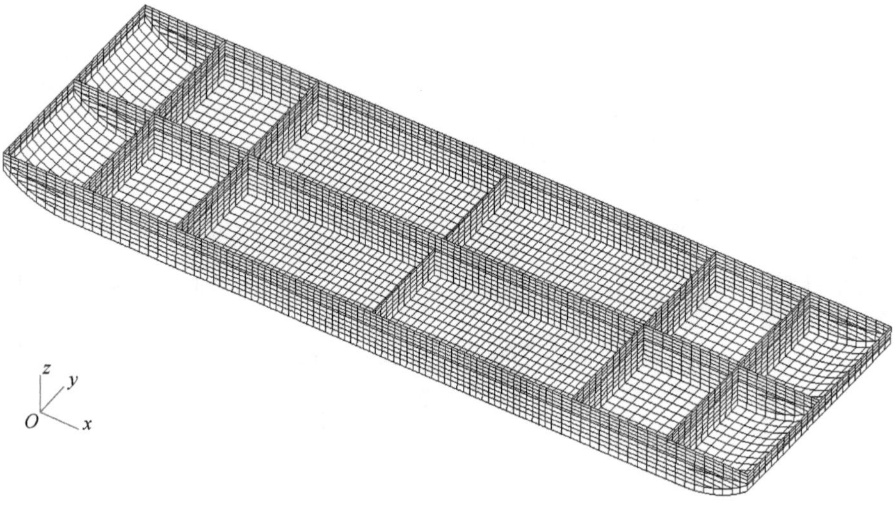

图 6.15　船体外板及舱壁结构有限元模型

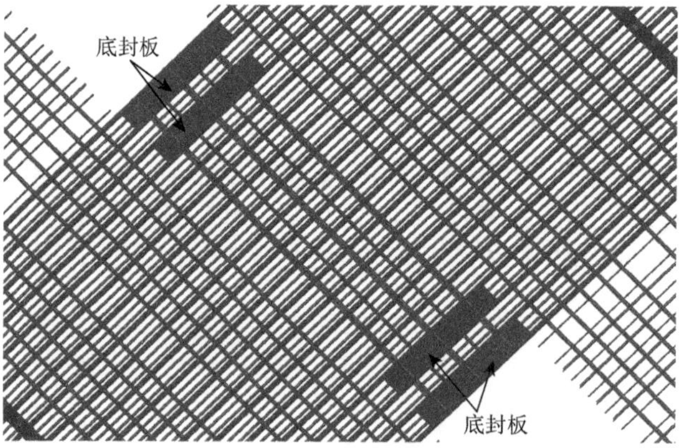

图 6.16　甲板构件及底封板结构有限元模型

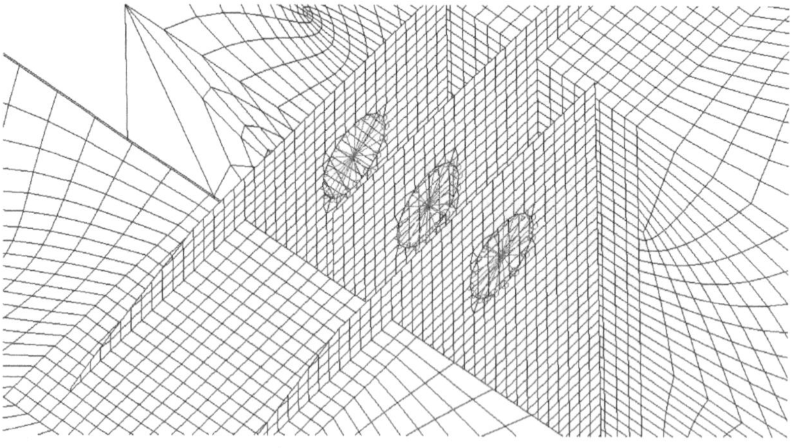

图 6.17　耳板与销轴作用模拟示意图

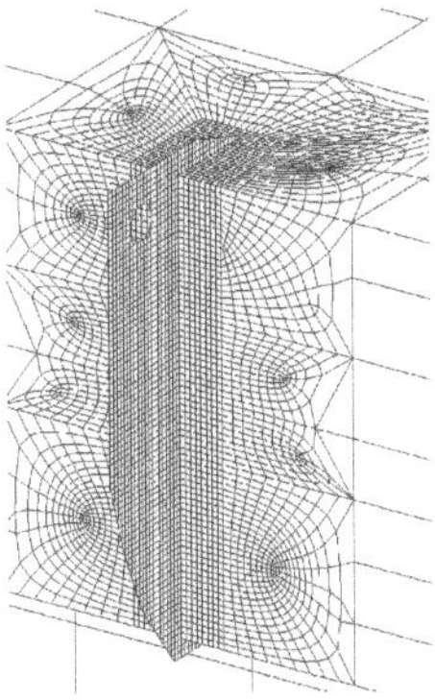

图 6.18　单耳板示意图

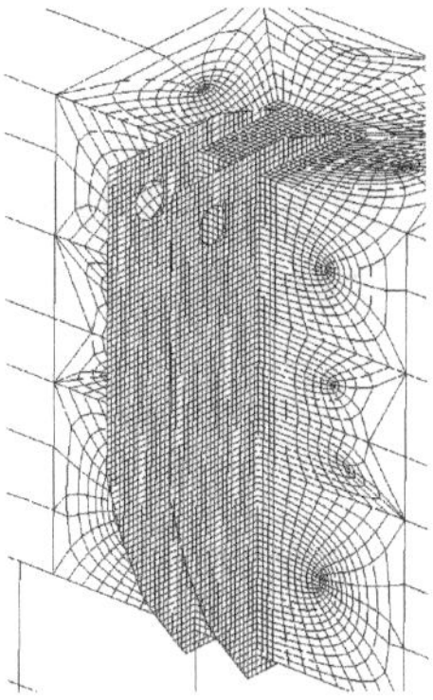

图 6.19　双耳板示意图

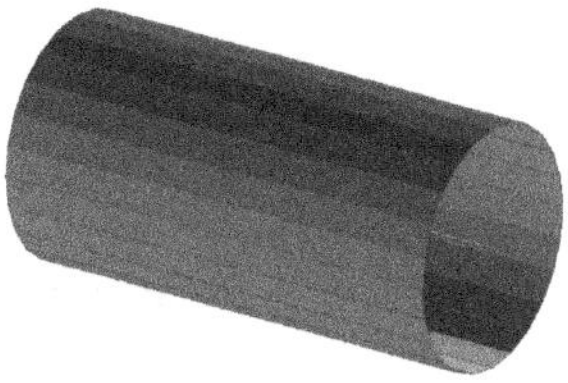

图 6.20　销轴结构示意图

2）车辆载荷

承压舟舟桥设计有四个车道，双向通行，中间车道可通行六轴重载挂车，其主要技术参数如表 6.6 所示。

表 6.6　六轴重载挂车的主要技术参数表

项目	符号	值
吨位/t	m	130
1 轴轴重/t	g_1	7
2 轴轴重/t	g_2	22
3 轴轴重/t	g_3	22
4 轴轴重/t	g_4	26
5 轴轴重/t	g_5	27
6 轴轴重/t	g_6	26
1 轴和 2 轴间距/m	l_1	3.5
2 轴和 3 轴间距/m	l_2	1.4
3 轴和 4 轴间距/m	l_3	7
4 轴和 5 轴间距/m	l_4	1.4
5 轴和 6 轴间距/m	l_5	1.4
汽车车轮中心距/m	c_1	2
挂车车轮中心距/m	c_2	2

3）计算工况

共进行了六种工况的计算，详细工况见 4.3.3 节。

4）边界条件

对于承压舟舟桥结构系统，进行工况 1～6 计算时，边界条件按 4.3.4 节的规定进行，即在坐滩片体船底节点上限制其垂向自由度，另外在各承压舟结构系统两端外伸舷端部的一列节点上限制其纵向、横向和垂向自由度，具体如表 4.3 和图 4.12 所示。

5）计算结果及分析

各工况下各构件应力计算结果与强度评价如表 6.7 所示，各计算工况下，各构件的应力值均小于许用应力，因此本船各计算工况下船体结构强度是满足要求的[18-19]。

计算工况 1 下，整体应力云图和整体位移云图及局部应力云图分别如图 6.21～图 6.23 所示。

表 6.7　应力计算结果与强度评价

构件名称	浮态承压舟最大应力/MPa				半落滩承压舟最大应力/MPa		许用应力/MPa	校核结果
	工况 1	工况 2	工况 3	工况 4	工况 5	工况 6		
片体甲板	38.1	53.4	50.3	42.4	61.4	97.6	165	满足
船体外板	98.5	87.9	58.1	105	110	138	165	满足
纵舱壁板	35.7	37.3	26.2	37	31	30.5	165	满足
横舱壁板	62.5	85.4	36	88.4	103	142	188	满足
片体甲板纵桁腹板	36.8	53.4	45.4	47	66.3	97.6	165	满足
片体甲板纵桁面板	17.5	40.8	22.6	40.9	25.4	32	155	满足
片体甲板强横梁腹板	127	113	53.3	137	139	178	188	满足
片体甲板强横梁面板	87.7	89	47.6	95.1	138	173	175	满足
甲板普通横梁	62.8	55.2	47.5	55	71.6	83.4	188	满足
舷侧纵桁	66.7	61	24.6	69.8	47.9	81.7	141	满足
舱壁扶强材	45.6	56.4	36	58.8	93.4	107	200	满足
旁龙骨	23.5	39.1	16	38.1	15.7	39.7	168	满足
船底纵骨	25.3	32.5	19.7	30.4	18.9	29.2	176	满足
强肋骨腹板	95.7	87.6	54.8	102	135	178	188	满足
强肋骨面板	72.9	65.7	47.6	78.6	125	159	175	满足
普通肋骨	39	31.6	20.9	42.1	71.6	88.2	188	满足
支柱	53.3	43.1	26.8	57.4	91.1	106	114	满足
连接桥甲板	47.7	32.7	24.7	42.2	57.2	80.5	195	满足
连接桥甲板纵桁腹板	64.9	55.3	25.2	61.1	68.5	102	195	满足
连接桥甲板纵桁面板	63.6	54.5	25	60.3	79.1	98.1	176	满足
连接桥甲板强横梁腹板	98.5	105	58.1	111	131	153	195	满足
连接桥甲板强横梁面板	92.8	95.7	47.6	102	136	171	176	满足
连接桥上底封板	98.5	87.1	58.1	105	110	138	195	满足
栏杆	113	97.3	65.4	122	184	226	235	满足

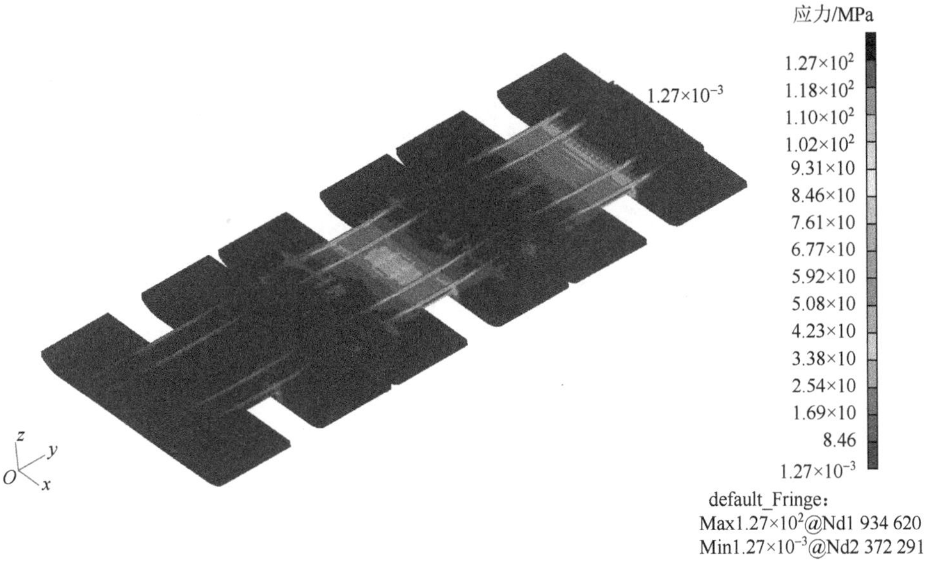

图 6.21　工况 1 整体应力云图（最大应力 127 MPa）

扫一扫　看彩图

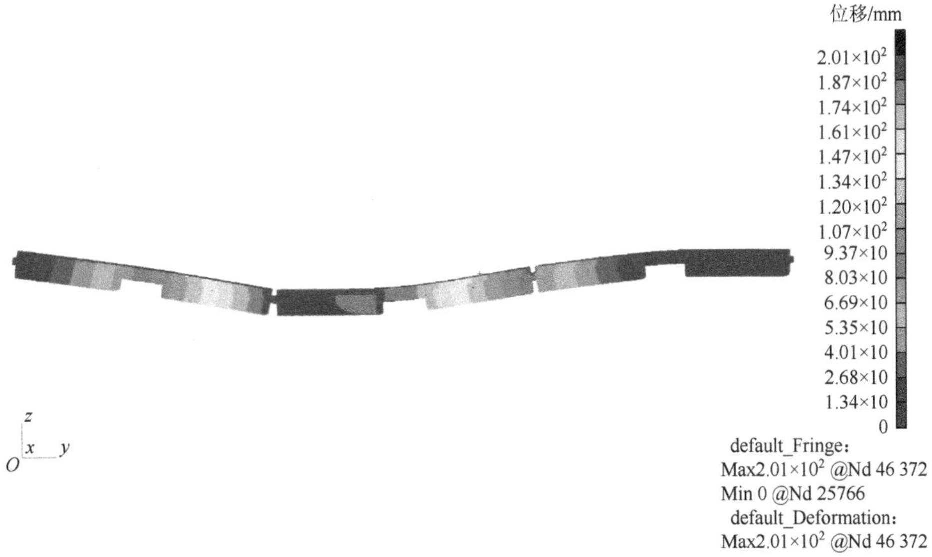

图 6.22　工况 1 整体位移云图（最大位移 201 mm）

扫一扫　看彩图

图 6.23　工况 1 局部应力云图（最大应力 127 MPa）

扫一扫　看彩图

第7章　承压舟舟桥疲劳强度分析

7.1　承压舟舟桥结构疲劳特性

承压舟舟桥由承压舟连接而成，通常用于不通航水域或江河湖泊、浅滩、沼泽等，有浮式铰接、落滩、半落滩等多种工况，通行车辆偏心行驶、超载、超速等情况时有发生，使承压舟舟桥结构受力复杂、疲劳时有发生，构成舟桥安全可靠运营的隐患[8]。承压舟舟桥结构疲劳具有如下特点：

（1）承压舟舟桥在使用过程中，舟体结构经常受到不断变化的车辆载荷作用，在船体结构内部引起交变应力，造成结构的疲劳损伤；

（2）疲劳破坏是承压舟结构的主要破坏形式之一；

（3）可通过疲劳强度校核改进结构节点的设计，以保证舟体结构中受交变载荷作用的构件有足够的疲劳寿命。

参考《船体结构疲劳强度指南》，承压舟舟桥可采用以下方法对关键位置的焊接结构节点做改进设计：

（1）降低名义应力等级。通过增加局部构件尺寸来降低名义应力，从而减少结构节点的热点应力。

（2）减缓应力集中。通过采用软趾连接等良好节点形式，降低几何非连续产生的应力集中。

（3）控制建造偏差。减小构件连接对中的偏差，以减小由此产生的应力集中系数。

（4）改善焊缝形状。特别注意在焊缝趾端处要有良好的几何形状和平滑过渡，以减小由此产生的应力集中。

根据承压舟舟桥结构特点和受力特性，下述部位应进行疲劳强度校核：

（1）通车甲板最外侧强横梁及车轮下方强横梁与舷侧相交部位；

（2）通车甲板板沿行车方向焊缝附近；

（3）通车甲板横梁与强纵桁或内舷焊接部位；

（4）通车甲板纵桁与强横梁焊接部位；

（5）甲板纵向梁与横舱壁的连接部位；

（6）横舱壁与通车甲板强横梁相交、靠近内舷交点处的焊接部位；

（7）应力水平较高的一个甲板角隅；

（8）应力水平较高的一个通车甲板下方支柱与强横梁相交部位；

（9）其他应力水平较高的部位。

7.2　名义应力的计算

7.2.1　通行车辆甲板板

垂直于板格长边焊缝处应力按式（7.1）计算：

$$\sigma_{\mathrm{d}} = \frac{3000k\lambda_{\mathrm{P}}P_{\mathrm{ly}}}{t^2} \quad (\mathrm{N/mm^2}) \tag{7.1}$$

式中：

P_{ly}——实际通过车辆的轮印负荷，kN；

t——甲板板厚，mm；

λ_{P}——板格边长比，$\lambda_{\mathrm{P}} = a/b$，$a$为板格长边长，$b$为板格短边长；

k——系数。

7.2.2　甲板普通横梁

普通横梁端部与强纵桁焊接部位垂直焊缝方向应力按式（7.2）计算：

$$\sigma_{\mathrm{b}} = \frac{31.25Tl_{\mathrm{bn}}}{W} \quad (\mathrm{N/mm^2}) \tag{7.2}$$

式中：

T——实际通过车辆的设计轴压，kN；

l_{bn}——普通横梁跨距，m；

W——剖面模数，$\mathrm{cm^3}$。

7.2.3　甲板普通纵桁

普通纵桁端部与强横梁焊接部位垂直焊缝方向应力按式（7.3）计算：

$$\sigma_{\mathrm{l}} = \frac{55.6Tl_{\mathrm{es}}}{W} \quad (\mathrm{N/mm^2}) \tag{7.3}$$

式中：

T——实际通过车辆的设计轴压，kN；

l_{es}——普通纵桁跨距，m；

W——剖面模数，$\mathrm{cm^3}$。

7.2.4　甲板强横梁

强横梁端部与内舷侧焊接部位垂直焊缝方向应力按式（7.4）计算：

$$\sigma_{\mathrm{Sb}} = \frac{62.5Tl_{\mathrm{ts}}}{W} \quad (\mathrm{N/mm^2}) \tag{7.4}$$

式中：

T——实际通过车辆的设计轴压，kN；

l_{ts}——强横梁跨长，m；

W——剖面模数，$\mathrm{cm^3}$。

7.2.5　甲板强纵桁

强纵桁跨中位置与强横梁焊接部位强纵桁跨长方向应力按式（7.5）计算：

$$\sigma_{\mathrm{Sl}} = 139.1\left(\frac{s_{\mathrm{ts}} l_{\mathrm{t}}^3}{I_{\mathrm{t}}}\right)^{0.25} \frac{\mu T}{W^{2/3}} \quad (\mathrm{N/mm^2}) \tag{7.5}$$

式中：

s_{ts}——连接桥甲板强横梁间距，m；

l_{t}——连接桥甲板强横梁跨长，m；

I_{t}——作为弹性基础的连接桥甲板强横梁剖面惯性矩，$\mathrm{cm^4}$；

μ——系数，当并排两个轮印及前后相邻两个轮印均分布在两个不同板格上时，取 1/4，否则取 1/2，对设计最大单车整车质量 40 t 及以上车辆通行的承压舟车辆甲板轮印板格，当 $s_{\mathrm{ts}} \leqslant 345$ mm 且 $l_{\mathrm{t}} \leqslant 1300$ mm 时，取 1/4，否则取 1/2；

T——实际通过车辆的设计轴压，kN；

W——剖面模数，$\mathrm{cm^3}$。

7.2.6　外底板

垂直于板格长边焊缝处应力按式（7.6）计算：

$$\sigma_{\mathrm{bs}} = \frac{58\,860 k s_{\mathrm{bb}}^2 (d + r_{\mathrm{w}} + \psi)}{t^2} \quad (\mathrm{N/mm^2}) \tag{7.6}$$

式中：

k——系数；

s_{bb}——计算板格短边长，m，横骨架式舟底板取底肋骨间距，纵骨架式舟底板取底纵骨间距；

d——设计吃水，m；

r_{w}——半波高，m；

ψ——落滩修正项；

t——外底板板厚，mm。

7.3　应力集中系数

计算焊接节点的应力集中系数时，计算点应取在结构可能发生裂纹处。应力集中系数 K_{con} 应按式（7.7）计算：

$$K_{\mathrm{con}} = \frac{\sigma_{\mathrm{h}}}{\sigma_{\mathrm{n}}} \tag{7.7}$$

式中：

σ_{n}——应力，$\mathrm{N/mm^2}$；

σ_{h}——热点应力，$\mathrm{N/mm^2}$。

应力 σ_{n} 是通过粗网格有限元分析得到的计算点处的最大主应力，计算时在结构节点的受力方向上加单位载荷。计算时应符合下列原则：

（1）应计及节点的总体几何形状（如开口、削斜、折角、肘板和尺度的变化等），但不考虑焊缝的几何形状；

（2）在划分有限元网格时，应保证网格变化均匀，避免网格的突然变化；

（3）在计算点附近的有限元网格应足够精细，以便反映应力梯度的变化，网格尺度不得大于受力构件板厚 t；

（4）有限元网格的长宽比不应超过 3。

热点应力 σ_h 是通过细网格有限元分析得到的结构节点计算点处的最大主应力，计算时在结构节点的受力方向上加单位载荷。热点应力 σ_h 的具体计算见 7.4 节。

典型节点的应力集中系数可按表 7.1 近似确定。

表 7.1　典型节点的应力集中系数

节点形式	应力集中系数
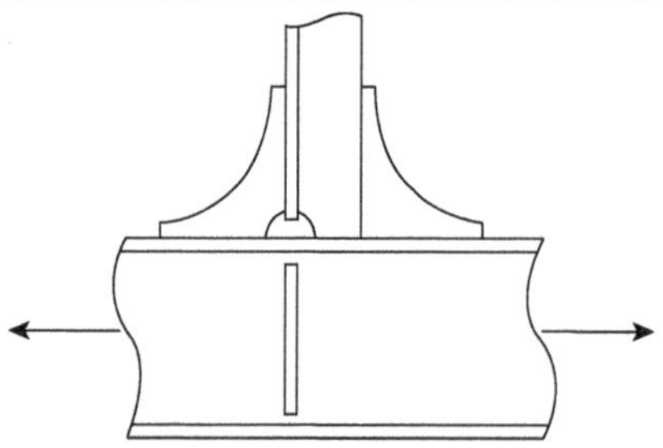	1.30
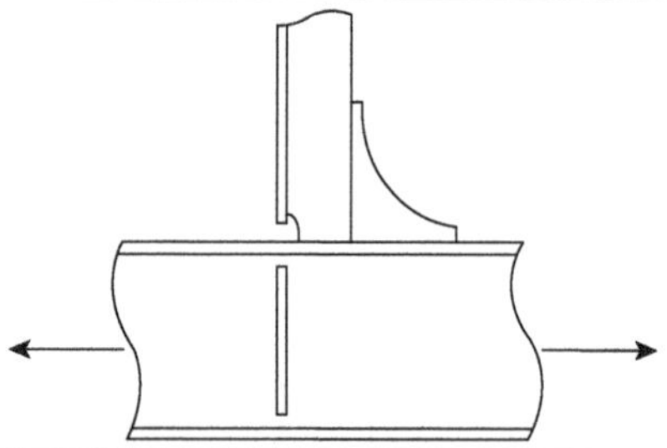	1.40
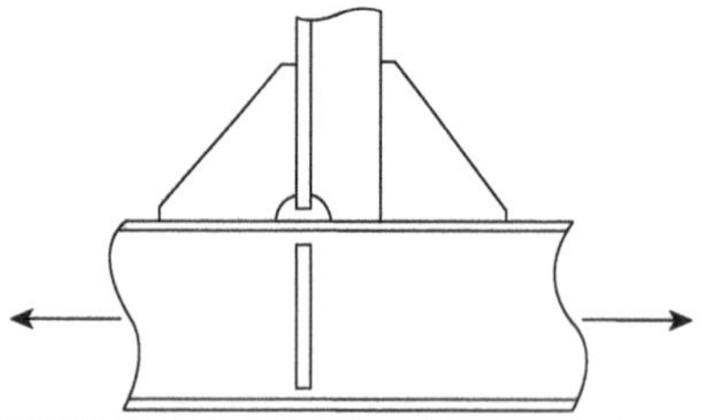	1.60
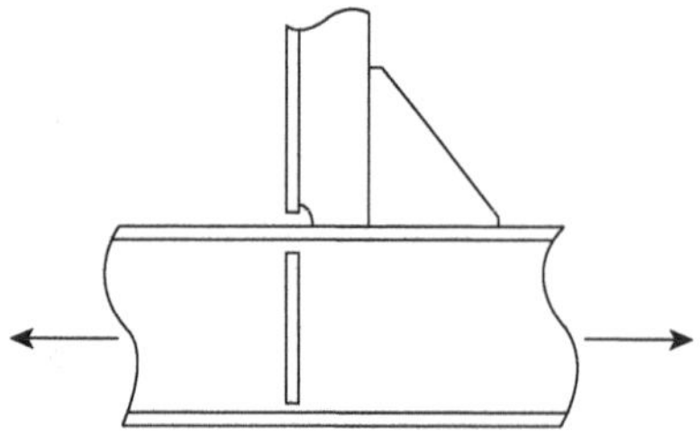	1.50

续表

节点形式	应力集中系数
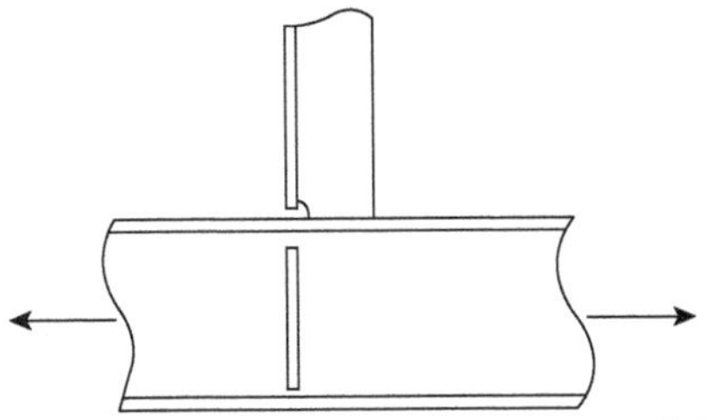	1.80
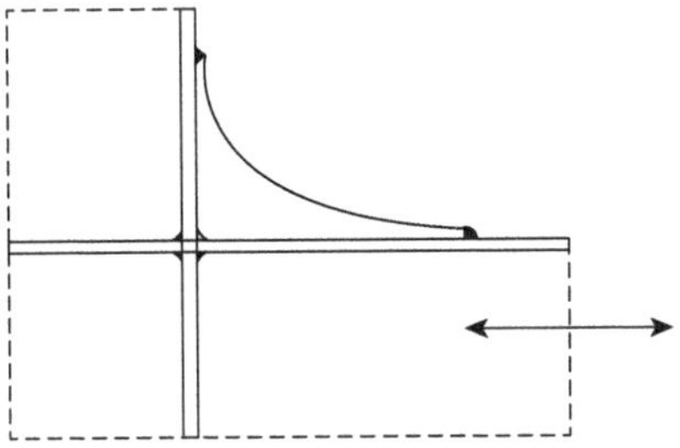	1.35
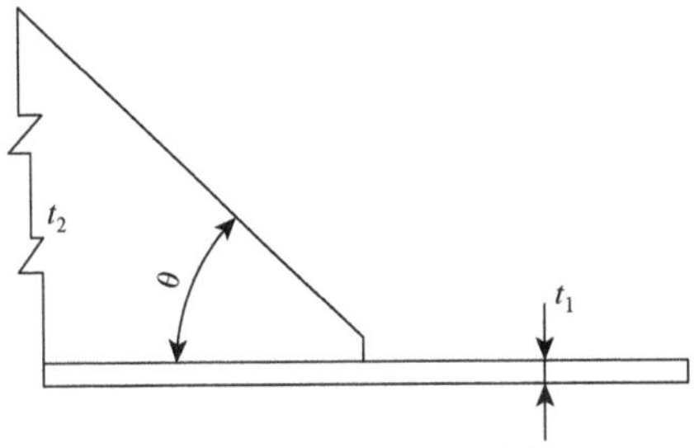	$1.224\left(1+\dfrac{t_2\theta}{t_1 160}\right)$
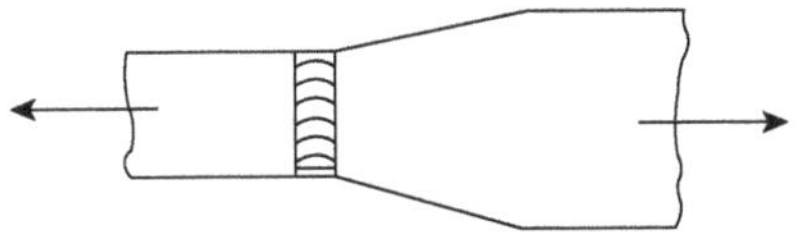	1.00（斜度 1∶5）; 1.13（斜度 1∶3）; 1.27（斜度 1∶2）
	1.00（斜度 1∶5）; 1.13（斜度 1∶3）; 1.27（斜度 1∶2）

7.4　热点应力计算

复杂结构的疲劳强度评估应使用热点应力方法。热点应力根据以下建模原则用细化有限元模型直接计算。

7.4.1　结构建模

有限元建模原则参照第 6 章承压舟舟桥结构直接计算中有限元模型的相关要求。细化有限元模型根据下列原则建立[20]：

（1）热点应力可以用单独的细化有限元模型和从粗网格有限元模型分析中的边界条件求得；也可以用嵌在粗网格有限元模型中的细化有限元模型直接计算。

（2）细化有限元模型的区域应保证热点应力不受位移边界条件和力边界条件的影响，细化有限元模型应保证细化边缘有主要的支撑。

（3）在计算点附近的有限元网格应足够精细，以便反映应力梯度的变化。网格尺度不得大于受力构件板厚 t 。细化网格区域也应该保证从疲劳热点位置向外所有方向延伸范围不小于 $10t$ ，热点处采用四节点或八节点板壳元，避免使用三角形单元。不考虑焊缝几何形状和结构的对中，细化网格区域的骨材，应用板壳元模拟。

7.4.2 热点应力插值

热点应力 σ_{h} 应按式（7.8）计算：

$$\sigma_{\mathrm{h}} = \frac{3\sigma_{t/2} - \sigma_{3t/2}}{2} \quad (\mathrm{N/mm^2}) \tag{7.8}$$

式中：

$\sigma_{t/2}$ ——按 7.4.3 节计算的距焊趾 $t/2$ 处的最大主应力，$\mathrm{N/mm^2}$，其中 t 为板厚(mm)；

$\sigma_{3t/2}$ ——按 7.4.3 节计算的距焊趾 $3t/2$ 处的最大主应力，$\mathrm{N/mm^2}$，其中 t 为板厚(mm)。

7.4.3 最大主应力

在焊缝附近受力构件的表面上选取四个有限元节点（图 7.1)，插值点处的最大主应力 σ 应根据所选有限元节点处的最大主应力用拉格朗日插值法求得。但插值点应位于四个有限元节点之间。最大主应力 σ 应按式（7.9）计算：

$$\sigma = C_1\sigma_1 + C_2\sigma_2 + C_3\sigma_3 + C_4\sigma_4 \quad (\mathrm{N/mm^2}) \tag{7.9}$$

式中：

σ_1 ——有限元节点 1 处的最大主应力， $\mathrm{N/mm^2}$；

σ_2 ——有限元节点 2 处的最大主应力， $\mathrm{N/mm^2}$；

σ_3 ——有限元节点 3 处的最大主应力， $\mathrm{N/mm^2}$；

σ_4 ——有限元节点 4 处的最大主应力， $\mathrm{N/mm^2}$；

C_1、C_2、C_3 和 C_4 ——系数，计算公式为

$$\begin{cases} C_1 = \dfrac{(x-x_2)(x-x_3)(x-x_4)}{(x_1-x_2)(x_1-x_3)(x_1-x_4)} \\ C_2 = \dfrac{(x-x_1)(x-x_3)(x-x_4)}{(x_2-x_1)(x_2-x_3)(x_2-x_4)} \\ C_3 = \dfrac{(x-x_1)(x-x_2)(x-x_4)}{(x_3-x_1)(x_3-x_2)(x_3-x_4)} \\ C_4 = \dfrac{(x-x_1)(x-x_2)(x-x_3)}{(x_4-x_1)(x_4-x_2)(x_4-x_3)} \end{cases} \tag{7.10}$$

其中：

x——插值点距焊趾的距离，mm；

x_1——有限元节点 1 距焊趾的距离，mm；

x_2——有限元节点 2 距焊趾的距离，mm；

x_3——有限元节点 3 距焊趾的距离，mm；

x_4——有限元节点 4 距焊趾的距离，mm。

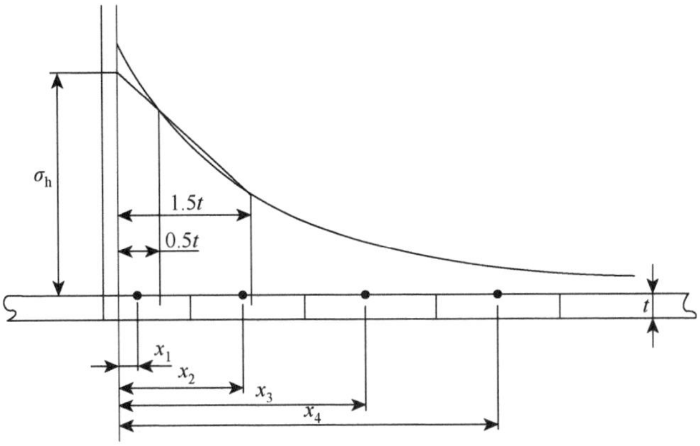

图 7.1　插值点示意图

7.5　*S-N* 曲线的选取

适用的 *S-N* 曲线可按表 7.2 根据不同的类型进行选取。

表 7.2　*S-N* 曲线选取

类型	节点描述	图例	*S-N* 曲线
1	板和型钢的边缘，该边缘未经火焰切割，无裂纹和切口	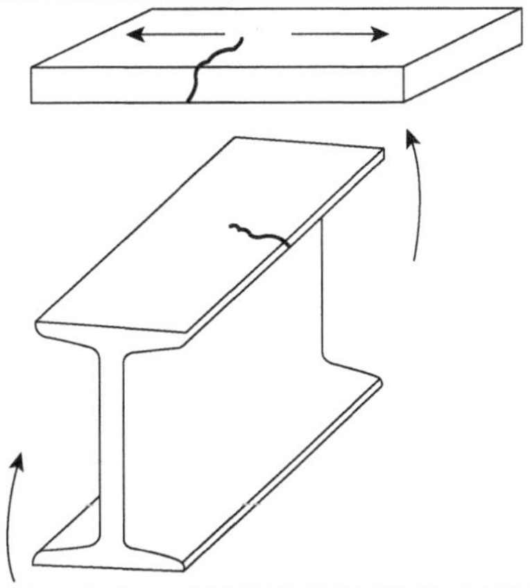	B 曲线

续表

类型	节点描述	图例	S-N 曲线
2	板的边缘，该边缘经火焰切割，但无裂纹和切口	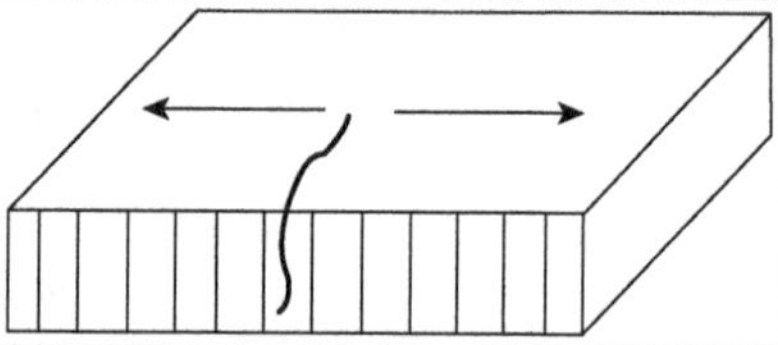	C 曲线
3	双面全焊透对接焊缝，载荷方向垂直于焊缝	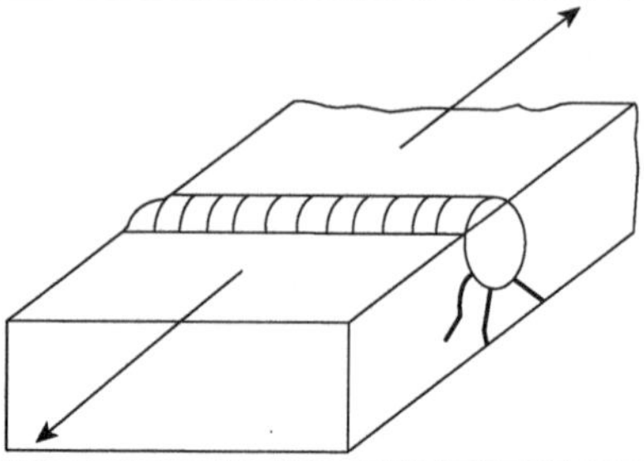	E 曲线
4	连续填角焊缝，载荷方向平行于焊缝，基于邻接于焊缝处面板上的应力范围	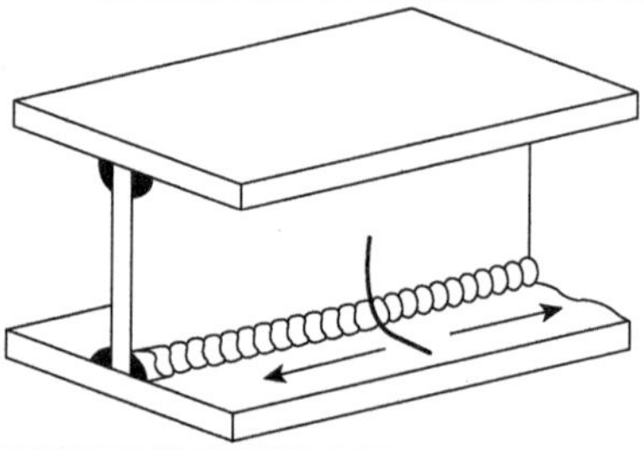	D 曲线
5	间断填角焊缝，载荷方向平行于焊缝，基于焊缝端部处面板上的应力范围	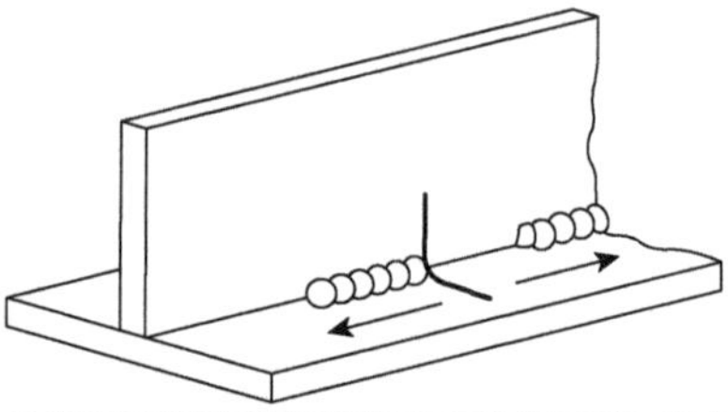	E 曲线
6	具有开口的对接、填角或间断填角焊缝，载荷方向平行于焊缝，基于焊缝端部处面板上的应力范围	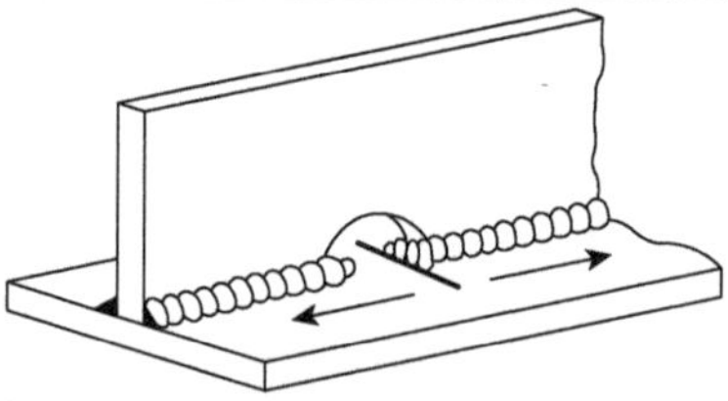	F 曲线
7	填角焊接的肘板，载荷方向平行于焊缝： $l \leq 150$ mm； $l > 150$ mm	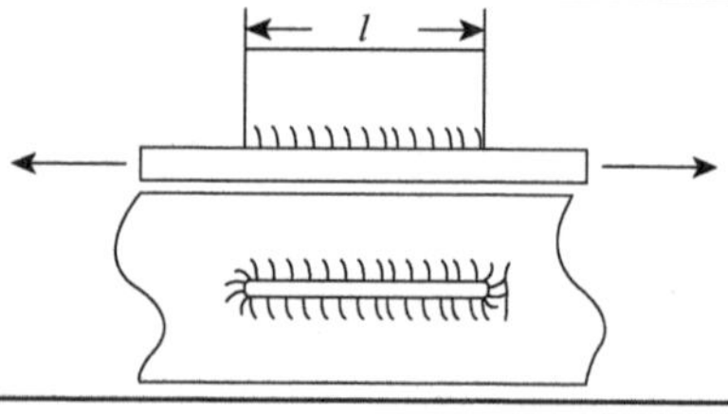	F 曲线； F2 曲线

续表

类型	节点描述	图例	S-N 曲线
8	带光滑过渡（削斜或圆弧）的肘板焊接到梁的面板上，$c \leqslant 2t$，最大为 25 mm： $r \geqslant 0.5h$； $r < 0.5h$或$\varphi \leqslant 20°$； $\varphi > 20°$ 时见节点类型 7	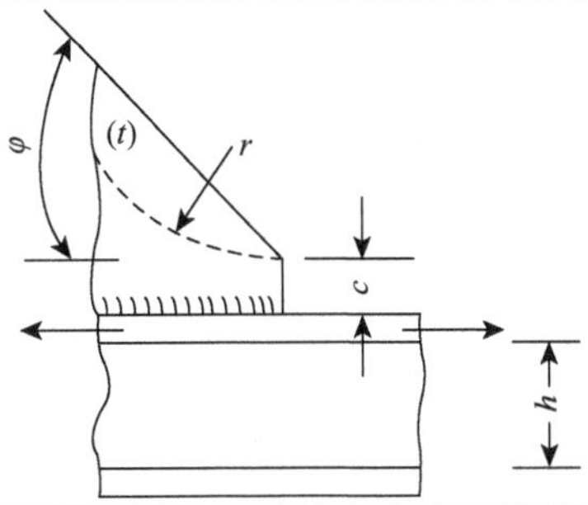	F 曲线； F2 曲线
9	填角焊接的肘板，载荷方向垂直于焊缝	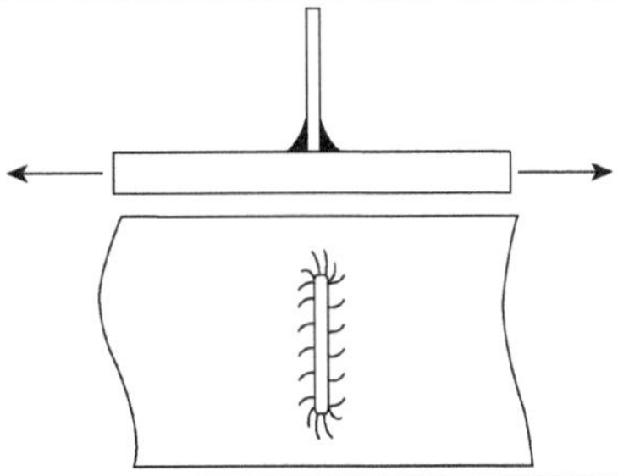	E 曲线
10	扶强材焊接至桁材腹板上，基于扶强材端部处桁材腹板上的主应力范围	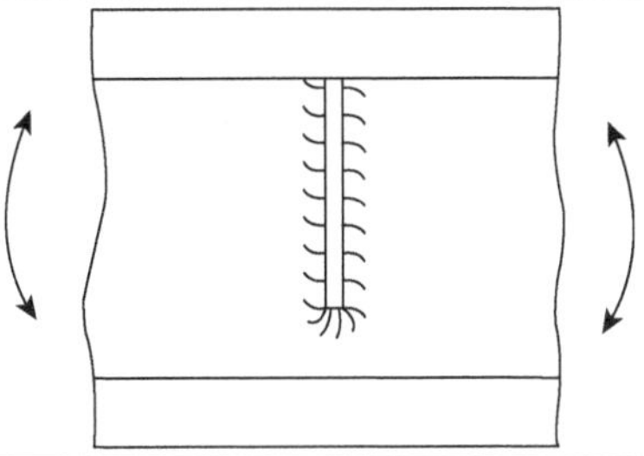	E 曲线
11	扶强材焊接至桁材面板上，基于焊趾处桁材面板上的主应力范围	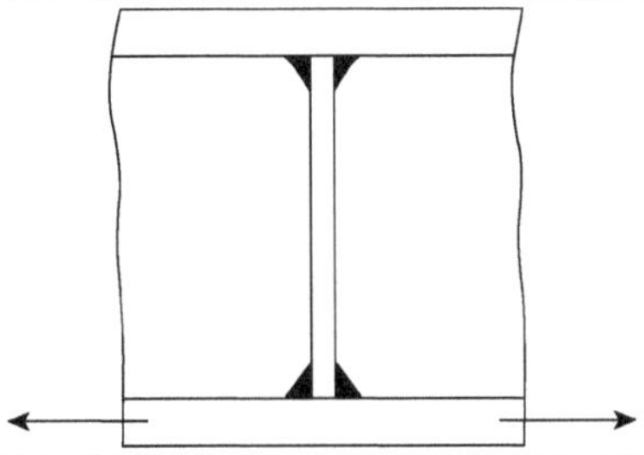	F 曲线
12	十字型或 T 型接头，全焊透	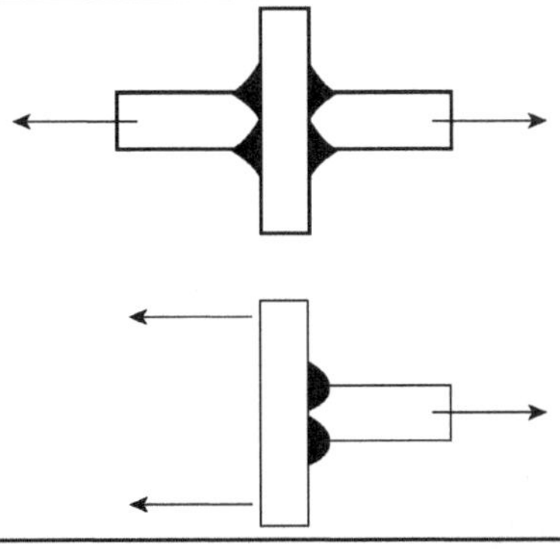	F 曲线

续表

类型	节点描述	图例	S-N 曲线
13	十字型或 T 型接头，填角焊	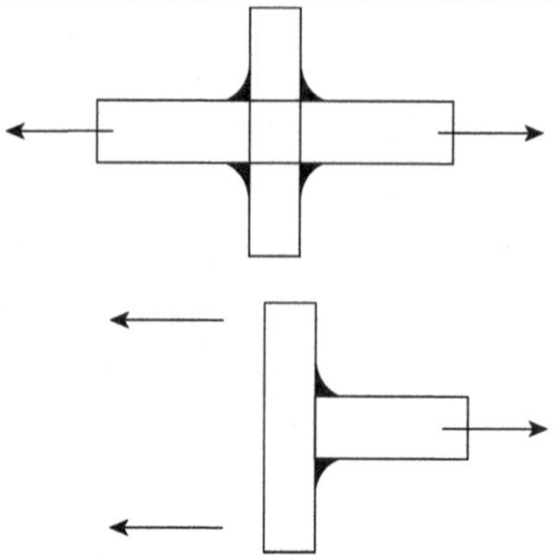	F2 曲线
14		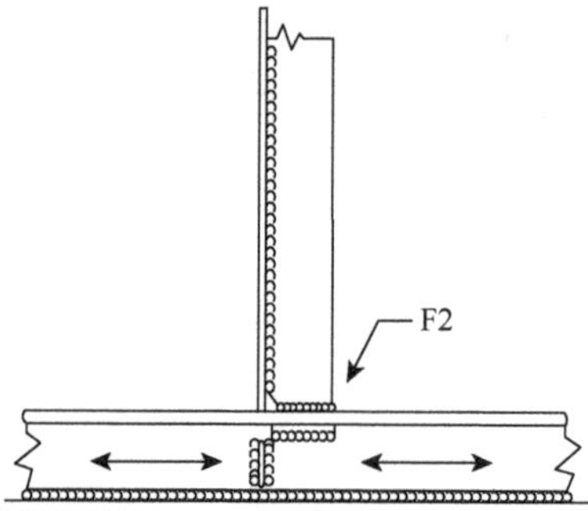	F2 曲线
15	纵骨与横框架的连接部位	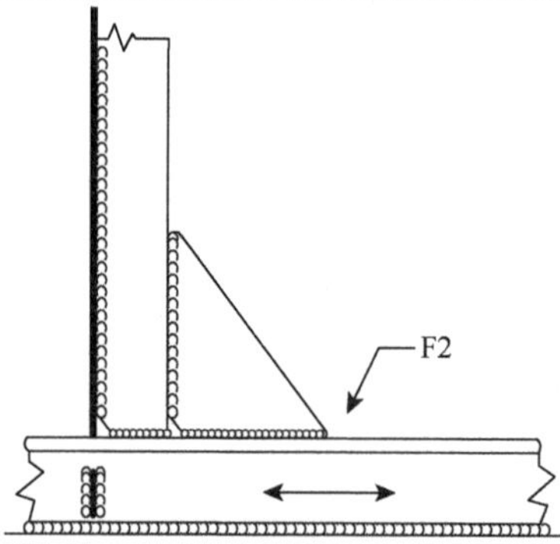	F2 曲线
16		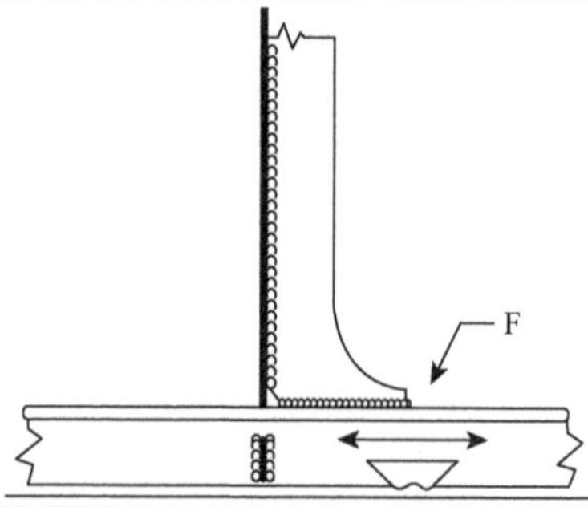	F 曲线

续表

类型	节点描述	图例	*S-N* 曲线
17	纵骨与横框架的连接部位	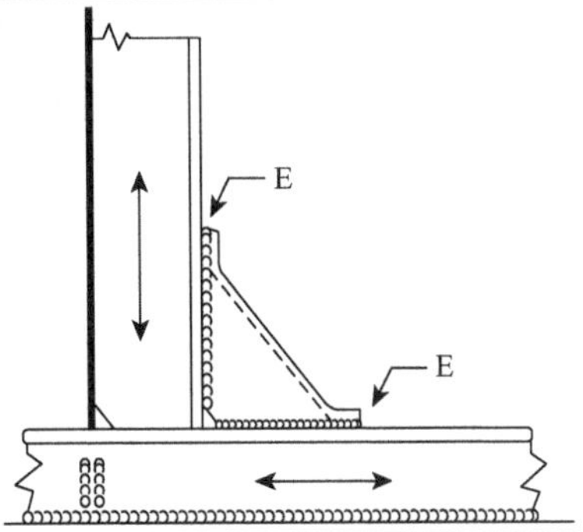	选用 E 曲线时应使用热点应力
18		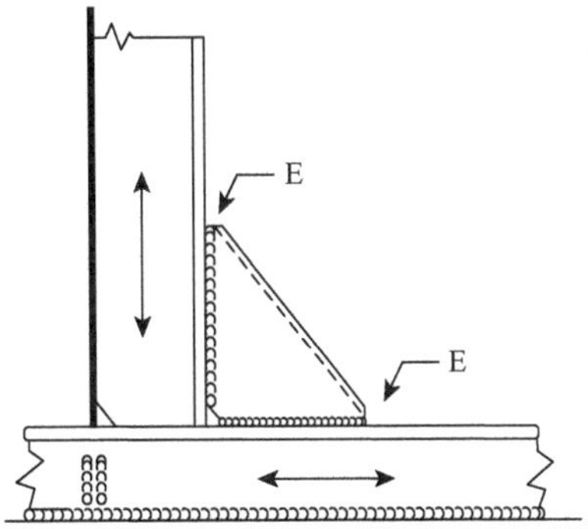	选用 E 曲线时应使用热点应力
19	圆形舱口角隅	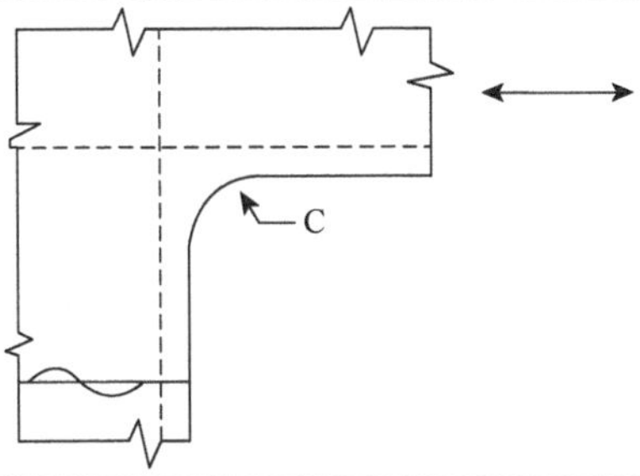	选用 C 曲线时应使用热点应力
20	椭圆形舱口角隅	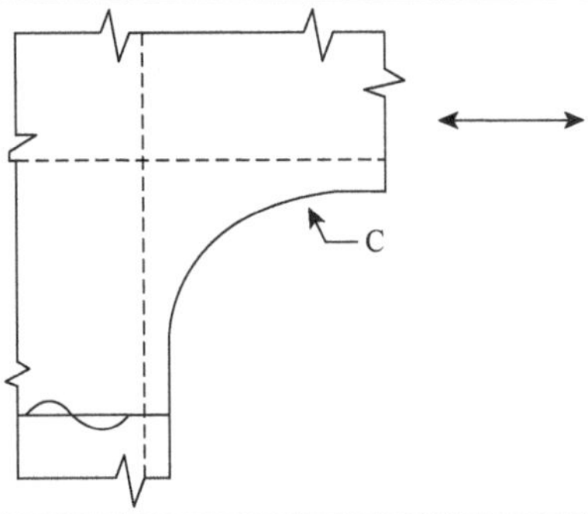	选用 C 曲线时应使用热点应力

疲劳评估采用热点应力方法或考虑应力集中系数的名义应力方法时，对于船体结构中的焊接节点应选用 E 曲线，对于船体结构中的非焊接节点应选用 C 曲线。

S-N 曲线表示一类结构节点所受的交变应力范围值 S 与循环次数 N 的关系，可表示如下：

$$\lg(N_{\mathrm{ft}})=\lg(K_{SN})-m_{\mathrm{ft}}\lg(S_{\mathrm{ft}}) \tag{7.11}$$

式中：

S_{ft}——交变应力范围，取热点应力值或考虑应力集中后的名义应力值；

N_{ft}——交变应力范围 S 对应的循环次数；

m_{ft}——S-N 曲线的反斜率，取 3；

K_{SN}——S-N 曲线参数，见表 7.3。

表 7.3　S-N 曲线对应的 K_{SN} 值

S-N 曲线	K_{SN}
B	5.800×10^{12}
C	3.464×10^{12}
D	1.520×10^{12}
E	1.026×10^{12}
F	6.319×10^{12}
F2	4.330×10^{11}

按上述方法确定的 S-N 曲线所计算的疲劳寿命必然会与实际产生误差，若要得到相对精确的结果，则需对每一节点进行疲劳强度试验。

7.6　损伤及寿命计算

根据 Miner 线性累积损伤理论，累积损伤度 D_{ft} 由式（7.12）计算：

$$D_{\mathrm{ft}}=\sum_{i=1}^{m_{\mathrm{N}}}\frac{n_{\mathrm{ft}i}}{N_{\mathrm{ft}i}} \tag{7.12}$$

式中：

m_{N}——车辆吨位分级级数；

$n_{\mathrm{ft}i}$——交变应力范围 S_i 的循环次数（第 i 级车辆的平均日通车量）；

$N_{\mathrm{ft}i}$——交变应力范围 S_i 对应的失效循环次数，按 7.5 节的规定确定。

应用式（7.12）计算的累积损伤度所对应的疲劳寿命由式（7.13）计算：

$$Y=\frac{1}{365\sum_{i=1}^{m_{\mathrm{N}}}\frac{n_{\mathrm{ft}i}}{N_{\mathrm{ft}i}}}\ (年) \tag{7.13}$$

第 8 章　设计方案优化分析

8.1　船体结构优化设计

随着船舶工业的发展、计算理论及计算分析手段的不断提高，船体结构优化设计的理论和方法也在不断地更新发展。无论是规范法设计还是计算法设计，无论是半概率的直接计算法还是概率设计计算法，都是在安全适用的前提下寻求最大的经济效益，即船体结构优化设计。船体结构优化设计在于寻求既安全又经济的结构形式，而结构形式包括了尺寸、形式和拓扑等信息，其目标是求解具有最小重量的结构，同时必须满足一定的约束条件，以获得最佳的静力或动力特性。寻求合理的结构形式和适当的结构尺寸，使船体结构在满足强度、刚度、稳性等条件下具有较好的力学性能、工艺性能、经济性能及使用性能。

承压舟舟桥结构直接计算结果表明横舱壁和连接桥的应力水平较高，为保证承压舟舟桥的安全营运，增加承压舟舟桥的结构安全可靠性，对横舱壁布置和连接桥上底封板布置方案进行了研究，以寻求最优方案来降低承压舟舟桥的风险水平。此外，研究连接桥跨度对结构强度的影响，找到满足结构强度要求的连接桥长度范围，以便根据实际情况，选择合理的连接桥长度。

本章以山东省章丘胡家岸千吨级双向四车道承压舟舟桥为研究对象，对横舱壁位置、底封板布置及连接桥跨度进行讨论，以期在保证结构必需的强度、刚度和稳定性情况下，选择最佳的结构设计方案，使其在安全可靠使用的前提下，重量最轻、成本最低或承载能力最大[17]。

8.2　横舱壁位置优化设计

承压舟横舱壁对保证船体的横向强度和刚性起很大的作用，支持着船底、舷侧和甲板等结构，参与船体各部位构件之间载荷的传递。合适的横舱壁位置，能较大程度改善承压舟总体应力状况，使其能安全高效使用。

为探究合适的横舱壁布置，进行了横舱壁位置优化，根据横舱壁位置的不同，其参与力传递的效率不同，综合考虑，在原设计方案基础上，制定了三种布置方案，各方案情况概要说明如下。

方案一：将车道两侧的横舱壁分别向船中移动 1 m。

方案二：将车道两侧边缘的横舱壁分别向船首和船尾移动 1 m。

方案三：将中间横舱壁改为中间两主车道下各布置一道横舱壁（间隔 5 m），更改的横舱壁延伸至甲板强横梁面板下方。

各横舱壁方案如图 8.1 所示，计算工况详见 4.3.3 节，计算结果详见表 8.1。

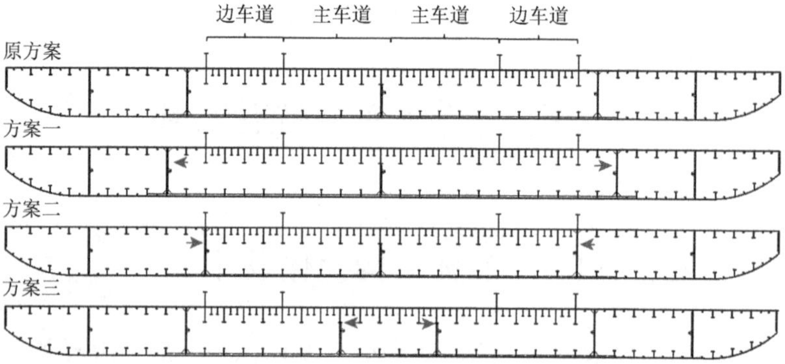

图 8.1　横舱壁位置改变示意图

表 8.1　横舱壁位置各方案计算结果

典型构件最大应力		原方案	方案一	方案二	方案三
浮态承压舟	横舱壁最大应力/MPa	88.4	89.9	122	97.5
	甲板强横梁最大应力/MPa	137	137	133	132
	栏杆最大应力/MPa	122	120	128	122
	船体内舷板最大应力/MPa	105	103	102	102
	强肋骨最大应力/MPa	102	104	91.9	98.8
半落滩承压舟	横舱壁最大应力/MPa	138	141	221	146
	甲板强横梁最大应力/MPa	178	178	185	178
	栏杆最大应力/MPa	226	226	227	226
	船体内舷板最大应力/MPa	138	136	149	138
	强肋骨最大应力/MPa	178	178	174	178

计算结果表明，横舱壁的布置对相应肋位的甲板强横梁的应力有较大影响。与原方案相比，方案一应力基本不变，但是中间舱室长度增加，从抗沉性角度考虑，原方案更优；方案二使坐滩片体横舱壁受力急剧增加；方案三没有明显改善甲板横梁受力状况，反而使横舱壁应力增加，此外增加一道横舱壁使承压舟结构重量增加。综合分析，原方案的横舱壁布置最优。

8.3　底封板设置优化设计

承压舟采用双体舟型，两个片体通过较宽的连接桥连接，连接桥下部可满足舟桥在黄河河道上的防汛行洪、通过漂浮物的要求。双体形式的承压舟承受的主要载荷为横向对开力、横向扭转力及其联合作用形式，连接桥结构是船体最为敏感和薄弱的部分，为提高桥桁抗弯扭能力，在连接桥底部设置了底封板，但为了便于后期的检测和维修，底封板间隔着一个肋位设置。本节改变底封板的数目，研究底封板的布置对结构强度的影响。底封板间隔着一个肋位布置在连接桥底部，各方案的底封板由连接桥两侧间隔一个肋位逐渐向连接桥中部布置，方案一不设置底封板，方案二设置 2 块底封板，方案三设置 4 块底封板，方案四设置 6 块底封板，方案五设置 8 块底封板，方案六设置 10 块底封板，布满连接桥，各方案底封板布置示意图如图 8.2 所示，计算工况详见 4.3.3 节，计算结果如表 8.2 所示。

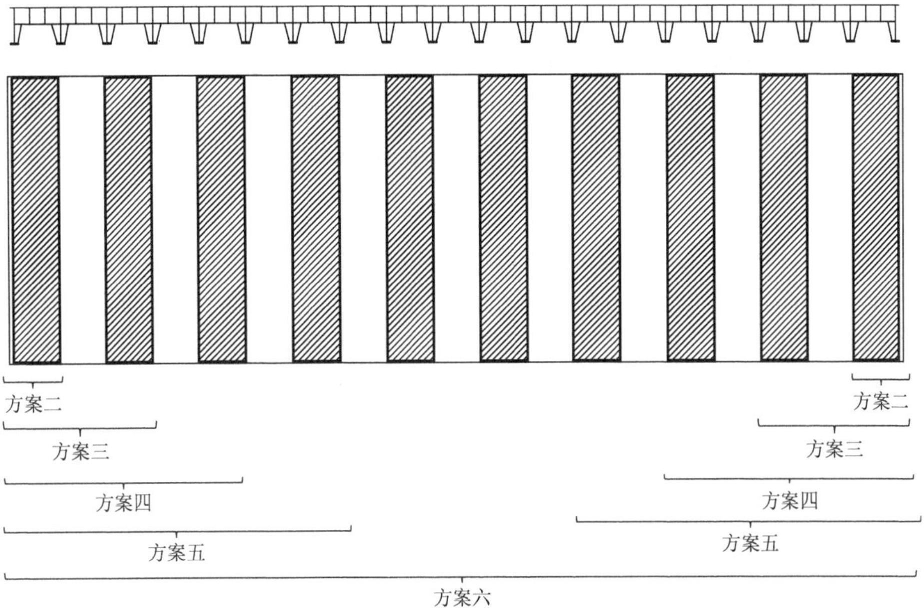

图 8.2　各方案底封板布置示意图

表 8.2　底封板设置优化方案计算结果

典型构件最大应力		方案一	方案二	方案三	方案四	方案五	方案六
浮态承压舟	横舱壁最大应力/MPa	98.7	92.3	88.4	86	87.8	118
	甲板强横梁最大应力/MPa	124	142	137	131	126	121
	栏杆最大应力/MPa	132	126	122	119	117	118
	船体内舷板最大应力/MPa	94.2	109	105	100	96.8	92.3
	强肋骨最大应力/MPa	97.6	106	102	105	102	97
半落滩承压舟	横舱壁最大应力/MPa	155	148	138	136	135	200
	甲板强横梁最大应力/MPa	167	182	178	172	165	165
	栏杆最大应力/MPa	239	231	226	221	216	210
	船体内舷板最大应力/MPa	117	142	138	132	129	128
	强肋骨最大应力/MPa	141	182	178	172	165	157

连接桥上的底封板数目对结构强度的影响较大，布置底封板时和不布置底封板时应力

分布有较大变化。不布置底封板时，栏杆最大应力超过屈服应力，布置底封板后，连接桥抗弯、抗扭强度增加，栏杆和横舱壁应力不断减小，甲板强横梁应力先增加后减小，直至连接桥上布满底封板后，甲板强横梁整体应力水平和不布置底封板时相当，但此时横舱壁应力会急剧增大。

合理设置底封板数目能有效地减小栏杆和横舱壁应力，但相应地，甲板强横梁的应力会增加，设计时应根据各部位受力状况合理选择底封板数目。综合分析各方案计算结果，方案五底封板数目为 8 块时，方案最优。此外，可以改变栏杆结构形式，减少弯矩和扭矩对其的作用，则连接桥上不布置底封板时最优。

8.4　连接桥跨度优化设计

本节研究连接桥跨度对结构强度的影响，找到满足结构强度要求的连接桥跨度范围，以便根据实际情况，合理选择连接桥跨度。对连接桥加长 2 m 和 4 m 后进行了计算，连接桥加长 2 m 时，在靠近片体的部位各加 1 m，横向构件与原有构件尺寸相同，纵向分别增加一条纵骨；连接桥加长 4 m 时，在连接桥增加 2 m 的基础上，在中部增加 2 m，横向构件与原有构件尺寸相同，纵向增加一条纵骨和纵桁。图 8.3 和图 8.4 为原始方案连接桥的结构图和强框架横剖面图，图 8.5 和图 8.6 为连接桥加长 2 m 方案的结构图和强框架横剖面图，图 8.7 和图 8.8 为连接桥加长 4 m 方案的结构图和强框架横剖面图。计算工况详见 4.3.3 节。连接桥加长 2 m 和 4 m 后计算结果如表 8.3 所示，方案一为连接桥加长 2 m，方案二为连接桥加长 4 m。

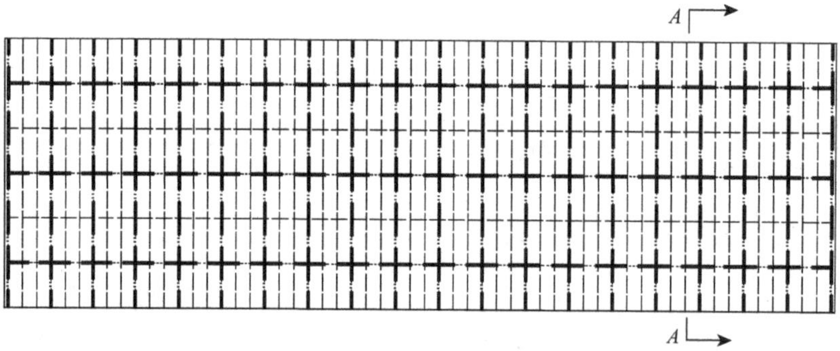

图 8.3　原始方案连接桥结构图

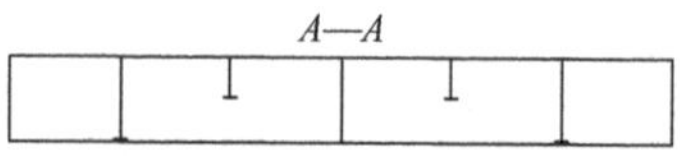

图 8.4　原始方案连接桥强框架横剖面图

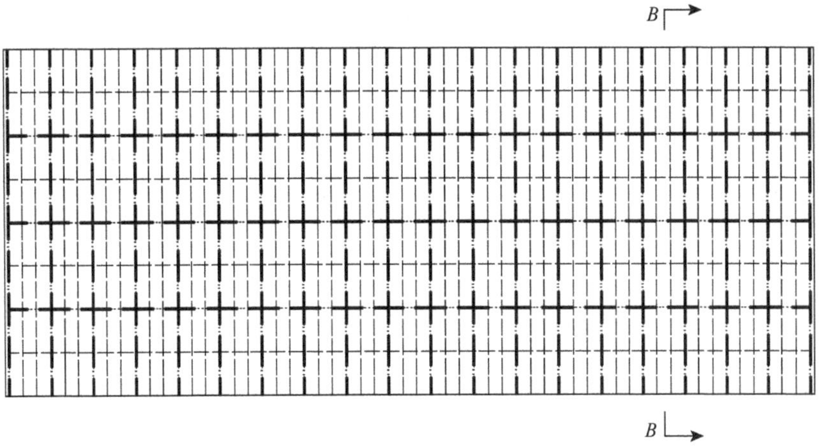

图 8.5 连接桥加长 2 m 方案的结构图

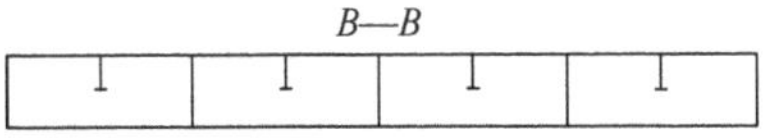

图 8.6 连接桥加长 2 m 方案的强框架横剖面图

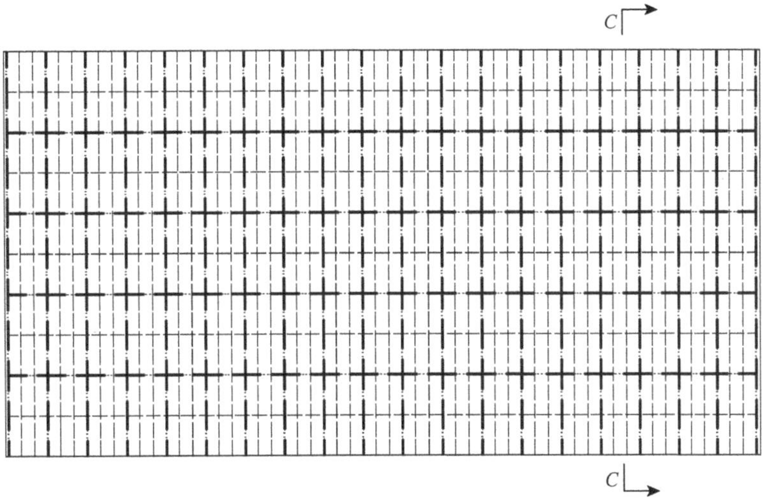

图 8.7 连接桥加长 4 m 方案的结构图

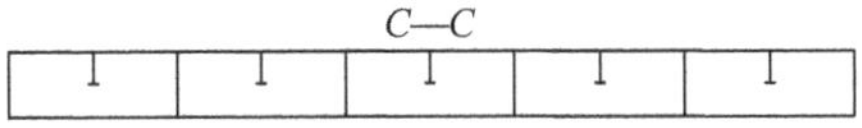

图 8.8 连接桥加长 4 m 方案的强框架横剖面图

表 8.3　连接桥跨度优化方案计算结果

典型构件最大应力		原方案	方案一	方案二
浮态承压舟	横舱壁最大应力/MPa	88.4	83.8	81.5
	甲板强横梁最大应力/MPa	137	144	157
	栏杆最大应力/MPa	122	129	142
	船体内舷板最大应力/MPa	105	111	121
	强肋骨最大应力/MPa	102	108	117
	耳板-销轴结构最大应力/MPa	565	544	520
半落滩承压舟	横舱壁最大应力/MPa	138	135	129
	甲板强横梁最大应力/MPa	178	179	178
	栏杆最大应力/MPa	226	223	219
	船体内舷板最大应力/MPa	138	139	138
	强肋骨最大应力/MPa	178	179	178

随着连接桥跨度的增加，承压舟除横舱壁和耳板-销轴结构以外整体应力增加，而半落滩承压舟的整体应力减小，跨度从 6 m 增加到 10 m，均满足结构强度要求，因此承压舟在设计时可合理增加连接桥跨度。

第9章　承压舟舟桥测试

9.1　测试目的及意义

为掌握承压舟舟桥正常营运时，在各种典型载荷下的结构动应力状况，对计算结果进行比较分析，以验证计算方法和选取的工况的合理性，为承压舟结构强度计算方法研究提供更为全面、准确的依据，也为相应的舟桥规范制定提供技术支撑。对承压舟舟桥动应力、动载系数及纵坡度效应等进行测试，测试目的如下：

（1）测试承压舟在典型工作状态时的船体结构动应力状况；

（2）测试不同车速下的车辆动载荷系数；

（3）测试不同纵坡度时大载重挂车各轴重变化情况。

9.2　测 试 内 容

承压舟舟桥营运时主要受到车辆动载荷作用，车辆位置不同、行驶速度不同、舟桥的纵坡度不同等都会引起不同的动力响应。为准确、全面地掌握承压舟舟桥营运时的状况，需对承压舟舟桥进行动力测试，测试内容包括如下几个方面[18]：

（1）结构动应力测试。为掌握承压舟舟桥正常营运时，在各种典型载荷下的结构动应力状况，以验证计算工况的合理性和直接计算方法的正确性，对承压舟舟桥进行各营运载荷下的动应力测试。

（2）车辆动载系数测试。车辆是以一定的速度通过承压舟舟桥的，而传统的计算方法都是在准静态下，使用动载系数将动载荷转换为静载荷来进行计算的。为了确定合理的动载系数，以及探明动载系数与车速的关系，进行车辆以不同速度在承压舟舟桥通过时的动应力测试。

（3）纵坡度引起轴重变化量测试。铰接而成的承压舟舟桥在车辆通过时会形成纵坡度，引起通行车辆的轴重变化，纵坡度过大时会导致爆胎、断轴等严重事故，是影响承压舟舟桥安全营运的重要因素。为了把握承压舟舟桥纵坡度变化引起车辆轴重的变化，进行纵坡度引起车辆轴重变化量测试。承压舟舟桥的纵坡度调整往往相当困难，可采用实验室缩尺模型试验和实桥纵坡度测试相结合的方式进行。

9.3　结构动应力测试

9.3.1　测试原理

对于结构动应力测试，重点是测试关键部位的动应变值，然后分析处理得到相应的动应力值。试验时，将电阻应变片固定在被测的构件上，当构件变形发生时，应变片的电阻值发生相应的变化，通过电阻应变仪，可将应变片中电阻值的变化测量出来，输出与应变成正比的电压信号，通过动态应变仪记录下来，之后对测得的数据进行处理得到所需要的应力值。动应变测试原理如图 9.1 所示。

图 9.1　动应变测试原理图

测试时布置有单向应变片和三向应变片，单向应变片测出应变后，用胡克定律进行应力换算：

$$\sigma = E\varepsilon \tag{9.1}$$

三向应变片测出的是 0°、45°和 90°方向上的应变，可用式（9.2）～式（9.4）进行 von Mises 应力的换算：

$$\varepsilon_x = \varepsilon_{0^\circ}, \quad \varepsilon_y = \varepsilon_{90^\circ}, \quad \gamma_{xy} = \varepsilon_{0^\circ} + \varepsilon_{90^\circ} - 2\varepsilon_{45^\circ} \tag{9.2}$$

$$\begin{cases} \sigma_x = \dfrac{E}{1-\mu^2}(\varepsilon_x + \mu\varepsilon_y) \\ \sigma_y = \dfrac{E}{1-\mu^2}(\varepsilon_y + \mu\varepsilon_x) \\ \tau_{xy} = \dfrac{E}{2(1+\mu)}\gamma_{xy} \end{cases} \tag{9.3}$$

$$\sigma_{\mathrm{e}} = \sqrt{{\sigma_x}^2 + {\sigma_y}^2 - \sigma_x\sigma_y + 3{\tau_{xy}}^2} \tag{9.4}$$

9.3.2　测试方法

承压舟存在落滩、半落滩、全浮态等多种实际使用工况，针对连接桥产生横弯、弯扭最大情况选取测试承压舟。试验时需至少选取两个舟体作为试验对象：其中一个承压舟靠近岸边，一个片体落滩而另一个片体处于浮态；另一个承压舟处于河中，两个片体均处于浮态，考虑到重载挂车作用在承压舟上时会影响到相邻的两个承压舟的吃水变化，为减小边界条件影响，选取的承压舟距落滩承压舟至少有两个承压舟宽度的间距。测试承压舟舟体示意图如图 9.2 所示，图中椭圆形框为选取的测试舟体位置。

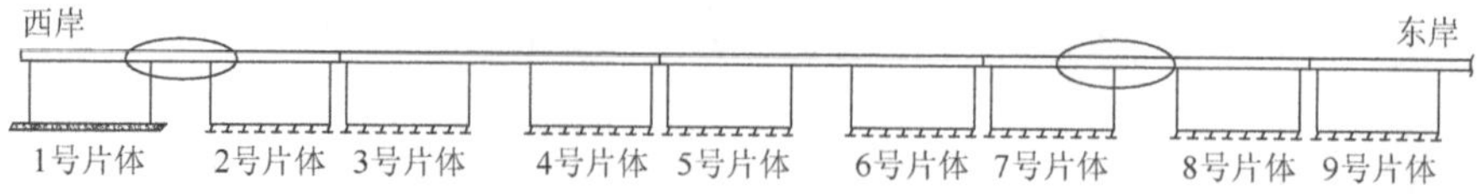

图 9.2　测试承压舟舟体示意图

应力测点主要反映船体应力分布情况，因此主要在应力水平较大的位置布置应变片。对于落滩片体，主要考虑如下测点：

（1）连接桥和落滩片体交接处甲板强横梁的腹板及面板；

（2）中间横舱壁上部靠近内舷板处；

（3）内舷板中部与甲板强横梁交接处；

（4）车道下方支柱靠近甲板处；

（5）栏杆位于连接桥和落滩片体交接处。

对于浮态片体，主要考虑如下测点：

（1）连接桥和片体交接处甲板强横梁的腹板及面板；

（2）连接桥中部甲板强横梁的腹板及面板；

（3）中间横舱壁上部靠近内舷板处；

（4）内舷板中部与甲板强横梁交接处；

（5）车道下方支柱靠近甲板处；

（6）栏杆位于连接桥中部处。

9.3.3　测试方案

为了能反映承压舟舟桥在各种运营状况下的状态，测试方案应该包括如下典型状态。

（1）承压舟正常运营：温度对测试结果影响较大，因此动应力测试最好在夜间温度稳定时段进行。并且夜间承压舟舟桥上通行的车辆较多，承压舟受力状况十分复杂，营运时会遭受各种不同载荷工况。

（2）中间车道一辆大载重挂车以不同速度单向行驶：测试时，选择一辆大载重挂车居中或靠一侧车道行驶，且以不同的车速行驶，测试承压舟各测点处结构动应力，测试时保证舟桥上没有其他车辆通过。

（3）中间车道多辆大载重挂车以不同速度单向行驶：测试时，选择两辆大载重挂车以不同的车速双向通行，保证让承压舟承受如计算工况 1～6 所示位置的各种极端横弯、横扭工况，测试承压舟各测点处结构动应力，且保证舟桥上没有其他车辆通过。

9.3.4　测试结果

测试在 22:00～次日 4:00 进行，测试时间段内约有 1000 辆车通过浮桥，其中整车质量 100 t 以上车辆有 257 辆，通过浮桥的速度一般不超过 20 km/h。

典型运营状态下处于全浮态的 7 号片体和落滩状态的 1 号片体各测点的位置、最大动应力及最大动应力与许用应力的比值分别总结于表 9.1 和表 9.2 中。

表 9.1　浮态片体各测点位置、最大动应力及应力比

测点编号	测点位置	最大动应力/MPa	许用应力/MPa	应力比/%
1	外伸舷甲板 Fr.21 肋位处	14.54	165	8.81
2	外伸舷上 Fr.21 肋位处强横梁腹板	14.89	188	7.92
3	外伸舷上 Fr.21 肋位处强横梁面板	8.23	175	4.70

续表

测点编号	测点位置	最大动应力/MPa	许用应力/MPa	应力比/%
4	Fr.21 肋位连接桥甲板与片体交接处	60.96	165	36.95
5	Fr.21 肋位连接桥甲板强横梁腹板与片体交接处	32.31	195	16.57
6	Fr.21 肋位连接桥甲板强横梁面板与片体交接处	73.27	176	41.63
7	Fr.21 肋位内舷侧上强肋骨面板上端与肘板交接处	24.33	176	13.82
8	Fr.25 肋位栏杆腹板位于连接桥中部处	161.45	—	—
9	Fr.25 肋位栏杆面板位于连接桥中部处	102.24	—	—
10	Fr.27 肋位外舷侧上强肋骨腹板上端与肘板交接处	94.95	175	54.26
11	Fr.27 肋位外舷侧上强肋骨面板上端与肘板交接处	39.69	176	22.55
12	Fr.27 肋位靠近外舷侧的第一根支柱最上端	46.25	100	46.25
13	Fr.27 肋位靠近内舷侧的第一根支柱最上端	56.19	100	56.19
14	Fr.27 肋位内舷侧上强肋骨腹板与肘板交接处	60.91	175	34.81
15	Fr.27 肋位内舷侧上强肋骨面板与肘板交接处	28.38	176	16.13
16	Fr.30 肋位强横梁面板与内舷板交接处	58.14	175	33.22
17	Fr.30 肋位横舱壁上端与内舷板交接处	41.42	188	22.03
18	内舷板 Fr.30 肋位处	93.97	165	56.95
19	Fr.30 肋位强横梁腹板位于连接桥中部处	115.48	195	59.22
20	Fr.30 肋位强横梁面板位于连接桥中部处	78.91	176	44.84
21	外伸舷上 Fr.31 肋位强横梁腹板	15.89	188	8.45
22	外伸舷上 Fr.31 肋位强横梁面板	6.11	188	3.25
23	外伸舷上 Fr.40 肋位强横梁腹板	40.45	188	21.52
24	外伸舷上 Fr.40 肋位强横梁面板	13.6	188	7.23
25	Fr.40 肋位连接桥甲板强横梁腹板与片体交接处	77.21	195	39.59
26	Fr.40 肋位连接桥甲板强横梁面板与片体交接处	87.78	176	49.88

注：应力比为测点最大动应力与许用应力的比值。

表 9.2 落滩片体各测点位置、最大动应力及应力比

测点编号	测点位置	最大动应力/MPa	许用应力/MPa	应力比/%
27	Fr.21 肋位连接桥甲板强横梁腹板与片体交接处	76.8	195	39.38
28	Fr.21 肋位连接桥甲板强横梁面板与片体交接处	129.1	176	73.35
29	Fr.25 肋位栏杆腹板位于连接桥与片体交接处	129.92	—	—
30	Fr.25 肋位栏杆面板位于连接桥与片体交接处	148.46	—	—
31	Fr.30 肋位横舱壁上端靠近内舷板处	141.22	188	75.12
32	Fr.30 肋位强横梁面板与内舷板交接处	69.73	175	39.85
33	Fr.31 肋位连接桥甲板强横梁腹板与片体交接处	57.75	195	29.62
34	Fr.31 肋位连接桥甲板强横梁面板与片体交接处	137.88	176	78.34
35	Fr.36 肋位栏杆腹板位于连接桥中部处	121.43	—	—

续表

测点编号	测点位置	最大动应力/MPa	许用应力/MPa	应力比/%
36	Fr.36 肋位栏杆面板位于连接桥中部处	73.94	—	—
37	Fr.40 肋位连接桥甲板强横梁腹板与片体交接处	96.39	195	49.43
38	Fr.40 肋位连接桥甲板强横梁面板与片体交接处	174.24	176	99.00

注：应力比为测点最大动应力与许用应力的比值。

浮态片体各测点的应力水平普遍较低，均在许用应力的 60%以下，日常营运中可安全可靠工作。落滩状态下，片体非均匀落滩，在承受车辆载荷时，连接桥首尾强横梁承受较大扭矩，在弯扭载荷作用下连接桥强横梁面板处的应力水平较高，甚至接近于许用应力，发生损伤的可能性较大，但实际营运中并未造成实质性损坏，还需经常监测该部位，以免造成不良后果。

9.4　车辆动载系数测试

9.4.1　测试原理

动应变测试原理如 9.3.1 节所示。某典型测点动应力随时间变化的示意图如图 9.3 所示，车辆动载系数定义为最大动力效应与相应静力效应的比值，可按式（9.5）计算：

$$\lambda = \frac{\sigma_{a0}}{\sigma_{b0}} \tag{9.5}$$

式中：

λ——车辆动载系数；

σ_{a0}——该测点在某时间段内测得的最大应力值；

σ_{b0}——最大应力值所在时间点对应的应力平均值。

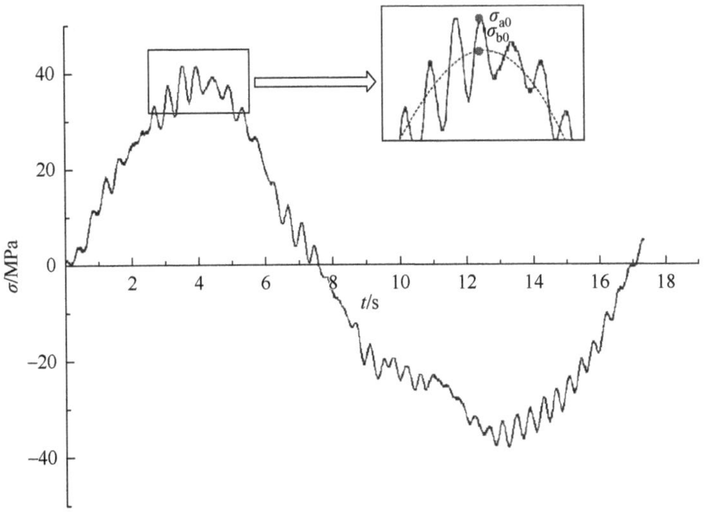

图 9.3　某典型测点动应力随时间变化的示意图

9.4.2　测试方案

为测试车辆以不同车速通过时引起承压舟舟桥各测点的动应力变化状况，进行了动应力测试，以合理地确定车辆动载系数。测试时，选择总重量为 140 t 及 110 t 的车辆分别以车速 5 km/h、10 km/h、15 km/h、20 km/h、25 km/h 和 30 km/h 匀速通过承压舟舟桥，记录各测点的动应力状况。各测试工况车辆质量及车速如表 9.3 所示。

表 9.3　各测试工况车辆质量及车速状况

工况	整车质量/t	速度/(km/h)
1	140	10
2	140	15
3	110	5
4	110	10
5	110	15
6	110	20
7	110	25
8	110	30

9.4.3　测试结果

各工况下浮态片体各典型测点的车辆动载系数如表 9.4 所示；落滩片体各典型测点的车辆动载系数如表 9.5 所示。浮态片体和落滩片体各典型测点车辆动载系数与车速关系分别如图 9.4 和图 9.5 所示。

表 9.4　浮态片体各典型测点的车辆动载系数

工况	测点 6	测点 8	测点 9	测点 18	测点 19	测点 20	测点 26
1	1.0944	1.0392	1.0386	1.0765	1.0104	1.0335	1.0776
2	1.0952	1.0711	1.0498	1.0791	1.0376	1.0411	1.0901
3	1.0252	1.0249	1.0217	1.0273	1.0198	1.0200	1.0330
4	1.0394	1.0300	1.0260	1.0295	1.0181	1.0248	1.0452
5	1.0485	1.0355	1.0308	1.0340	1.0246	1.0290	1.0551
6	1.0488	1.0510	1.0571	1.0856	1.0837	1.0847	1.0735
7	1.0582	1.0347	1.0321	1.0851	1.0742	1.0583	1.0635
8	1.0433	1.0262	1.0221	1.0445	1.0274	1.0297	1.0435

表 9.5　落滩片体各典型测点的车辆动载系数

工况	测点 28	测点 29	测点 30	测点 31	测点 34	测点 37	测点 38
1	1.0139	1.0179	1.0130	1.0195	1.0283	1.0253	1.0136
2	1.0178	1.0148	1.0250	1.0140	1.0316	1.0144	1.0185

续表

工况	测点 28	测点 29	测点 30	测点 31	测点 34	测点 37	测点 38
3	1.0137	1.0139	1.0100	1.0186	1.0322	1.0229	1.0257
4	1.0165	1.0279	1.0180	1.0204	1.0484	1.0267	1.0358
5	1.0234	1.0310	1.0230	1.0267	1.0529	1.0458	1.0359
6	1.0311	1.0320	1.0238	1.0493	1.0705	1.0757	1.0387
7	1.0374	1.0686	1.0621	1.0557	1.1153	1.1083	1.0617
8	1.0585	1.0413	1.0273	1.0163	1.0897	1.0804	1.0437

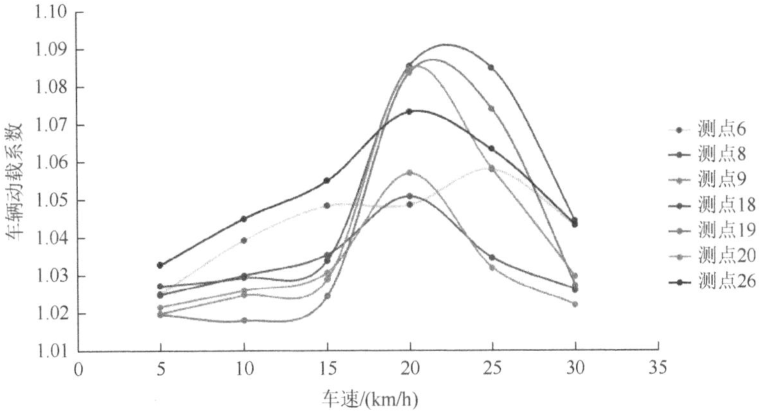

图 9.4　浮态片体各典型测点的车辆动载系数与车速关系

扫一扫　看彩图

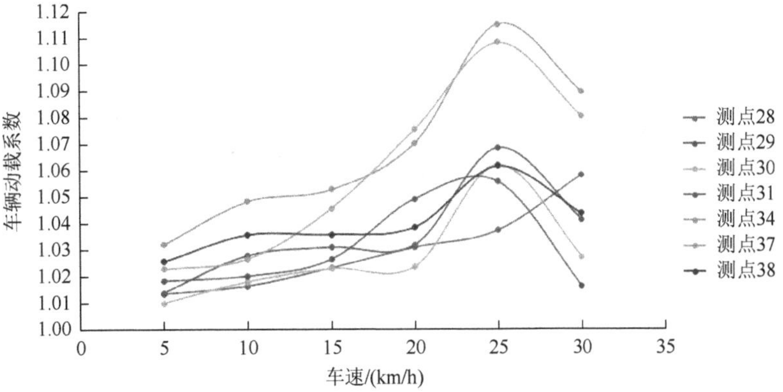

图 9.5　落滩片体各典型测点的车辆动载系数与车速关系

扫一扫　看彩图

对于浮态片体，车速相同时，车辆载重量越大，车辆动载系数越大。相同载重量时，如果车速小于 20 km/h，随着车速的增加，车辆动载系数增大；当车速高于 20 km/h 时，随着车速的增加，车辆动载系数反而减小，这与承压舟结构的固有频率有关。

对于落滩片体，车速相同时，与浮态片体一样，车辆动载系数随着车辆载重量的增加而变大。相同载重量时，如果车速不大于 25 km/h，车辆动载系数随着车速的增加而增大；车速过高时，车辆动载系数反而会减小。实际上，承压舟舟桥由于桥面上设有防滑条等，重载车辆车速一般不会超过 30 km/h。

测试得到的最大车辆动载系数为 1.1153，考虑到桥面的不平整、车辆加速或者紧急情况急刹车等因素，一般在计算时车辆动载系数取 1.2 是合理可行的[18]。

9.5　纵坡度引起轴重变化量测试

9.5.1　测试原理

承压舟舟体之间通过支耳铰接连接，重载车辆经过时，连接处位移较大，因此会出现沿船宽方向的一个 V 形坡，纵坡度是指单艘承压舟两侧接头处吃水差与桥节长的百分比。桥节长是指在车辆甲板上沿车辆通行方向舷伸结构支耳铰孔圆心之间的水平距离。构架舟桥的每艘船舶称为舟桥的一个桥节。

纵坡度会引起车辆轴重的变化，且不同纵坡度下车辆轴重分布不同，同一纵坡度下车辆在不同位置时轴重分布也不同，承压舟舟桥实际营运时，纵坡度不宜过大，否则可能会引起个别轴重过大，导致爆胎甚至断轴等重大事故发生，会带来巨大经济损失甚至人员伤亡，影响承压舟舟桥安全营运，如图 3.2 所示。

测试时将车辆停在承压舟铰接部位，通过调节纵坡度可得到不同纵坡度下轴重分布情况。

9.5.2　实桥测试方案

进行纵坡度实桥测试时，将一辆六轴载重挂车停在两承压舟铰接区域，前三轮在一艘承压舟上，后三轮在另一艘承压舟上，如图 9.6 所示，此时承压舟在支耳处会形成纵坡度。在各轮胎下布置传感器，通过其他重载挂车停在支耳附近邻车道的不同位置，来调整纵坡度，如图 9.7 所示，分别测量不同纵坡度下挂车各轴的轴重并记录数据[21]。

图 9.6　纵坡实桥测试示意图

图 9.7　纵坡度调节示意图

测试时可通过承压舟两侧吃水差与船宽的比值来确定纵坡度，分别测量纵坡度为 0、0.5%、1%、1.5%、2.0%、2.5%和 3%时各轴的轴重。

9.5.3　实桥测试结果及分析

试验车型为“6×4 牵引车 + 3 轴挂”，整车质量为 143 t。其在 49 t 整车质量 0 坡度情况下的标准轴负荷分布如图 9.8 所示。按理想状态、中后轴组同比放大原则，该车在 0 坡度平整路面时，其六轴载荷分别为 7 t、29 t、29 t、26 t、26 t、26 t。在相邻车道布设挂车，调整纵坡度，分别测量了纵坡度为 1.38%、1.85%和 2.28%时各轴的轴重情况，结果如表 9.6 所示。

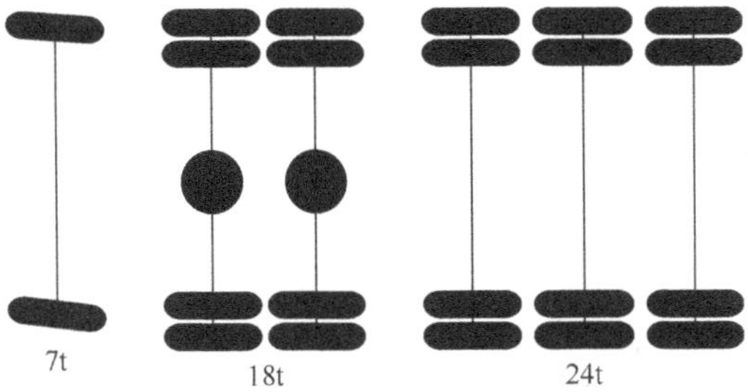

图 9.8　49 t“6×4 牵引车 + 3 轴挂”标准轴负荷

表 9.6　不同纵坡度下重载挂车轴重分布　单位：t

各轴轴重	纵坡度			
	0	1.38%	1.85%	2.28%
第 1 轴轴重	7	6.58	6.67	6.82
第 2 轴轴重	29	27.59	28.49	29.21
第 3 轴轴重	29	26.87	25.78	24.56
第 4 轴轴重	26	23.05	21.57	20.94
第 5 轴轴重	26	29.04	28.74	28.51
第 6 轴轴重	26	30.49	31.66	33.23
合计	143	143.62	142.91	143.27

随着纵坡度的增加，放大效应主要体现在第 6 轴，纵坡度增加到 1.38%、1.85%、2.28%时，放大系数分别为 1.17、1.21、1.28。

9.5.4　模型试验

纵坡度实桥测试时纵坡度的调整相当困难，很难达到理想的纵坡度，获取的试验数据有限，有必要通过模型试验系统全面地研究纵坡度对重载挂车轴重分布的影响。进行纵坡度模型试验时，选用六轴载重挂车缩放模型（图 9.9），试验时通过砝码来调节车身整体的重量分布（图 9.10），通过布设在车轮下的电子秤来测量各车轴的轴重，试验时将挂车模型放置在如图 9.11 所示的试验台上，试验台由两块板铰接而成，用两端的旋钮调节端部高度产生不同的纵坡度。

图 9.9　六轴载重挂车模型示意图

图 9.10　砝码调节车身整体的重量分布示意图

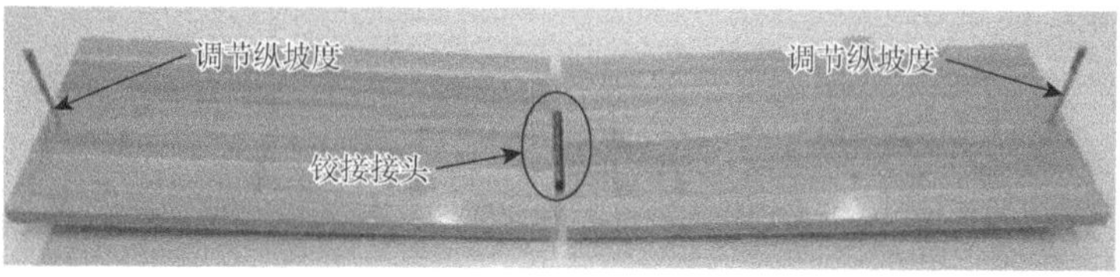

图 9.11　纵坡度调节示意图

模型试验时，首先在水平的木板上布置电子秤，将挂车模型放置在木板上，使各轮胎都置于电子秤上，测量各轴的轴重，通过旋钮调整纵坡度，分别记录坡度为 1%、2%、3%和 4%时各轴的轴重。车辆处于不同位置时，车辆轴重变化也会不同，模型试验时需考虑各种典型车辆位置。当车辆的 4 轴位于铰接接头位置处时，随着纵坡度的增加，4 轴和 5 轴的轴重减小，3 轴和 6 轴的轴重明显增加，随着纵坡度进一步增加，4 轴可能会出现悬空不承载情况，重量转由 6 轴来承担。因此，随着纵坡度的增加，6 轴发生爆胎事故的概率增加，需要特别注意。模型试验时测得 4 轴位于铰接接头位置，不同纵坡度下各轴重变化情况如表 9.7 所示。

表 9.7　挂车模型不同纵坡度下的轴重分布

纵坡度		0	1%	2%	3%	4%
1 轴	轴重/g	1518.0	1624.6	1622.4	1616.3	1668.6
	轴重放大系数	1.000	1.070	1.069	1.065	1.099

续表

纵坡度		0	1%	2%	3%	4%
2 轴	轴重/g	1564.4	1636.8	1874.2	2004.4	2114.5
	轴重放大系数	1.000	1.046	1.198	1.281	1.352
3 轴	轴重/g	2231.6	2311.7	2550.1	2719.1	2954.7
	轴重放大系数	1.000	1.036	1.143	1.218	1.324
4 轴	轴重/g	2137.7	1651.4	1166.7	671.5	16.5
	轴重放大系数	1.000	0.773	0.546	0.314	0.008
5 轴	轴重/g	2351.6	2164.3	2024.9	1900.0	1751.1
	轴重放大系数	1.000	0.920	0.861	0.808	0.745
6 轴	轴重/g	1732.7	2091.9	2234.2	2487.7	2744.7
	轴重放大系数	1.000	1.207	1.289	1.436	1.584
总重		11536.0	11480.7	11472.5	11399.0	11250.1

由表 9.7 中数据可得如下结论。

2 轴：1%纵坡度时，轴重放大系数为 1.046；2%纵坡度时，轴重放大系数为 1.198；3%纵坡度时，轴重放大系数为 1.281；4%纵坡度时，轴重放大系数为 1.352。

4 轴：1%纵坡度时，轴重放大系数为 0.773；2%纵坡度时，轴重放大系数为 0.546；3%纵坡度时，轴重放大系数为 0.314；4%纵坡度时，轴重放大系数仅为 0.008。

6 轴：1%纵坡度时，轴重放大系数为 1.207；纵坡度为 2%时，轴重放大系数为 1.289；纵坡度为 3%时，轴重放大系数为 1.436；纵坡度为 4%时，轴重放大系数可达 1.584。

实车当纵坡度达到 4.5%时，4 轴已处于“悬空”状态；模型车当纵坡度达到 4%时，4 轴轴重仅为 0 坡度时的 0.8%，基本处于“悬空”状态，此时 6 轴的轴重放大系数达 1.584。因此，建议纵坡度限定在 3%以内。

综合现场试验和模拟试验可以看出：随着纵坡度的增加，放大效应主要体现在 6 轴；模拟试验 1%、2%纵坡度分别与现场试验 1.85%、2.28%纵坡度对 6 轴产生的放大系数接近；在相同坡度情况下（2.5%以内），实际放大系数应小于模拟试验所得系数。

从实践经验看，纵坡度超过 4%，对行驶车辆是非常不利的，爆胎、断轴、“抱死”等情况易发生；但在 3.5%纵坡度以内，情况较为理想，事故发生概率大幅降低。因此，对承压舟舟桥要求 3%最大名义纵坡度是合理可行的，可最大限度避免安全事故的发生。

第 10 章 承压舟舟桥管理法规

承压舟是我国在世界上首创的舟桥渡运装备，是对船舶与海洋结构物的创新与拓展，具备船舶的基本属性，应当遵循《中华人民共和国内河交通安全管理条例》的规定。山东作为分置式承压舟舟桥发源地，在《山东省水路交通条例》中对承压舟舟桥（浮桥）作出了相关规定，体现出了创新与地方特色。本章主要介绍《中华人民共和国内河交通安全管理条例》《山东省水路交通条例》中与承压舟舟桥相关的主要内容。

10.1 中华人民共和国内河交通安全管理条例

为了加强内河交通安全管理，维护内河交通秩序，保障人民群众生命、财产安全，《中华人民共和国内河交通安全管理条例》于 2002 年 6 月 19 日经国务院第 60 次常务会议通过，2002 年 6 月 28 日中华人民共和国国务院令第 355 号公布，自 2002 年 8 月 1 日起施行。该条例根据 2011 年 1 月 8 日《国务院关于废止和修改部分行政法规的决定》进行了第一次修订，根据 2017 年 3 月 1 日《国务院关于修改和废止部分行政法规的决定》进行了第二次修订，根据 2019 年 3 月 2 日《国务院关于修改部分行政法规的决定》进行了第三次修订。在中华人民共和国内河通航水域从事航行、停泊和作业及与内河交通安全有关的活动，必须遵守该条例。

条例的主要内容包括：总则；船舶、浮动设施和船员；航行、停泊和作业；危险货物监管；渡口管理；通航保障；救助；事故调查处理；监督检查；法律责任；附则共十一章九十五条。

10.1.1 安全管理机构和职责

国务院交通主管部门主管全国内河交通安全管理工作。国家海事管理机构在国务院交通主管部门的领导下，负责全国内河交通安全监督管理工作。国务院交通主管部门在中央管理水域设立的海事管理机构和省、自治区、直辖市人民政府在中央管理水域以外的其他水域设立的海事管理机构（以下统称海事管理机构）依据各自的职责权限，对所辖内河通航水域实施水上交通安全监督管理。

国务院交通主管部门与国家海事管理机构的关系及职责：国务院交通主管部门作为国务院负责交通管理工作的职能部门，对全国内河交通安全管理工作负责。国家海事管理机构作为交通部的下属单位，接受交通部的领导和管理。同时考虑到国家海事管理机构管理业务的特殊性，尤其是为了与国际海事组织联系沟通的方便，国家允许其对外使用中华人民共和国海事局的名称，并赋予其相应的管理职责。国家海事管理机构一方面服从交通部的领导和管理，另一方面负有对全国水上安全监督工作实行业务领导的职责。

中央海事管理机构与地方海事管理机构的职责及其权限：按照我国航运经济的自然格局和船舶交通的特点，综合考虑港口布局和行政区划的情况，本着统一高效、分级负责的原则，在水运发达地区的主要港口城市或中心城市设置交通部直属机构，负责所辖水域的水上安全监督工作。中央管理水域以外的其他水域的水上安全监督工作，由省、自治区、直辖市人民政府设置机构实施管理。地方水上安全监督机构由省、自治区、直辖市人民政府交通行政主管部门领导，按照国家及交通部有关水上安全监督的法规、规章的规定，在管辖的水域内按业务授权范围履行职责。

国家海事管理机构与地方海事管理机构的关系：国家海事管理机构对全国水上安全监督工作实行业务领导。这就是说，地方海事管理机构必须服从国家海事管理机构的业务领导，不得划水为牢，各自为政，实行封闭管理。正是为了防止这种情况的发生，国家规定了海事业务上的垂直领导关系。

中央海事管理机构与地方海事管理机构的管理水域范围具体如下。中央海事管理机构管理水域的范围是：①沿海（包括岛屿）海域和港口，具体包括北起辽宁鸭绿江口，南至广西北仑河口的我国沿海（包括岛屿）国家管辖的一切海域和沿海港口的所有码头、装卸区、作业站点所在水域（包括入海河流河口第一港水域及其下游水域）；②对外开放水域，具体是指按照国家有关规定批准的对外开放的沿海、内河港口以及允许国际航行船舶通达、开放港口的内河通航水域；③主要跨省、自治区、直辖市内河（长江、珠江、黑龙江）干线及港口，具体是指由四川宜宾至上海的长江干线及与其交汇的干支流河口水域和港口，广西南宁及其以下江西干线、柳州及其以下柳江干线至广东各主要入海口的珠江（江西）主要干线及其交汇的干支流水域和港口，内蒙古黑山头、吉林大安及其以下黑龙江干支流水域和港口。干支流水域是指在干支流交汇处已设港口的所有码头、装卸区、作业站点的水域，未设港口的是指干支流交汇处与干流通航秩序密切相关的水域。地方管理水域的范围是中央管理水域以外的内河、湖泊和水库。

各级海事管理机构以及国务院交通主管部门和省、自治区、直辖市人民政府交通行政主管部门，必须严格履行职责，认真执行国家有关内河交通安全管理的法律、法规，真正担负起维护水上交通安全的重任，不辜负党和人民的信任。

10.1.2　船舶与浮动设施

1. 船舶与浮动设施从事有关活动必备条件

船舶具备下列条件，方可航行：经海事管理机构认可的船舶检验机构依法检验并持有合格的船舶检验证书；经海事管理机构依法登记并持有船舶登记证书；配备符合国务院交通主管部门规定的船员；配备必要的航行资料。浮动设施具备下列条件，方可从事有关活动：经海事管理机构认可的船舶检验机构依法检验并持有合格的检验证书；经海事管理机构依法登记并持有登记证书；配备符合国务院交通主管部门规定的掌握水上交通安全技能的船员。

船舶、浮动设施持有合格的船舶检验证书是船舶运营必须具备的首要条件。未持有合格的检验证书，属违法行为，包括以下情形：未持有船舶检验证书；检验证书过期失效；检验证书损毁、遗失但不按规定补办；检验证书所载内容与船舶实际状况不符。我国船舶检验的法律依据是国务院发布的《中华人民共和国船舶和海上设施检验条例》和国务院交通主管部门规定的有关船舶检验的规章。船舶法定检验的技术法规，包括船舶检验的规程和规范，由国家海事管理机构制定，经国务院交通主管部门批准后发布。尚未有国家统一的检验规范的，国家海事管理机构可以指定相应的等效规范或标准；国家海事管理机构既未制定国家统一的检验规范又未指定等效规范或标准的，省、自治区、直辖市人民政府可以制定相应的检验规范在本行政区内施行。船舶所有人或经营人、管理人应向船检机构申请检验。

船舶、浮动设施持有合格的船舶登记证书是船舶运营必备的条件之一。未持有合格的登记证书，属违法行为，包括以下情形：未持有登记证书；登记证书过期失效；登记证书损毁、遗失但不按规定补办。船舶登记是海事管理机构代表政府对船舶所有权予以确认和代表国家对船舶授予中华人民共和国国籍的政府行为。船舶登记分为所有权登记和国籍登记。船舶所有权登记包括船舶所有权的取得、中止和注销，相应的登记还包括船舶所有权抵押登记、船舶租赁登记。船舶国籍登记包括船舶国籍的取得、中止和注销。船舶登记的法律依据是国务院发布的《中华人民共和国船舶登记条例》和国务院交通主管部门发布的船舶登记规定规章和国家海事管理机构发布的管理规定。船舶登记的主管机关是国家海事管理机构。具体登记工作由国家海事管理机构指定的海事管理机构负责。船舶所有权登记和船舶国籍登记，均由船舶所有人或其授权的经营人、管理人、代理人向船籍港的海事管理机构提出申请并附相应的申请材料。

2. *船舶的义务*

“船舶、浮动设施应当保持适于安全航行、停泊或者从事有关活动的状态。船舶、浮动设施的配载和系固应当符合国家安全技术规范”，是船舶、浮动设施的所有人或者经营人、管理人及其船员，在保持船舶、浮动设施在合法、安全航行和作业的静态基本条件方面的责任、义务和要求。海事管理机构作为执法监督机构，其责任是监督船舶所有人或其经营人、管理人保证船舶、浮动设施在投入航行、停泊、作业的初始状态符合安全、适航的基本条件。但是，这种安全航行、停泊、作业的条件，必须由船舶、浮动设施的所有人或者经营人、管理人和船员在营运过程中通过规范的操纵和作业、正常的维护和保养、安全值班和良好的管理予以保持，这是作为船舶、浮动设施的所在单位和船员的基本职责，是船舶、浮动设施安全航行、停泊、作业的基本保障。

保持船舶、浮动设施合法、安全的静态基本条件，应当建立在规范管理的基础上，政府有关管理部门、海事管理机构应当规定必要的规范或标准，并对此给予相应的指导。国务院交通主管部门和国家海事管理机构在船舶检验、安全作业规程、安全值班和船员适任资格等方面已制定出台了一系列的规范和标准，船舶、浮动设施的所有人或者经营人、管理人和船员应当遵守；国家尚未统一规范和出台相应标准的，省、自治区、直辖市地方人民政府的交通主管部门可以作出相应的规定并在本行政区内对当地船舶、浮动设施进行要求。国家和当地政府都尚未作出相应规定或要求的，船舶、浮动设施的所有人或者经营人、管理人应当出于船舶、浮动设施的安全和环境保护的需要，也为本单位的船舶、浮动设施的正常维护、管理制定相应的内部规范或标准。

3. 企业安全管理基本责任

船舶、浮动设施的所有人或者经营人，应当加强对船舶、浮动设施的安全管理，建立、健全相应的交通安全管理制度，并对船舶、浮动设施的交通安全负责；不得聘用无适任证书或者其他适任证件的人员担任船员；不得指使、强令船员违章操作。

船舶、浮动设施所有人或者经营人对所属船舶、浮动设施的安全管理，属于企业的内部安全管理，该安全管理包括陆上和船舶、浮动设施上两个方面，其主要内容包括以下几条。

（1）建立健全安全管理的内部规章制度，该制度应当包括各部门、人员的安全职责，安全管理的过程和程序，安全管理的具体目标和要求，实现安全管理的条件和资源，安全作业的规范，对错误和问题的追溯与措施等。

（2）向工作人员或雇员（包括船员）宣传安全规定和安全知识，提供安全培训，提高全员安全意识和安全技能，保障所有人员都按照规定认真履行安全职责。

（3）保障船舶、浮动设施按照海事管理机构的规定和要求进行建造、维修、检验和维护，并按照规范进行操作、作业，使船舶、浮动设施经常处于安全和良好的状态，特别是消防设备、救生设备和应急设备必须处于时刻可以有效使用的状态。

（4）建立紧急情况下的应急反应计划和措施，并进行定期的检查和演练，保证在意外或者突发事件或事故中起到有效的遏制作用。

（5）对直接或者严重影响安全和造成污染的行为，应当明令禁止，并制定严厉的制裁措施，坚决杜绝违章指挥、违章操作、冒险作业的倾向和行为。

10.1.3　救助

船舶、浮动设施遇险，应当采取一切有效措施进行自救。船舶、浮动设施发生碰撞等事故，任何一方应当在不危及自身安全的情况下，积极救助遇险的他方，不得逃逸。船舶、浮动设施遇险，必须迅速将遇险的时间、地点、遇险状况、遇险原因、救助要求，向海事管理机构以及船舶、浮动设施所有人、经营人报告。

船舶、浮动设施遇险是指船舶、浮动设施因发生水上交通事故或自然灾害所处的危险状态。遇险的船舶、浮动设施上的人员对遇险情况、船舶或设施上的救助器材、当时航道及水文气象等情况，以及采取何种措施救助最清楚，且自身采取措施救助也最及时。因此，为了及时采取针对措施救助遇难船舶、浮动设施，以免延误救助时机，防止扩大损失，船舶、浮动设施遇险应当采取一切有效措施进行自救。也就是说，遇险船舶、浮动设施上的人员首先应考虑的是自救，不能只依赖外来救助，而贻误救助的良机。自救是遇险船舶、浮动设施救助的首要要求。船舶、浮动设施遇险后，有关人员应按各自的工作职责，听从指挥。所采取的自救措施，要根据遇险的性质来定，不同险情采取不同的救助措施。并根据当时航道、水位等客观环境和险情变化情况，及时采取和调整救助措施。船舶、浮动设施遇险，所采取的自救措施应遵循及时有效、避重就轻、保障航道畅通、防止污染、尽可能防止扩大损失的原则处理。

“船舶、浮动设施发生碰撞等事故”是指船舶、浮动设施发生碰撞、浪损等涉及两个或两个以上事故当事方的水上交通事故，即发生非单方交通事故。“任何一方”是指事故当事方中的任何一方。船舶、浮动设施发生碰撞等事故，任何一方应当在不危及自身安全的情况下，积极救助遇险的他方，不得逃逸，而无论事故是谁的责任所造成的。这里所讲的“不危及自身安全的情况”是指发生碰撞等事故后，本船没有沉没等严重危险及救助遇险他船对自身安全不构成严重威胁的情况。船舶、浮动设施发生碰撞等事故后，事故当事者中的任何一方对遇险情况最清楚，采取措施救助遇险他方也较附近其他船舶及时，因此，在不危及自身安全的情况下，应积极采取措施救助遇险的他方，如救助对方落水等遇险人员；开启探照灯照射遇险现场；向对方提供堵漏等救助器材，帮助对方救助；应对方请求将遇险船舶拖（顶）至浅水等水域等，不得逃逸。有些船舶发生碰撞事故后，为了逃避责任和法律追究，逃离事故现场，对遇险他方不进行救助，这种现象在夜间发生的事故中较为常见，使本可以减少的伤亡和损失得不到减少，给生命财产安全造成较大的损害，是一种极不人道和不负责任的严重违法行为，对这种行为必须依法从严查处。

船舶、浮动设施遇险后仅仅依靠自身力量进行救助往往不易，难以使其快速有效地脱离险情，避免或减少损失。因而，船舶、浮动设施遇险，必须利用甚高频无线电话等一切有效手段，迅速将遇险的时间、地点、遇险状况、遇险原因、救助要求等，向当地的海事管理机构报告，以便海事管理机构组织力量对其进行救助。向海事管理机构报告应做到迅速、全面、具体和准确，特别是遇险状况和救助要求要具体准确。船舶、浮动设施遇险向海事管理机构报告上述情况是其应尽的法定义务，不能因认为不需其他船舶、人员救助等原因而不向海事管理机构报告。另外，浮动设施遇险在向海事管理机构报告有关情况的同时，还应向其所有人、经营人报告，目的是便于船舶、浮动设施的所有人、经营人能及时对自救行动进行指导以及调集自身救助力量请求其他救助力量前往救助。

10.1.4　事故调查处理

1. 事故报告

船舶、浮动设施发生交通事故，其所有人或者经营人必须立即向交通事故发生地海事管理机构报告，并做好现场保护工作。这里所指“交通事故”，系船舶、浮动设施在内河通航水域发生的碰撞、触碰、触礁、浪损、搁浅、火灾、爆炸、沉没等引起人身伤亡和财产损失的事件。

“所有人或经营人”必须立即向交通事故发生地海事管理机构报告。船长作为船舶的最高领导，按照法律、法规的规定，可以代表其所有人或经营人行使职责，因此船长也可向海事管理机构报告。如果在事故中船长死亡或失踪，船上的大副也可代表船长行使职责。如果船舶是外轮，其所有人或经营人的代理人作为所有人或经营人的代表，也可向海事管理机构报告。

“立即向交通事故发生地海事管理机构报告”可分为两个层次，一是事故发生后尽快以甚高频或其他有效手段报告事故发生地海事管理机构；二是在紧急情况结束以后，尽快以书面形式报告事故的详细情况，有关这方面的报告时间、报告内容及格式海事管理机构都有明确规定。

"向事故发生地海事管理机构报告"，明确了以事故发生地海事管理机构为事故的管辖机关。因事故发生在两个或两个以上主管机关辖区分界线附近水域或未明确的水域，相关的海事管理机构无论谁收到事故调查报告都应接受。如果收到报告的海事管理机构没有管辖权，则应尽快报告有管辖权的海事管理机构。

水上交通事故现场由于环境的特殊性，对事故现场的保护尤为重要，为查明事故原因、判明事故责任，事故相关方均有保护现场的义务，主要包括：尽可能保护碰撞痕迹（碰撞事故），保护好船舶、船员的证书和证件，保存好船舶航行及操纵有关的原始记录（有沉没危险的船舶尤为重要）等。

2. 事故调查

海事管理机构接到内河交通事故报告后，必须立即派员前往现场，进行调查和取证。海事管理机构进行内河交通事故调查和取证，应当全面、客观、公正。

事故调查由有管辖权的海事管理机构进行。无管辖权的海事管理机构接到报告后，应立即转有管辖权的海事管理机构。管辖权无法确定的，由各相关海事管理机构共同的上级海事管理机构指定调查。

由于水上交通事故的特殊性，现场保护难度较大，很多证据转瞬即失，对事故调查取证的时效性要求很强。海事调查管理机构要尽可能迅速派员到现场进行调查取证，为此各海事管理机构必须为其事故调查人员配备相应的设备和资料，以便在事故发生后能够"立即"赴现场调查取证。调查取证既包括对事故现场的调查取证，又包括对其他方面的调查取证，以保证调查取证的全面、客观、公正。有时水上交通事故发生后，船舶或浮动设施沉没甚至被水流冲走，事故没有"现场"，事故调查人员也就不必再去现场。

需要特别指出的是，海事管理机构从事的水上交通事故调查是行政调查，不能代替保险公司等其他单位进行的调查，也不能代替人民法院为民事行为而进行的调查，更不能代替刑事调查。

调查要客观公正，调查必须以事实为根据，以法律为准绳；调查人员在调查的过程中应保持公正的立场，不带有任何的主观倾向，这一点应贯穿于整个调查的全过程；同时，对一些被调查人员提供的不宜公开的内容，如涉及商业秘密、个人隐私等，调查人员和调查机关有为其保密的义务。为保证调查的客观性，如所涉及的专业内容超过了调查人员的专业知识水平，调查机关可以委托有关专家、机构进行技术鉴定并作出鉴定结论。另外，依法调查还体现在调查的程序方面，执法主体应两人以上，调查时应首先告知被调查人依法享受的权利和必须遵守的义务，调查所制作的《询问笔录》等应经被调查人核实后签字确认。

3. 事故善后处理

地方人民政府应当依照国家有关规定积极做好内河交通事故的善后工作。内河交通事故与人民群众的生命、财产安全息息相关，容易造成人心的波动，带来社会的不稳定因素，而且内河交通事故的善后工作涉及的部门比较多，造成的社会影响也比较大，需要民政、卫生、社会保障以及其他有关部门的共同参加。这些部门大多数是政府的职能部门，因此将事故的善后工作落实到地方人民政府有利于善后工作的顺利开展，也具有较强的可操作性。内河交通事故的善后工作内容比较广泛，总体来说，除了海事管理机构的行政调查处理、民事纠纷的调查处理以及涉嫌刑事犯罪的调查处理以外的其他与内河交通事故相关的需要政府部门出面解决的事情都属于“善后工作”。具体包括以下几个方面：组织事故的施救工作，组织对受伤人员的抢救，组织打捞遇难者遗体，负责事故伤、亡者的抚恤，负责遇难者家属的接待、安置，接受群众的上访，组织正确的舆论宣传，消除负面的社会影响，保持社会的稳定，等等。

特大内河交通事故的报告、调查和处理，按照国务院有关规定执行。

10.2　山东省水路交通条例

《山东省水路交通条例》是一部综合性地方法规，涉及水上交通活动的方方面面，于2016年9月23日经山东省第十二届人民代表大会常务委员会第二十三次会议通过，自2017年1月1日起施行。其对全省水路基础设施建设、客货运输市场管理、港口（渡口）管理、航道管理及海事管理等方面作出了明确规定，主要内容包括：总则；航道；港口与渡口；水路运输；船舶与船员；安全管理；法律责任；附则，共八章六十条。

山东作为承压舟舟桥发源地、应用最成功、拥有量最多的省份，其水路交通条例中对承压舟舟桥作出的相关规定，将在此节中介绍。

10.2.1　水路运输管理体制

《山东省水路交通条例》明确了山东水路交通管理体制，即：“县级以上人民政府交通运输主管部门负责本辖区内的水路交通管理工作；港航管理机构、地方海事管理机构、船舶检验机构履行具体的管理职责。发展改革、公安、财政、国土资源、住房城乡建设、环境保护、水利、海洋与渔业、安全生产监督管理、价格等部门依据各自职责，做好水路交通管理相关工作。国家直属海事管理机构按照职责权限负责管辖区域内的水上交通安全监督管理工作。”

“县级以上人民政府交通运输主管部门负责本辖区内的水路交通管理工作”，是对交通运输管理部门和水路运输管理机构（港航管理机构）两者关系定位的规定。这句话的内涵非常丰富，总体意思是：县级以上地方人民政府交通运输主管部门没有设立水路运输管理机构的，由交通运输主管部门承担水路运输管理工作；设立了水路运输管理机构的，则应按照地方人民政府及编办所确定的水路运输管理机构的职责范围，与交通运输管理部门分别在职责范围内履行水路运输管理责任。交通运输主管部门的管理侧重于宏观管理，水路运输管理机构则侧重于具体事务管理。

“县级以上人民政府交通运输主管部门负责本辖区内的水路交通管理工作”，这实际上是对水路运输管理机构的一个授权性条款，对水路运输管理机构的行政执法主体地位和资格进行了授权和明确。

《山东省水路交通条例》对安全管理职责也做了明确界定。

（1）交通运输主管部门以及港航管理机构应当依法履行审核、核准等职责，建立健全监督检查、应急处置等管理制度，及时查处违法行为，对行业安全生产工作实施监督管理。

（2）海事管理机构按照国家和省确定的职责权限负责管辖区域内通航水域的水上交通安全监督管理。未划定为通航水域的水库、风景名胜区、自然保护区、城市园林等范围内水域，其水上安全管理由相应的主管部门负责。

（3）船舶检验机构按照检验范围和技术规范的要求，依法履行船舶检验职责，并对船舶安全技术状况的检验结果负责。

（4）船长、轮机长和港口危险货物作业人员、浮桥操作员以及其他船员、工作人员，应当熟练掌握业务技能，履行岗位职责，严格遵守安全操作规程，并对本岗位的安全生产负直接责任。

10.2.2　舟桥（浮桥）水路运输许可

《山东省水路交通条例》对承压舟浮桥的水路运输许可作出了明确规定，填补了立法空白。

在通航水域内使用浮桥从事经营性运输的，应当符合下列条件，并经县级以上港航管理机构批准。

（1）具备企业法人资格。

（2）浮桥承压舟、拖/推轮依法登记、检验。

（3）有明确的经营范围和确定的浮桥架设位置。

（4）有符合要求的安全生产管理人员、浮桥操作员和船员，并与企业签订劳动合同；

（5）有与经营活动相适应的组织机构、生产经营管理制度、安全生产制度和应急救援预案；

（6）法律、行政法规规定的防洪、通航等其他条件。

行政许可是对特定活动的事前控制，是现代国家管理的一项重要手段，已被世界各国广泛运用于经济、社会、文化等各个领域。改革开放以来，行政许可制度对于维护公民人身财产安全和公共利益，加强经济宏观管理，保护并合理分配有限资源等发挥了重要的作用。《中华人民共和国行政许可法》第十二条第一项明确规定，直接涉及国家安全、公共安全、经济宏观调控、生态环境保护以及直接关系人身健康、生命财产安全等特定活动，需要按照法定条件予以批准的事项，可以设定行政许可。水路运输关系生命、财产安全和水环境保护，经营者的经营管理水平直接关系航运安全状况。实施国内水路运输市场准入许可，是国际上主要航运国家的普遍做法。我国颁布的《国内水路运输管理条例》和《国务院对确需保留的行政审批项目设定行政许可的决定》中，也明确规定了国内水路运输和船舶市场准入的许可制度。承压舟作为我国在世界上首创的分置式舟桥装备，具有典型船舶特征，是一种新型的船舶与海洋工程结构物。承压舟浮桥则是一种特殊的水上浮动设施。将浮桥企业作为水路运输企业管理，从山东的实践情况来看，实施效果较好，实现了许可的目的。

对浮桥实施水路运输许可的前置条件有两个，一是在通航水域内使用，二是使用浮桥从事经营性运输。两者缺一不可。

10.2.3 舟桥（浮桥）通行秩序规定

《山东省水路交通条例》规定："浮桥运营人应当加强浮桥通行秩序管理，配备现场指挥调度人员""在浮桥上通行的车辆，不得超车、掉头，不得超过浮桥的载运能力；大型载客车辆和运输易燃、易爆、剧毒化学品等危险货物的车辆，通过双向四车道以下（不含四车道）浮桥时，应当单车单向通行"。

2005 年以前，承压舟浮桥全部为第一代、第二代舟型，其通载设计能力较小（双向通行 20 t 以下车辆），安全防护水平较低。限于当时承压舟的技术条件和行业对舟桥安全保障能力认识的不足，偏于安全考虑，对浮桥通行作了严格限制。《山东省浮桥管理办法》（鲁交港航〔2001〕43 号）规定"重载车辆和运输易燃、易爆等危险品车辆，应当单车单向通过浮桥"。《山东省渡运管理办法》（山东省人民政府令第 203 号，2008 年颁布）规定："在浮桥上通行的车辆，不得超车、掉头。19 座以上的客运车辆和运输易燃、易爆、剧毒化学品等危险货物的车辆，应当单车单向通过浮桥。禁止超限、超载车辆通过浮桥。"

随着承压舟大型化发展，尤其是第四代承压舟舟型的研发与应用，承压舟技术及理念有了里程碑式的发展，更加强调性能设计，突出承载能力、桥桁总强度、安全防护、人车通道分离等的设计，第一款舟型为"千吨级双向四车道承压舟"，设计排水量 1041 t，储备浮力 1000 t，主通道宽 11 m，两个边通道宽度均为 4 m，主通道设计载荷为 150 t 级车辆双向通行，局部强度设计载荷为轴重 30 t，通道栏杆均为防撞防护设计，安全保障水平和通载性能大幅提升。同时，随着国家工业设施建设的不断发展，大件运输的需求十分旺盛，受公路桥梁技术条件限制，第四代承压舟舟桥在保障大件运输车辆通行方面扮演着越来越重要的角色，发挥了公路桥梁不可替代的优势；在公路桥梁封闭维修期间，承压舟舟桥更是成为跨河交通的主要保障。针对第四代承压舟舟桥的技术性能，《山东省水路交通条例》做出了"不得超过浮桥的载运能力""大型载客车辆和运输易燃、易爆、剧毒化学品等危险货物的车辆，通过双向四车道以下（不含四车道）浮桥时，应当单车单向通行"的调整，体现了条例的与时俱进。

10.2.4 承压舟的登记与检验

"省交通运输主管部门应当制定浮桥检验技术规范，对浮桥承压舟载运能力、安全标准、检验规程等作出规定"，形成了承压舟技术规范制定的法律授权，明确了责任主体。承压舟是我国在世界上首创的新型民用分置式舟桥装备，形成了新的船舶与海洋工程结构物设计。存在着三大特点：在结构上，存在明显过水通道，舟体既是浮游桥脚，又是承重结构和通载桥面，其横向结构为舟桥的纵向结构；在使用上，存在"落滩"非均衡受力典型工况；在载荷上，主要为轮式动载，且局部载荷在"浮态"铰接连接时产生 V 形放大效应。这些特点决定了其设计要素及理念不应等同于一般意义上基于"浮态"应用的船舶，这使我国目前的船舶技术法规规范并不能完全适用于承压舟，应采用新的设计与计算方法，提出新的针对性船舶技术规范。山东是承压舟的发源地，黄河山东段也是目前我国乃至全世界民用舟桥应用最为集中的区域。可以说，山东在民用舟桥技术领域、管理领域的探索走在了全国前列。条例的授权规定，为承压舟形成技术系统集成和技术规范，促进行业安全、健康发展，具有重大推动意义和现实意义。

条例规定“船舶和浮桥承压舟应当按照国家和省有关规定进行登记和检验”“船舶和浮桥承压舟的登记港为船籍港。船籍港在地方海事管辖范围内的，应当到设区的市地方海事管理机构办理登记手续”。

条例将船舶和浮桥承压舟并列提出，旨在强调浮桥承压舟。船舶是水路运输的工具，而浮桥承压舟作为水上舟桥装备，是我国对船舶结构物的创新与拓展，具备船舶属性，应为船舶的一个分类。最早的承压舟是指“双体承压舟”，因其在落滩时起到一个承台作用而得名。条例将承压舟定义为“能够浮于水面或者置于浅滩中，用于承载行人、车辆等通行的舟体”，不再局限于双体承压舟。《山东省钢质内河浮桥承压舟建造规范》（DB 37/T 3487—2019）则将承压舟定义为“集舟、桁、板于一体，甲板结构直接承受集中动载，能在水中及浅滩构架舟桥的特种舟桥装备。按有无过水通道分为分置式和带式两种。分置式承压舟，一般为带舷伸结构的双体船或单体船，通道沿船宽方向布置，有明显过水通道。带式承压舟，一般为单体船，通道沿船长方向布置，无明显过水通道”，使承压舟的概念更加具体，内涵更加丰富。但在国家层面的水运法律法规及船检技术法规规范中，尚无“承压舟”这一船舶结构物的定义和类型。因此，“承压舟”尚属于典型的地方船舶类型。《山东省水路交通条例》对浮桥及浮桥承压舟作出的规定，充分体现出了创新与地方特色。

船舶登记是海事管理机构代表政府对船舶所有权予以确认和代表国家对船舶授予中华人民共和国国籍的政府行为。船舶登记分为所有权登记和国籍登记。船舶所有权登记证书是船舶所有权的唯一合法凭证，船舶国籍证书则是证明船舶国籍的书面文件，也是船舶取得航行权的证明。船籍港在国家海事管理范围的浮桥承压舟，应到船籍港的国家海事管理机构办理船舶登记；船籍港在地方海事管辖范围内的，则应当到设区的市地方海事管理机构办理。

船舶法定检验，是船旗国政府（或委托的机构）依据国家的法律法规、有关国际公约、规则等，对船舶进行强制性的监督检验。《中华人民共和国船舶和海上设施检验条例》规定，我国船舶检验目前分为法定检验、入级检验、鉴证检验和公证检验，后三种检验由中国船级社承办。法定检验由国家海事局设置的船舶检验机构、省级交通主管部门的船舶检验机构以及国家海事局委托、指定或者认可的检验机构实施。依据《中华人民共和国船舶和海上设施检验条例》，中国籍船舶的所有人或者经营人，建造或者改建船舶时，应申请建造检验；营运中的船舶，应申请定期检验；由外国籍船舶改为中国籍船舶的，申请初次检验。经检验合格的，船舶检验机构按规定签发相应的船舶检验证书、文书；经检验不符合发证条件的船舶，船舶检验机构应当出具检验报告。船舶检验证书是船舶检验机构对船舶进行技术检验后签发的证明文件。

10.2.5 舟桥（浮桥）操作员

《山东省水路交通条例》规定：浮桥运营人应当配备满足浮桥运营需要的浮桥操作员。浮桥操作员应当熟悉浮桥架设、拆解、维护技术，并具备相应的安全知识和操作技能。

《中华人民共和国船员条例》规定：船员是指按本条例的规定经船员注册取得船员服

务簿的人员，包括船长、高级船员、普通船员。船员职业是与公共利益、公共安全和环境保护直接有关的特殊工种，为保证船舶安全航行、停泊和作业，防治船舶污染环境，依据《中华人民共和国海上交通安全法》、《中华人民共和国内河交通安全管理条例》和中华人民共和国缔结或者参加的有关国际条约，国家对船舶配备船员做了最低要求。

区别于其他运输船舶和水上作业浮动设施所处环境的“封闭性”和航行、停泊、作业的特殊性，浮桥运营存在“开放性”，以人与车辆自行通行为“运输方式”，没有对航行、停泊等的特殊要求。因此，作为舟桥装备的承压舟不需配备船员。但浮桥的拆、架作业及技术维护却需要相应的人员，且事关拆、架作业安全和运营安全，是浮桥运营企业特需的一个群体。由此，条例提出了浮桥操作员的配备要求。浮桥操作员可定义为“熟悉浮桥架设、拆解、维护技术，并具备相应的安全知识和操作技能的浮桥从业人员”。

遗憾的是，条例没有明确浮桥操作员的配备标准、培训机构及管理主体，需要在实践中进一步探索。

第 11 章　舟桥企业安全管理

11.1　安全生产基本知识

安全生产工作应当以人为本，坚持安全发展、源头防范、安全第一、预防为主、综合治理的方针。舟桥属于特殊的渡运载体，涉及舟桥本身的安全以及通行于其上的车辆的安全，一旦发生安全事故，可能会涉及消防、救生、防污等多个方面，应当坚持贯彻安全管理，彻底消除不安全因素。

11.1.1　安全生产基本概念

1. 安全生产定义

安全生产是指为了使生产经营过程在符合安全要求的物质条件和工作秩序下进行，防止伤亡事故、设备事故及各种灾害的发生，保障劳动者的安全健康和生产作业过程的正常进行而采取的各种措施和从事的一切活动。

2. 安全生产管理

管理就是为了达到既定的目标，采取有效的手段和方法，对有关人、事、物、时间、信息进行计划、组织、指挥、协调和控制等一系列活动。就是以国家有关法律、法规、规定和技术标准为依据，采取各种手段，对生产经营单位的生产经营活动的安全状况，实施有效制约的一切活动。

生产经营单位安全生产管理就是为了保护员工的安全与健康，保护财产免遭损失，提高经济效益而进行的计划、组织、指挥、协调和控制的一系列活动，具体讲主要包括安全的行政管理、技术管理和工业卫生管理。行政管理主要指以行政手段对企业行为进行规范，包括企业安全决策，计划的制定与实施，安全生产责任制的落实，各项规章制度的执行，以及日常的教育、检查、隐患治理、事故处理等靠行政命令执行的工作。技术管理主要是以国家技术标准的安全要求为依据，对设备、设施、装置、机具等是否符合标准状态进行的检查、维修等管理工作。工业卫生管理主要是指检查作业环境是否符合安全卫生要求，职工的健康检查，职业病的预防、调查、报告等管理工作。

3. 伤亡事故

伤亡事故指员工在劳动过程中发生的造成死亡、疾病、伤害、急性中毒和财产损失及其他损失的意外事件。

4. 工伤和工伤保险

工伤也称职业伤害，是指劳动者在工作或者其他职业活动中因意外事故伤害和职业病造成的伤残和死亡。工伤保险又称职业伤害保险，是指劳动者由于工作原因并在工作过程中遭受意外伤害，或因职业危害因素引起职业病，由国家或社会给负伤、致残及死亡者生前供养亲属提供必要的物质帮助的一种社会保险制度。

11.1.2 安全生产原则

安全生产必须坚持如下四项基本原则。

1. 管生产必须管安全的原则

这一原则体现了安全与生产的统一。管生产必须同时管安全，这是一切生产经营单位及其主管部门组织管理生产的基本原则之一。在我国，劳动者是国家的主人，国家和企业的神圣职责之一，就是要保护劳动者的安全与健康，保护国家和人民生命财产的安全，尽力避免伤亡事故，做到安全发展。忽视安全，片面追求产值和效益，一旦造成事故，不仅会给企业，还可能给环境社会，甚至在国际上造成恶劣影响，造成无法弥补的损失。因此，各级生产管理者，在管生产的同时，必须管好安全。

2. 三同时原则

三同时是指凡在我国境内新建、改建、扩建的基本建设项目（工程）、技术改造项目和引进的建设项目，其劳动安全卫生设施必须符合国家规定的标准，必须与主体工程同时设计、同时施工、同时投入生产和使用。

做好三同时工作，就是贯彻安全第一、预防为主的方针，确保建设项目符合国家规定的劳动安全卫生标准，保障劳动者在生产过程中的安全与健康。

3. 五同时原则

五同时是指企业的生产组织及领导者在计划、布置、检查、总结、评比生产的同时，计划、布置、检查、总结、评比安全工作。

五同时要求企业在生产过程中把对生产的管理和对安全的管理较好地统一起来，把安全工作落实到每一个生产组织管理环节中，并坚持管生产必须管安全的原则。

4. 四不放过原则

四不放过是指在调查处理工伤事故时，必须坚持事故原因分析不清不放过，事故责任没有分清不放过，事故责任者和群众没有受到教育不放过，没有采取切实可行的防范措施不放过的原则。这是事故处理的要求，也是事故查处理的真正目的所在。

11.1.3 安全生产方针

安全生产管理，坚持“安全第一、预防为主、综合治理”的方针。

安全第一，就是在生产经营活动中，要始终把安全尤其是从业人员和其他人员的人身安全放在首要位置，实行安全优先的原则。在确保安全的前提下，努力实现生产经营的其他目标。安全生产管理，是以保证生产经营活动中的人身安全和财产安全为目标的管理活动，是在生产经营活动中对安全的管理。从根本上说，保证生产安全与实现经营活动本身的目标是一致的。经营活动本身的目标如下：投资者是希望取得盈利，得到尽可能多的投资回报；从业人员是希望获得劳动报酬，增加个人收入；政府是希望因此多提供一些就业岗位，增加产品或服务的供应，促进社会的稳定和繁荣。而要使生产经营活动自身所承载的这些目标能够实现，一项基本前提就是必须保证安全生产。如果不能正确处理发展经济、追求效益与保证生产安全的关系，片面追求发展速度，忽视甚至放弃安全管理，必然导致事故发生，造成巨大损失，就会产生严重的负效应。

预防为主，就是要谋事在先、尊重科学、探索规律，采取有效的事前控制措施，千方百计地预防事故发生，做到防患于未然，将事故消灭在萌芽状态。虽然人类在生产活动中还不可能完全杜绝安全事故发生，但只要思想重视，预防措施得当，事故是可以大大减少的。要做到以下几点：一是制定和完善保证安全生产的法律、法规和规章制度，从制度上保证安全第一，预防为主方针的落实。二是各级人民政府领导对安全第一，预防为主方针必须要有足够的认识，抓经济工作必须抓安全；部署、检查、总结经济工作必须同时对安全管理工作进行部署、检查、总结；在衡量、评价一个地方、一个企业工作时，要把保证安全生产的情况作为重要内容；正确处理经济发展与生产安全的关系，把安全放在首位。各级人民政府及其部门在制定经济发展的战略、规划、产业政策，确定有关行业的市场准入条件时，必须把保证安全生产放在重要位置，对那些不能保证安全的落后技术、工艺、设备、产品，该淘汰的要淘汰；对依法应当审批、验收的具有较大潜在危险的建设项目，应当依法严格审批、验收。要根据科学技术进步和经济发展，适时修订安全生产标准和技术规范，为安全生产，预防事故提供可靠的技术依据。三是企业事业单位必须正确处理安全与效益的关系，在两者发生矛盾时，把安全放在首位。特别是对企业各项生产要素的分配上，首先应当满足安全生产的基本需要。四是每个从业人员都要牢固树立安全第一，预防为主的意识，严格执行各自岗位的安全生产制度，增强自我保护意识，任何时候都不能违章作业，对危及安全的违章指挥应拒绝执行。

综合治理，就是要从体制、机制、投入等方面采取措施，综合运用法律、行政、经济、教育等手段，多管齐下；就是要坚持政府统一领导、部门依法监管、企业全面负责、全社会广泛支持的安全生产管理体制，形成齐抓共管的局面。一要坚决落实安全生产责任制，完善安全生产管理的体制机制，严格执行安全生产的各项规章制度，确保政府承担起安全生产监管主体的职责，确保企业承担起安全生产责任主体的职责，确保安全生产监管部门承担起安全生产监管的职责，把安全生产的各项要求落到实处。二要加强安全生产法制建设，加紧完善安全生产法律法规体系，加快建立安全生产法治秩序，加大安全监管监察执法力度，增强政府、企业和全社会的安全生产法治观念，认真查处安全事故，严肃追究有关责任人员的责任。三要抓好重点行业安全生产专项整治，坚决纠正违反安全生产的行为，切实消除安全隐患。四要加大安全生产的治本力度，加大政府和企业对安全生产的投入，建立重特大安全事故监测预警系统，加快安全生产科技进步，加强安全生产培训教育，大力建设安全文化，形成有利于安全发展的经济增长方式，为安全发展打下坚实基础。

11.1.4　安全管理体制

安全管理体制，需在政府统一领导、部门依法监管和企业全面负责的原则下进行。

1. 政府统一领导

政府统一领导，是指安全生产工作必须在国务院和地方各级人民政府的领导下，依据国家法律法规，做统一要求。作为各级人民政府及有关部门，有义务、有责任抓好安全生产，确保一方平安。

安全生产是关系国家和人民群众的生命财产安全，关系经济发展和社会稳定的大事。加强对安全生产的监督管理，是政府应尽的职责。按照实行社会主义市场经济对转变政府职能的要求，政府不应再去干预企业内部的生产经营活动，这属于市场调节可以发挥作用的领域。但企业的安全生产问题则直接关系到劳动者的生命，也关系到社会的公共安全，必须由政府发挥监督管理作用，这是市场经济国家的惯例。我们作为人民的政府，更应本着对人民利益高度负责的态度，依法加强对安全生产工作的领导，否则就是政府职能的缺位。国务院最近的机构改革中，在撤销各行业管理国家局的同时，专门组建了国家安全生产监督管理局，表明了中央人民政府对安全生产工作的重视。地方人民政府也要依法履行对本地区安全生产工作的领导责任，具体包括：制定安全生产规划并纳入国民经济和社会发展总体规划，认真研究解决当地安全生产中的重大问题；要做到有法必依，执法必严，违法必究，确保有关法律法规和方针政策的贯彻执行；要加强对事故预防工作的领导，按规定对危险性大、职业危害严重及重点项目的建设把好审批立项关，对威胁公众安全的重大事故隐患和危险设施、场所，要组织有关部门进行安全评估，落实整改责任单位，采取严密的防范措施并制定应急计划；要加强安全生产的宣传教育，努力提高广大人民群众遵章守纪的自觉性和安全生产意识。

2. 部门依法监管

部门依法监管，是指安全生产监管部门和相关部门，要依法履行综合监管和某个方面的监管职责。县级以上人民政府负责安全生产监督管理的部门（以下简称安全生产监督管理部门），对本行政区域内安全生产工作实施综合监督管理；其他有关部门在各自职责范围内对安全生产工作实施监督管理。在各自的职责范围内对有关的安全生产工作实施监督管理，重点做好下面几项工作。

（1）依照法律规定，制定下发部门规章等规范性文件，推行标准化管理。

（2）严把审批关，提高市场准入的安全门槛。

（3）适时组织安全大检查。

（4）建立各级应急防范救援体系。

3. 企业全面负责

企业是安全生产的责任主体，在生产经营活动中必须对企业的安全生产工作全面负责，企业负责人是安全生产第一责任人。各企业要建立安全生产责任制，在管生产的同时，必须搞好安全生产工作，依法履行生产经营单位的义务，包括以下几点。

（1）遵守安全生产的法律法规，坚持法制原则。做到有法可依，有法必依，执法必严，违法必究。

（2）必须加强安全生产管理，是企业管理的重要内容，管生产必须管安全。要结合单位的具体情况，做好计划、组织、指挥、控制、协调等管理工作。

（3）建立健全各级各类人员安全生产责任制度。

（4）必须完善安全生产条件，作业场所和各项生产经营设施、设备、器材和从业人员的劳动防护用品等，都必须符合保障安全生产要求。

11.2　舟桥企业安全管理要点

11.2.1　安全组织机构

应由工作责任心强、业务技术精湛的职工，组成舟桥安全管理专业队伍，专门负责舟桥装备及设施的技术状况检查、维护保养、车辆疏导等安全管理工作，并依法设置安全生产的管理机构，配备专门管理人员。

11.2.2　安全生产责任制

安全生产责任制，是指由单位主要负责人应负的安全生产责任，其他各级管理人员、技术人员和各职能部门应负的安全生产责任及各岗位操作人应负的本岗位安全生产责任所构成的全员安全生产责任制，即将不同的安全生产责任分解落实到单位的每一位成员身上，使每个人都明确自己在保障安全生产方面的责任。生产经营单位的安全生产责任制度的核心是实现安全生产的“五同时”，就是在计划、布置、检查、总结、评比生产工作的时候，同时计划、布置、检查、总结、评比安全工作。

企业应该建立、及时更新企业的安全生产责任制，在经营中切实利用好安全生产责任制，做好责任制的考核、兑现，提高所有职工的责任意识，避免责任制沦于形式。

11.2.3　安全资金投入

要想做到安全生产，就必须舍得安全投入，舍得花钱把安全设施搞好，夯实安全工作的基础。要算大账不要算小账，绝不能为了省几个小钱而糊弄、应付，一流的安全管理、一流的舟桥装备、一流的服务质量换来的将是一流的经济效益。一旦因为缺少安全投入造成舟桥安全事故，一次就可能形成对舟桥企业的致命打击，甚至影响整个行业的健康、和谐、可持续发展。

舟桥企业应按照国家、省市、行业的相关规定，足额提取安全生产费用，并且按照年度计划，及时、足额地将资金投入设备设施、安全管理等安全领域中去。

11.2.4　安全培训教育

根据海因里希的工业安全理论，人的不安全行为和物的不安全状态都是安全事故的直接原因。舟桥经营的众多实践也证实，人员是产生安全事故的一个重要的潜在不安全因素。因此，对员工的定期、全面的安全培训教育对企业的安全经营有重要的意义。

新职工入职、离岗 6 个月以上的或者换岗的从业人员，以及采用新技术或者使用新设备后的有关从业人员，应按照规定接受岗前安全生产培训教育。职工及企业负责人的安全培训教育要符合相关规定，企业安全管理部门负责制定培训计划，组织培训及考试，并将培训教育情况记录整理成档。

11.2.5　应急预案及应急演练

凡事预则立，不预则废。应急预案及其演练是安全生产的重要环节，依据行业经验和企业实际，编制符合法律法规的安全生产应急预案，并定期进行安全应急演练，对于意外发生安全事故时，最大程度降低人员和财产损失，避免事故进一步恶化，有着极其重要的意义。浮桥企业应当根据所处水域的实际情况，制定相应的救生、消防、防汛、防凌、预防恶劣天气以及防止舟桥断裂和承压舟冲离等方面的应急预案，报有关主管部门备案，并定期组织演练。

舟桥企业要牢固树立“宁可千日无事故、不可一日不准备”的思想，认真组织进行风险辨识和评估工作，及时修订安全生产应急预案，不断加强应急演练，做好应急物资储备和应急值班工作，进一步提高应急队伍建设，建章立制，规范应急准备相关工作。

11.2.6　舟桥装备的巡查检查

舟桥的安全稳定性与完善的技术状况巡察检查和维护保养密不可分。舟桥企业应定期、不定期开展巡查检查。巡查检查要本着“认真、全面、人员安全优先”的原则开展。其重点是：

（1）检查舟桥桥位是否正常。正常的桥位应该是桥体基本垂直并略微上拱，若桥体向下游反拱，反映的是舟桥承压舟的系固出现了问题，要考虑是否是锚链（或钢丝绳）松动或锚碇出土下滑的情况，应立即采取措施进行重新系固。

（2）检查舟桥承压舟的连接是否安全可靠。连接装备如出现严重磨损或开焊、断裂等情况应及时更换。

（3）检查系固舟桥的锚链或钢丝绳松紧是否正常、有无老化。

（4）检查舟桥承压舟的船舱有无漏水，并检查船体结构有无脱焊、开裂、不允许的变形、严重腐蚀等。舱内检查要注意安全操作，进船舱前应先打开舱盖透气，必要时通过通风机换气。

（5）检查桥桁结构有无脱焊、断裂、不允许的变形等问题。

（6）检查通道栏杆有无损坏。

（7）检查舟桥配备的救生圈有无缺失、老化、破损等问题。

（8）检查跳板结构是否安全，上岸坡度是否正常。

（9）检查舟桥辅助作业船舶是否处于适航状态。

巡查检查一旦发现问题，要及时报告并组织维修，要严格遵守操作规程和安全规章制度，设置醒目、明显的安全标志，必须保证至少两人以上同时进行相关作业。船舶维修和维护保养是一项技术要求较高的工作，涉及众多工艺要求，一般的维修和维护保养企业可以自行进行，较大或重要的则应请专业施工队伍进行。

11.3　安全双重预防体系

2016 年，国务院安委会办公室下发《国务院安委会办公室关于实施遏制重特大事故工作指南构建双重预防机制的意见》（安委办〔2016〕11 号），在国家层面正式推进企业安全生产经营的安全风险分级管控和隐患排查治理双重预防机制（简称为双重预防机制）的开展。2017 年，交通运输部发布《公路水路行业安全生产风险管理暂行办法》和《公路水路行业安全生产事故隐患治理暂行办法》，对公路和水路行业的双重预防机制开展作出了具体的指导。2018 年，山东出台《公路水路行业企业安全生产风险分级管控体系细则》（DB 37/T 3138—2018）和《公路水路行业企业安全生产事故隐患排查治理体系细则》（DB 37/T 3139—2018），山东舟桥运营企业的双重预防体系可按照目前部、省的相关文件标准开展建设。

构建风险分级管控与隐患排查治理体系，目的是要实现事故的双重预防性工作机制，是“基于风险”的过程安全管理理念的具体实践，是实现事故“纵深防御”和“关口前移”的有效手段。体系建设解决了安全生产的长效机制，能够有效破解当前安全生产工作的诸多瓶颈。

11.3.1　安全生产风险分级管控体系

1. 基本要求

（1）成立组织机构。建立风险分级管控的组织领导机构，明确组织机构及成员的职责、目标与任务，明确第一责任人全面负责风险分级管控工作，确保人员、物资的充分投入。

（2）实施全员培训。将风险分级管控的培训纳入年度安全培训计划，分层次、分阶段培训学习，确保岗位员工掌握必要的风险类别、危险源辨识、风险评价方法、风险评价结果、风险管控措施，并保存好培训记录。

（3）编写体系文件。建立风险管控制度，结合实际编制风险评价作业指导书，规范指导企业体系建设，并编制相关清单和记录文件。

（4）落实责任。为激励职工积极参与风险分级管控体系的建设和运行过程，要建立健全风险分级管控体系运行考核奖惩制度，或在企业安全生产奖惩管理制度中明确相关内容，并将考核结果与员工工资、薪酬挂钩。

2. 风险点确定

企业应按照风险点划分原则，在企业生产活动区域内对生产经营全过程进行风险点排查，形成包括风险点名称类别、所在位置、可能发生的事故类型及后果等内容的基本信息，并建立风险点统计表（表 11.1），为下一步进行风险分析做好准备。

表 11.1　风险点统计表

序号	名称	类型	区域位置	可能发生的事故类型及后果	现有风险控制措施	管控层级	责任单位	责任人	备注

风险点排查应按生产（工作）流程的阶段、场所、装置、设施、作业活动或上述几种方法的结合等进行。

3. 危险源辨识

（1）辨识依据。主要参考以下几个方面：安全生产相关法律法规、标准规范；安全生产规章制度和操作规程；相关事故案例；相关管理体系的危险源辨识结果；同类型其他单位的相关材料。

（2）辨识范围。全方位、全过程排查和预判本单位运输过程、设备设施、工作场所、操作行为、自然环境、安全管理等方面存在的危险源。

（3）危险源辨识实施。一是对全体员工进行危险源辨识方法的培训，按照确定的辨识范围组织全员有序地开展危险源辨识。二是辨识时依据《生产过程危险和有害因素分类与代码》（GB/T 13861—2009）的规定充分考虑四种不安全因素：人的因素（从业人员安全意识、安全与应急技能、安全行为或状态）、物的因素（生产经营基础设施、运输工具、工作场所等设施设备的安全可靠性）、环境因素（影响安全生产外部要素的可知性和应对措施）、管理因素（安全生产的管理机构、工作机制及安全生产管理制度的合规性和完备性）。三是运用工作危害分析法对作业活动开展危险源辨识时，应在对作业活动划分为作业步骤或作业内容的基础上，系统地辨识危险源。在作业活动划分时，应以生产作业流程的阶段划分为主，也可以采取按地理区域划分、按作业任务划分的方法，或几种方法的有机结合。划分出的作业活动在功能或性质上相对独立，既不能太复杂（如包括多达几十个作业步骤或作业内容），也不能太简单（如仅由一两个作业步骤或作业内容构成）。四是运用安全检查表法对场所、设备或设施等进行危险源辨识，应将设备设施按功能或结构划分为若干检查项目，针对每一检查项目，列出检查标准，对照检查标准逐项检查并确定不符合标准的情况和后果。

4. 风险评价

（1）风险评价方法。风险评价是对危险源导致的风险进行评估、对现有控制措施的充分性加以考虑及对风险是否可接受予以确定的过程。常用的风险评价方法有：作业条件危险性分析法、工作危害分析法、安全检查表法、风险矩阵分析法、风险程度分析法、危险与可操作性分析法、事故树方法、道化学法等。企业进行安全风险评价时应至少选择两种评价方法，风险评价一般结合危险源辨识进行，并填写工作危害分析评价记录和安全检查表，分析评价记录。

（2）安全风险分级。风险等级判定应按照从严从高的原则，将各评价级别划分为重大风险、较大风险、一般风险和低风险（较小风险），分别用“红橙黄蓝”四种颜色表示（其中蓝色对应四级和五级，称为低风险或较小风险）。其中重大风险是指发生事故可能性与事故后果两者结合后风险值被认定为重大的风险类型，具体标准按照《公路水路行业企业安全生产风险分级管控体系细则》（DB 37/T 3138—2018）中 5.3.4.1 节的相关要求判定，排查出的重大风险应建立重大风险信息登记表。

（3）风险控制措施。制定风险控制措施时应从工程技术措施、管理措施、培训教育措施、个体防护措施、应急处置措施这五类中进行选择。风险控制措施的选择应考虑可行性、可靠性、先进性、安全性、经济合理性、经营运行情况及可靠的技术保证和服务。

设备设施类危险源通常采用以下控制措施：限制器、安全屏护、报警、联锁、安全泄放等工艺设备本身固有的控制措施和检查、检测、维保等常规的管理措施。作业活动类危险源的控制措施通常从以下方面考虑：制度、操作规程的完备性，管理流程合理性，作业环境可控性，作业对象完好状态及作业人员技术能力等方面。

同级别的风险要结合实际采取一种或多种措施进行控制，对于评价出的不可接受风险，应制定补充建议措施并实施，直至风险可以接受。风险控制措施应在实施前针对以下内容评审：措施的可行性和有效性；是否使风险降低到可以接受的程度；是否产生新的风险；是否已选定了最佳的解决方案；是否会被应用于实际工作中。

5. 风险分级管控

（1）要求。风险分级管控遵循风险越高管控层级越高的原则，上一级负责管控的风险，下一级必须同时负责管控，并逐级落实具体措施。对于操作难度大、技术含量高、风险等级高、可能导致严重后果的作业活动应重点进行管控；企业根据风险分级管控的基本原则和企业组织机构设置情况，合理确定各级风险的管控层级，一般分为公司级、部门级、班组和岗位级，也可结合本单位机构设置情况，对风险管控层级进行增加或合并。

（2）重大风险的管控。对重大风险制定动态监测计划，定期更新监测数据或状态，每月不少于 1 次，并单独建档；重大风险应单独编制专项应急措施；重大风险确定后按年度组织专业技术人员对风险管控措施进行评估改进，年度评估报告在次年 1 个月内通过交通运输安全生产风险管理系统向属地负有安全生产监督管理职责的交通运输管理部门报送；企业对进入重大风险影响区域的本单位从业人员组织开展安全防范、应急逃生避险和应急处置等相关培训和演练；企业应当将本单位重大风险有关信息通过公路行业安全生产风险管理信息系统进行登记，构成重大危险源的应向属地综合安全生产监督管理部门备案；编制风险分级管控清单；风险告知；文件管控；分级管控。要着重注意如下三点。

一是企业要建立安全风险公告制度，在醒目位置和重点区域分别设置安全风险公告栏，制作岗位安全风险告知卡，标明主要安全风险、可能引发事故隐患类别、事故后果、管控措施、应急措施及报告方式等内容。对存在重大安全风险的工作场所和岗位，要设置明显警示标志，并强化危险源监测和预警。根据风险分级管控清单将设备设施、作业活动及工艺操作过程中存在的风险及应采取的措施通过培训方式告知各岗位人员及相关方，使其掌握规避风险的措施并落实到位。

二是企业要完整保存体现风险管控过程的记录资料，并分类建档管理。至少应包括风险管控制度、风险点登记表、危险源辨识与风险评价记录，以及风险分级管控清单、危险源登记台账、重大风险信息登记表等内容的文件化成果；涉及红色、橙色风险时，其辨识、评价过程记录，风险控制措施及其实施和改进记录等，应单独建档管理。

三是通过风险分级管控体系建设，企业要在以下方面有所改进：每一轮危险源辨识和风险评价后，应使原有管控措施得到改进，或者通过增加新的管控措施提高安全可靠性；完善重大风险场所、部位的警示标志；涉及重大风险部位的作业、属于重大风险的作业建立了专人监护制度；员工对所从事岗位的风险有更充分的认识，安全技能和应急处置能力进一步提高；保证风险控制措施持续有效的制度得到改进和完善，风险管控能力得到加强；根据改进的风险控制措施，完善隐患排查项目清单，使隐患排查工作更有针对性。

11.3.2　安全事故隐患排查治理体系

1. 基本要求

（1）成立组织机构。建立隐患排查治理组织领导机构，明确组织机构及成员的职责、目标与任务，明确第一责任人全面负责隐患排查治理工作，确保人员、物资的充分投入。

（2）编写体系文件。建立隐患排查制度，并编制相关清单和记录文件。

（3）实施全员培训。将隐患排查治理体系的培训纳入年度安全培训计划，分层次、分阶段培训学习，确保岗位员工掌握必要的隐患排查治理的内容与标准、工作程序、方法等，并保存好培训记录。

（4）落实责任。建立健全隐患排查治理体系，运行考核奖惩制度，或在企业安全生产奖惩管理制度中明确相关内容，并将考核结果与员工工资、薪酬挂钩，并明确按照一岗双责的原则要求全员参与隐患排查自理活动。

2. 隐患分级与分类

（1）隐患分级。根据隐患整改、治理和排除的难度及其可能导致的事故后果与影响范围，分为一般事故隐患和重大事故隐患。一般事故隐患，是指危害和整改难度较小，发现后能够立即整改排除的隐患。重大事故隐患，指危害和整改难度较大，无法立即整改排除，需要全部或者局部停产停业，并经过一定时间整改治理方能排除的隐患，或者受外部因素影响，生产经营单位自身难以排除的隐患。

以下情形为重大事故隐患：违反法律法规有关规定，整改时间长、整改难度大或可能造成较严重危害的；涉及重大危险源的；具有中毒、爆炸、火灾等危险的场所，长期滞留人员在 10 人以上的；受外部因素影响，生产经营单位自身难以排除的隐患；存在超范围、超能力、超期限作业情况，或者危险货物作业不符合安全要求的；安全管理存在重大缺陷的；设区的市级以上负有安全监管职责的部门认定的。

（2）隐患分类。隐患一般分为基础管理类隐患和作业现场类隐患。基础管理类隐患包括以下方面存在的问题和缺陷：生产经营单位资质证照、安全生产管理机构及人员、安全生产责任制、安全生产管理制度、安全操作规程、教育培训、安全生产管理档案、安全生产投入、应急管理、职业健康基础管理、相关方安全管理、基础管理等方面。作业现场类隐患包括以下方面存在的问题和缺陷：设备设施、场所环境、从业人员操作行为、消防及应急设施、供配电设施、职业健康防护设施、动力系统、相关方现场作业、运行线路等方面。

3. 隐患排查

（1）编制排查项目清单。企业依据确定的各类风险的全部控制措施和基础安全管理要求，编制包含全部应该排查的隐患排查清单。隐患排查清单包括作业现场类隐患排查清单（表 11.2）和基础管理类隐患排查清单（表 11.3）。

表 11.2　作业现场类隐患排查清单

风险点					排查内容与排查标准					日常检查			专业性检查		综合性检查		…
编号	类型	名称	风险点等级	责任单位	作业步骤（检查项目）		危险源或潜在事件（标准）	管控措施		名称（示例：交接班）	名称（示例：巡检）	…	名称	…	名称	…	
					序号	名称				排查周期/组织级别（示例：每天/岗位级）	排查周期/组织级别（示例：每周/车间级）		排查周期/组织级别		排查周期/组织级别		排查周期/组织级别
	作业活动或设备设施				1			（工程技术）		（√）	（√）						
								（管理措施）		（√）	（√）						
								（培训教育）		（√）	（√）						
								（个体防护）		（√）	（√）						
								（应急处置）		（√）	（√）						
							…	…									
							…	…									
					2												
					3												
					…	…		…									

填表说明：1. 排查类型主要包括日常隐患排查、综合性隐患排查、专项隐患排查、季节性隐患排查、节假日隐患排查、企业各级负责人履职检查等。

2. 组织级别一般包括公司级、部门级、车间级、班组级，也可结合本单位机构设置情况对组织级别进行调整。

3. 根据排查类型、排查周期、组织级别对排查内容与排查标准进行勾选。

表 11.3　基础管理类隐患排查清单

序号	排查项目	排查内容与排查标准	专业性检查		综合性检查		…		…	
			名称	名称	名称	名称	名称	名称	名称	名称
			排查周期/组织级别（示例：每季度/企业级）	排查周期/组织级别（示例：每月/部门级）	排查周期/组织级别	排查周期/组织级别	排查周期/组织级别	排查周期/组织级别	排查周期/组织级别	排查周期/组织级别
	（教育培训）	主要负责人和安全管理人员接受培训，按规定取证，取证后按规定进行再培训教育，培训教育学时够	（√）	（√）						
		生产单位主要负责人和安全管理人员具备与所从事的生产经营活动相适应的安全生产知识和管理能力		（√）						
		按规定取证，证件有效，证件与实际岗位相符，证件符合国家有关规定和要求	（√）	（√）						
		开展日常教育、“三级”教育、“四新”教育，转岗、重新上岗等安全培训教育，安全培训教育规定时间或内容符合要求	（√）	（√）						
		…								

填表说明：1. 排查类型主要包括日常隐患排查、综合性隐患排查、专项隐患排查、季节性隐患排查、节假日隐患排查、企业各级负责人履职检查等。

2. 组织级别一般包括公司级、部门级、车间级、班组级，也可结合本单位机构设置情况对组织级别进行调整。

3. 根据排查类型、排查周期、组织级别对排查内容与排查标准进行勾选。

作业现场类隐患排查清单以各类风险点为基本单元，依据风险分级管控体系中各风险点的控制措施和标准、规程要求，至少包括风险点名称、责任单位、风险点等级、排查内容与排查标准、排查类型、排查周期、组织级别等信息。

基础管理类隐患排查清单应以各类基础管理项目为基本单元，依据有关法律、法规、技术标准、规程要求编制，至少包括排查项目、排查内容与排查标准、排查类型、排查周期、组织级别等信息。

（2）制定排查计划。企业根据生产运行特点制定生产安全事故隐患排查计划表，明确各类型隐患排查的排查时间、排查目的、排查要求、排查范围、组织级别及排查人员等。

（3）隐患排查。排查类型主要包括日常隐患排查、综合性隐患排查、专项隐患排查、季节性隐患排查、节假日隐患排查、企业各级负责人履职检查等。

日常隐患排查，是指班组、岗位员工的交接班检查和班中巡回检查，以及基层单位领导和专业技术人员的日常性检查。日常隐患排查要加强对关键装置、要害部位、关键环节、重大危险源的检查和巡查。综合性隐患排查，是指以保障安全生产为目的，以安全责任制、各项专业管理制度和安全生产管理制度落实情况为重点，各有关专业部门共同参与的全面检查。专项隐患排查，是生产经营单位在一定范围、领域组织开展的针对特定隐患的排查，一般包括：根据政府及有关管理部门安全工作专项部署，开展针对性的隐患排查；根据新技术、新设备投入使用对安全生产条件形成的变化，开展针对性的隐患排查；根据安全生产事故情况，开展针对性的隐患排查。

隐患排查要做到全面覆盖、责任到人，定期排查与日常管理相结合，专业排查与综合排查相结合，一般排查与重点排查相结合，安全排查的结果与安全目标责任考核挂钩。企业根据自身组织架构确定不同的排查组织级别和频次。排查组织级别一般包括公司级、部门级、车间级、班组级，也可结合本单位机构设置情况对组织级别进行调整。实施隐患排查前，应根据排查类型、人员数量、时间安排和季节特点，在排查项目清单中确定具体排查项目，结合相关法律法规、技术标准形成各种排查类型的隐患排查清单，由各组织级别按照排查计划定期进行隐患排查。各相关层级的组织部门和单位对照确定的排查项目清单进行隐患排查并记录，生产现场类隐患宜保留影像记录。

企业应根据法律、法规要求，结合企业生产特点、企业规模大小确定各隐患排查类型的排查周期：班组岗位每天要进行日常检查，发现隐患立即整改，无能力整改的向上一级汇报；各部门应结合岗位责任制检查，至少每周组织一次隐患排查，并与日常交接班检查和班中巡回检查中发现的隐患一起进行汇总；公司至少每月组织一次综合性隐患排查；公司应根据季节性特征及本单位的生产实际，每季度开展一次有针对性的季节性隐患排查；重大活动及节假日前必须进行一次隐患排查；公司至少每半年组织一次综合性专业隐患排查；当获知同类企业发生伤亡及泄漏、火灾爆炸等事故时，应举一反三，及时进行事故类比隐患专项排查；对于车辆、设备等不经常发生变化的，可依据实际变化情况确定排查周期，如果发生变化，应及时进行隐患排查。

4. 隐患治理

隐患治理流程包括通报隐患信息、下发隐患整改通知、实施隐患治理、隐患整改情况反馈、隐患整改情况验收等环节。

按照安全生产法规要求，企业应当在每次隐患排查结束后，将隐患名称、存在位置、不符合状况、隐患等级、治理期限及治理措施要求等信息进行公示；相关职能部门下发隐患整改通知书，对隐患整改责任单位、措施建议、完成期限等提出要求；隐患存在单位在实施隐患治理前应当在对隐患存在原因进行分析基础上制定可靠的治理措施；隐患整改通知下发部门应当对隐患整改效果组织验收。

（1）一般隐患治理。由公司各级（部室、班组等）负责人或者有关人员负责组织整改。能够立即整改的隐患应立即组织整改，整改情况要安排专人进行确认；难以立即排除的应及时进行分析，制定整改措施并限期整改。

（2）重大隐患治理。属于重大事故隐患的，应向属地负有安全生产监督管理职责的交通运输管理部门报备。企业应当及时组织评估，并编制事故隐患评估报告书，评估报告书应包括隐患的类别、影响范围和风险程度及对事故隐患的监控措施、治理方式、治理期限的建议等内容。重大隐患项目做到整改措施、责任、资金、时限和预案“五到位”。

企业根据评估报告书制定重大隐患治理方案。治理方案应当包括下列主要内容：治理的目标和任务；采取的方法和措施；经费和物资的落实；负责治理的机构和人员；治理的时限和要求；安全措施和应急处置措施。

（3）隐患治理验收。隐患治理完成后，应根据隐患级别组织相关人员对治理情况进行验收并出具验收意见，实现闭环管理。重大隐患整改验收通过的，企业将验收结论向属地负有安全生产监督管理职责的交通运输管理部门申请销号。

5. 隐患统计分析

企业根据生产经营活动特点，定期对本单位隐患治理情况进行统计分析，及时梳理、发现安全生产趋势性问题和规律，形成统计分析报告，改进安全生产工作。

6. 文件管理

企业在隐患排查治理体系策划、实施及持续改进过程中，应完整保存体现隐患排查全过程的记录资料，并分类建档管理。至少应包括：隐患排查治理制度；隐患排查治理清单、隐患排查治理台账；隐患排查清单等内容的文件成果。

涉及不能立即整改的一般隐患、重大隐患，其排查、评价记录，隐患整改复查验收记录等，应单独建档管理。

7. 持续改进

企业适时和定期对隐患排查治理体系运行情况进行评审，以确保其持续适宜性、充分性和有效性。评审应包括体系改进的可能性和对体系进行修改的需求。评审每年应不少于一次，当发生更新时应及时组织评审并保存评审记录。

企业主动根据实际情况对隐患排查治理体系的影响，及时更新隐患排查治理的范围、隐患等级和类别、隐患信息等内容。

第 12 章　承压舟舟桥行业管理

山东作为承压舟舟桥的发源地，通过《山东省水路交通条例》立法形式明确了舟桥（浮桥）企业的水路运输企业性质，并确立了行业监管体制，体现了创新与地方特色。本章结合山东具体实践，主要针对浮桥行业监督管理的途径和措施作出简单论述，包括水路运输监督管理、海事监督管理、水路运输海事共同监督管理、地方人民政府及有关部门监督管理四方面的内容。

12.1　水路运输监督管理

《国内水路运输管理条例》第四条规定：国务院交通运输主管部门主管全国水路运输管理工作。县级以上地方人民政府交通运输主管部门主管本行政区域的水路运输管理工作。县级以上地方人民政府负责水路运输管理的部门或者机构（以下统称负责水路运输管理的部门）承担本条例规定的水路运输管理工作。

《山东省水路交通条例》第五条规定：县级以上人民政府交通运输主管部门负责本辖区内的水路交通管理工作；港航管理机构、地方海事管理机构、船舶检验机构履行具体的管理职责。

依据以上法规，水路运输管理部门（港航管理机构）依法履行行政审批、事中事后监管等具体管理职责。

12.1.1　舟桥（浮桥）企业审批

1. 法律依据

《国内水路运输管理条例》《山东省水路交通条例》。

2. 法律责任

《国内水路运输管理条例》第三十三条：未经许可擅自经营或者超越许可范围经营水路运输业务或者国内船舶管理业务的，由负责水路运输管理的部门责令停止经营，没收违法所得，并处违法所得 1 倍以上 5 倍以下的罚款；没有违法所得或者违法所得不足 3 万元的，处 3 万元以上 15 万元以下的罚款。

3. 经营资质条件

（1）具备企业法人资格。

（2）浮桥承压舟、推船经依法登记、检验。

（3）有明确的经营范围和确定的浮桥架设位置。

（4）有符合要求的安全生产管理人员、浮桥操作员和船员，并与企业签订劳动合同。

（5）有与经营活动相适应的组织机构、生产经营管理制度、安全生产制度和应急救援预案。

（6）法律、行政法规规定的防洪、通航等其他条件。

4. 申报材料

申请设立经营性浮桥运输企业，应提交以下材料。

（1）水路运输企业开业申请书。

（2）浮桥承压舟、推船的船舶检验证书、船舶所有权证书、船舶国籍证书。

（3）经营范围和确定的浮桥架设位置。

（4）所在地河道主管部门对浮桥的建设方案审查的意见书。

（5）符合要求的安全生产管理人员、浮桥操作员和船员，并与企业签订劳动合同。

（6）与经营活动相适应的组织机构、生产经营管理制度、安全生产制度和应急救援预案。

5. 审批

在通航水域内使用浮桥从事经营性运输的，由县级以上港航管理机构批准，并颁发《国内水路运输经营许可证》。

12.1.2 行政许可延续

行政许可延续，又称“行政许可延展”。浮桥企业《国内水路运输经营许可证》的有效期一般不超过五年。

1. 法律依据

《中华人民共和国行政许可法》。

2. 延续程序

（1）申请。行政许可被许可人应在有效期届满三十日前向作出准予行政许可的行政机关提出延续行政许可的申请。

（2）审查。作出行政许可决定的行政机关收到申请后，认为申请人仍然符合取得行政许可的条件的，可以作出准予其延续行政许可的决定。认为申请人不再具备条件的，可以作出不予延续的行政许可的书面决定。同时，应当向申请人说明不予延续的理由、法律依据，并告知其依法申请行政复议、提起行政诉讼的权利。行政机关逾期未作决定的，视为准予延续。

（3）注销。行政许可有效期届满未延续的，行政机关应当依法办理有关行政许可的注销手续。

12.1.3 吊销行政许可

吊销行政许可，是指行政机关采取强制手段剥夺被许可人的经营权或资质、资格。这是行政机关对被许可人实施的最严厉的行政处罚。一般都是被许可人弄虚作假，采取欺骗、贿赂的手段骗取行政许可，或者触犯了其他法律、法规，情节特别严重的。

法律依据：《中华人民共和国安全生产法》第一百零八条，生产经营单位不具备本法和其他有关法律、行政法规和国家标准或者行业标准规定的安全生产条件，经停产停业整顿仍不具备安全生产条件的，予以关闭；有关部门应当依法吊销其有关证照。

12.1.4 事中事后监管

1. 职责权限

依照有关法律、法规和规章，水路运输管理部门对经营性浮桥运输企业实施监督检查。

2. 监督检查对象

经营性浮桥运输企业。

3. 监督检查内容

相应许可事项是否符合《山东省水路交通条例》《山东省渡运管理办法》等相关法规、规章的要求。

4. 监督检查方式

（1）对浮桥企业许可事项符合情况及生产经营行为进行监督检查；开展水路运输业年度核查工作。

（2）向浮桥企业了解情况，要求其提供有关凭证、文件及其他相关材料；对涉嫌违法的合同、票据、账簿及其他资料进行查阅、复制；进入浮桥企业从事经营活动的场所、船舶实地了解情况。

（3）根据投诉举报，开展执法检查，对违法行为进行查处。

5. 监督检查程序

（1）实施现场监督检查的，应当当场记录监督检查的时间、内容、结果，并与被检查单位或者个人共同签署名章。被检查单位或者个人不签署名章的，监督检查人员对不签署的情形及理由应当予以注明。

（2）水路运输管理部门在监督检查中发现浮桥企业不符合规定要求经营资质条件的，应当责令其限期整改，并在整改期限结束后对该经营者整改情况进行复查，并作出整改是否合格的结论。

6. 监督检查措施及处理

（1）加强证后监管，对获证企业进行监督检查，发现存在违法违规行为的，根据违法性质、违法情形，采取相应的行政处理或行政处罚措施，涉嫌犯罪的，移送公安机关处理。

（2）检查发现依法应撤回、撤销、吊销与注销水路运输许可的案件，按有关规定进行处理，办理注销手续。

12.1.5 浮桥操作员配备

1. 法律依据

《山东省水路交通条例》第四十二条：浮桥运营人应当配备满足浮桥运营需要的浮桥操作员。

2. 基本技能

浮桥操作员应当熟悉浮桥架设、拆解、维护技术，并具备相应的安全知识和操作技能。

12.2 海事监督管理

《中华人民共和国内河交通安全管理条例》第四条规定：国务院交通主管部门主管全国内河交通安全管理工作。国家海事管理机构在国务院交通主管部门的领导下，负责全国内河交通安全监督管理工作。国务院交通主管部门在中央管理水域设立的海事管理机构和省、自治区、直辖市人民政府在中央管理水域以外的其他水域设立的海事管理机构（以下统称海事管理机构）依据各自的职责权限，对所辖内河通航水域实施水上交通安全监督管理。

《山东省水路交通条例》第五条规定：县级以上人民政府交通运输主管部门负责本辖区内的水路交通管理工作；港航管理机构、地方海事管理机构、船舶检验机构履行具体的管理职责。

依据以上法规，地方海事管理机构依法履行船舶登记、船员管理、船舶安全配员、水上救助、事故调查处理等具体管理职责。

12.2.1 船舶登记

船舶登记是赋予船舶以国籍和权利义务的行为，即对船舶享有某种权利的人，向国家授权的船舶登记机关提出申请并提交相应的文件，经船舶登记机关审查，对符合法定条件的船舶予以注册，并以国家的名义签发相应证书的法律事实。船舶登记的法律效力主要表现在从船舶登记机关获取了相应的登记证书来证明其享有的船舶权利，可以对抗第三人。同时，有权悬挂该国国旗在水上航行。

1. 法律依据

《中华人民共和国船舶登记条例》《中华人民共和国内河交通安全管理条例》。

2. 船舶登记内容

我国现行的船舶登记制度，包括船舶所有权登记、船舶国籍登记、船舶抵押权登记、光船租赁登记、船舶权利的变更和注销登记及临时登记等。

3. 法律责任

《中华人民共和国内河交通安全管理条例》第六十四条：违反本条例的规定，船舶、浮动设施未持有合格的检验证书、登记证书或者船舶未持有必要的航行资料，擅自航行或者作业的，由海事管理机构责令停止航行或者作业；拒不停止的，暂扣船舶、浮动设施；情节严重的，予以没收。《山东省渡运管理办法》第二十四条：浮桥承压舟未依法检验、登记，或者使用农用船舶、渔业船舶等从事营业性渡运的，责令改正，处 5000 元以上 2 万元以下的罚款。

4. 船舶识别号使用核准

1）具备条件

（1）境内建造的新建船舶，船舶建造人向船舶建造地的船舶登记机关申请。

（2）境外建造并拟在中国登记的新建船舶，船舶定造人应当在安放龙骨或者处于相似建造阶段后 10 个工作日内向拟申请登记地的船舶登记机关申请。

（3）从境外购买、以光船条件从境外租进或者船舶由其他用途转为《中华人民共和国船舶登记条例》适用的船舶，船舶所有人或者光船承租人应当在申请初次检验或者相应检验手续前向拟申请船舶登记地的船舶登记机关申请。

2）提交材料

（1）《现有船舶识别号申请表》或《新建船舶识别号申请表》（已提交电子数据的免予提交）。

（2）申请人身份证明及其复印件。

（3）授权委托书及被委托人身份证明（委托时）。

（4）新建船舶的建造合同，或者现有船舶的买卖合同等所有权取得证明文件，或者以光船条件从境外租进船舶的光船租赁合同。

（5）新建船舶经批准的船舶设计资料，或者现有船舶的船舶检验证书，或者境外购买外国籍船舶的旧船舶进口技术评定书。

登记申请材料应当为原件，不能提供原件的，可以提交复印件，并同时提交确认复印件与原件一致的证明文件。对查验原件后需退回的申请材料，申请人应同时提交复印件。申请人为自然人的，在复印件上签名，非自然人的加盖公章，注明与原件一致并签注日期。

5. 船舶名称核准

1）具备条件

船舶已经取得船舶识别号。

2）提交材料

（1）《船舶名称核定申请书》。

（2）申请人身份证明及其复印件。

（3）委托证明和被委托人身份证明及其复印件（委托时）。

（4）与国家、政府间国际组织、国家机关、政党名称相同或者相似的，应当提交同意使用的证明文件。

（5）船舶变更的，应当提交船名变更的说明材料，共有船舶还应提交共有人同意的文书，船舶设有抵押权的，还应提交抵押权人同意的文书。

6. 船舶国籍证书

1）具备条件

（1）船舶已依法办理船舶所有权登记；

（2）船舶具备适航技术条件，并经船舶检验机构检验合格；

（3）船舶不具有造成双重国籍或者两个及以上船籍港的情形；

（4）船舶国籍的登记申请人为船舶所有人。

2）提交材料

（1）《船舶所有权/国籍登记申请书》；

（2）船舶所有权登记证书（免予提交）；

（3）法定的船舶检验机构签发的船舶检验证书簿或其他有效的船舶技术证书；

（4）已经登记的船舶，还应提交原船籍港船舶登记机关出具的注销原国籍的证明书或者将于重新登记时立即注销原国籍的证明书；

（5）申请人身份证明及其复印件；

（6）委托证明和被委托人身份证明及其复印件（委托时）。

7. 船舶所有权登记

1）具备条件

（1）申请人合法取得船舶所有权；

（2）申请人符合《中华人民共和国船舶登记条例》相关规定；

（3）属当地海事管理机构登记管辖；

（4）进口船舶符合国家有关进口船舶船龄限制规定并且进口手续合法、完备；

（5）船舶已取得经海事管理机构核定的船名和船舶识别号。

2）提交材料

船舶（非建造中）所有权登记，应提交以下材料：

（1）《船舶所有权/国籍登记申请书》；

（2）船舶所有权取得证明材料；

（3）新建船舶的船舶建造检验证书，现有船舶的船舶检验证书，或者境外购买外国籍船舶的技术评定书；

（4）船舶正横、侧艏、正艉、烟囱等照片；

（5）共有船舶的，还应提交船舶共有情况证明材料；
（6）船舶所有人是合资企业的，还应提交合资企业出资额的证明材料；
（7）已经登记的船舶，还应提交原船舶登记机关出具的船舶所有权登记注销证明书；
（8）船舶所有人的身份证明及其复印件；
（9）委托证明和被委托人身份证明及其复印件（委托时）。
申请办理建造中船舶所有权登记，应当提交下列材料：
（1）《船舶所有权/国籍登记申请书》；
（2）船舶建造合同，如建造合同对建造中船舶所有权约定不明确，还应提交船舶建造各方共同签署的建造中船舶所有权归属证明；
（3）建造中船舶的基本技术参数；
（4）5 张以上从不同角度拍摄且能反映船舶已建成部分整体状况的照片；
（5）船舶未在任何登记机关办理过所有权登记的声明；
（6）共有船舶的，还应提交船舶共有情况证明材料；
（7）船舶所有人是合资企业的，还应提交合资企业出资额的证明材料；
（8）船舶所有人的身份证明及其复印件；
（9）委托证明和被委托人身份证明及其复印件（委托时）。

8. 船舶抵押权登记

1）具备条件
（1）20 总吨以上的船舶（20 总吨以下的船舶抵押登记参照办理）；
（2）属当地海事管理机构登记管辖；
（3）抵押符合法律、法规规定。
2）提交材料
现有船舶申请办理船舶抵押权登记，应当提交下列材料：
（1）《船舶抵押权登记申请书》；
（2）船舶抵押合同及其主合同；
（3）船舶所有权登记证书（需要在证书上予以签注的，应提交相关证书原件）；
（4）抵押人和抵押权人共同对船舶现状及船舶价值确认的书面文件；
（5）共有船舶的，还应提交全体共同共有人或者三分之二以上份额或约定份额的按份共有人同意船舶抵押的证明文件；
（6）已办理光船租赁登记的，还应提交承租人同意船舶抵押的证明文件；
（7）抵押人和抵押权人的合法身份证明及其复印件；
（8）委托证明和被委托人身份证明及其复印件（委托时）；
（9）船舶抵押权转移合同、债权转让合同、抵押权人已经通知抵押人的证明文书、原抵押权登记证书（适用于船舶抵押权转移）。
建造中船舶申请办理船舶抵押权登记，应当提交下列材料：
（1）《船舶抵押权登记申请书》；
（2）船舶抵押合同及其主合同；

（3）船舶所有权登记证书或者船舶建造合同，建造合同中对建造中船舶所有权归属约定不明确的，还应提交船舶建造合同各方共同签署的建造中船舶所有权归属证明文件；

（4）抵押人和抵押权人共同对船舶现状及船舶价值确认的书面文件；

（5）船舶检验机构出具的船舶建造阶段证明及其认可的 5 张以上从不同角度拍摄且能反映船舶已建成部分总体状况的照片；

（6）抵押人出具的船舶未在其他登记机关办理过抵押权登记并且不存在法律、法规禁止船舶设置抵押权的声明；

（7）共有船舶的，还应提交全体共同共有人或者三分之二以上份额或约定份额的按份共有人同意船舶抵押的证明文件；

（8）抵押人和抵押权人的合法身份证明及其复印件；

（9）委托证明和被委托人身份证明及其复印件（委托时）；

（10）船舶抵押权转移合同、债权转让合同、抵押权人已经通知抵押人的证明文书、原抵押权登记证书（适用于船舶抵押权转移）。

9. 船舶变更登记

1）具备条件

（1）属当地海事管理机构登记管辖；

（2）船舶登记项目变更；

（3）利害关系人同意变更；

（4）船舶共有人同意变更（共有船舶）。

2）提交材料

（1）《船舶变更登记申请书》；

（2）变更项目的证明文书及其复印件；

（3）申请人的身份证明及其复印件；

（4）与变更项目有关的船舶登记证书（需要在证书上予以签注的，应提交相关证书原件）；

（5）船舶名称变更，按照规定应当公告的，还需要提交变更原因的特别说明及公告；

（6）委托证明和被委托人身份证明及其复印件（委托时）；

（7）共有船舶的，还应提交全体共同共有人或者三分之二以上份额或约定份额的按份共有人同意变更的书面文件；

（8）船舶有多个抵押权登记且变更项目涉及被担保的债权数额等变化，若对其他抵押权人产生不利影响，还应提交其他抵押权人书面同意变更的证明文件，无法取得其他抵押权人同意，但仍需继续抵押的，应注销原抵押权登记后重新办理，抵押权登记日期为重新申请并被受理的日期。

10. 船舶注销登记

1）具备条件

（1）属当地海事管理机构登记管辖；

（2）船舶不存在未解除的协助执行；
（3）抵押权人同意注销（船舶设有抵押时）；
（4）船舶共有人同意注销（船舶为共有船舶时）；
（5）光船承租人同意注销（提前终止光租时）。
2）所有权注销需提交的材料
（1）《船舶注销登记申请书》；
（2）申请所有权注销登记的有关证明文件；
（3）船舶所有权登记证书；
（4）已办理船舶国籍的，还应提交船舶国籍证书；
（5）已办理光船租赁登记的，还应提交已通知承租人的证明文件；
（6）融资租赁船舶，还应提交承租人同意注销的证明文件；
（7）申请人的身份证明及其复印件；
（8）委托证明和被委托人身份证明及其复印件（委托时）。
3）抵押权注销登记需提交的材料
（1）《船舶注销登记申请书》；
（2）抵押权人同意注销抵押权登记的证明文件；
（3）船舶所有权登记证书；
（4）船舶抵押权登记证书；
（5）申请人的身份证明及其复印件；
（6）委托证明和被委托人身份证明及其复印件（委托时）。

12.2.2　船员管理

《中华人民共和国船员条例》设立了船员职业准入制度，主要通过两项行政许可实现：一是船员注册制度，二是船员任职资格制度。船员注册制度是对从事船员职业的入门要求，船员任职资格制度则是对船上特定工作岗位的进一步要求。对船员职业设置两重门槛，主要是基于船员工作的风险性和特殊性。为保障航行安全，船舶不同的工作岗位对船员的专业技能要求不同，取得船员注册，仅仅满足了在船上工作的最基本要求，只能从事普通船员（不参加航行和轮机值班的机工和普通水手）的有关工作，而不能从事参加航行和轮机值班船员（船长、大副、二副、三副、轮机长、大管轮、二管轮、三管轮）的工作，只有满足相应的学历和资历要求，经过相应的适任培训，并通过相应的船员适任考试，获得相应的适任资格后，才能在与船舶安全航行密切相关的岗位上任职。因此，船员任职资格制度较船员注册制度更加注重对船员实际技能的锻炼和培养，注重船员职业经历的积累。

根据《国务院关于取消和下放一批行政许可事项的决定》（国发〔2019〕6号），为便利服务船员，自2019年2月27日起船员服务簿签发不再作为行政许可事项管理，对通过船员适任证书核发审查的船员直接发放船员服务簿。

1. *法律依据*

《中华人民共和国船员条例》《中华人民共和国内河交通安全管理条例》。

2. 法律责任

《中华人民共和国内河交通安全管理条例》第六十五条：违反本条例的规定，船舶未按照国务院交通主管部门的规定配备船员擅自航行，或者浮动设施未按照国务院交通主管部门的规定配备掌握水上交通安全技能的船员擅自作业的，由海事管理机构责令限期改正，对船舶、浮动设施所有人或者经营人处 1 万元以上 10 万元以下的罚款；逾期不改正的，责令停航或者停止作业。第六十六条：违反本条例的规定，未经考试合格并取得适任证书或者其他适任证件的人员擅自从事船舶航行的，由海事管理机构责令其立即离岗，对直接责任人员处 2000 元以上 2 万元以下的罚款，并对聘用单位处 1 万元以上 10 万元以下的罚款。

3. 船员服务簿

1）具备条件

（1）满足规定的年龄要求；

（2）经体检符合船员健康要求；

（3）经过船员基本安全培训，并通过海事管理机构考试合格。

2）提交材料

初次申请时应当提交以下材料：

（1）船员注册申请；

（2）居民身份证复印件；

（3）船员体格检查表或者海船船员健康证明；

（4）近期直边正面 5 cm 免冠白底彩色照片 2 张；

（5）海船船员、内河船舶船员基本安全培训合格证明复印件；

（6）申请注册国际航线船舶船员的，还应当提交船员专业外语考试合格证明复印件；

（7）申请人在提交居民身份证、海船船员基本安全培训合格证明、内河船舶船员基本安全培训合格证明及船员专业外语考试合格证明等复印件时，应当同时向海事管理机构出示原件。

申请遗失补发时提交补发申请、遗失说明；申请注册变更时需提交变更申请及相应证明材料（姓名、身份证号码发生变化的，需要提交公安机关证明；持证人住址、联系人、联系方式、注册类别的变更，只需当事人申请；相貌发生显著变化，需要当事人提供近期直边正面 5 cm 免冠白底彩色照片 2 张）；申请换发（污损、正常）时只需提交第（1）～（3）项材料及原记载页满的船员服务簿。

上述材料如在船员管理系统中已录入且有效，可以免予提交。

4. 船员适任证书

船员适任证书是在中国籍船舶上任职的船长、高级船员和值班水手、值班机工应当持有的与其所服务的船舶航区、种类、等级或主机类别和所担任的职务相符的有效适任证书。内河船舶船员的适任考试分为理论考试和实际操作考试。理论考试应当以理论知识为主要考试内容，重点对内河船舶船员专业知识的掌握和理解程度进行书面测试。实际操作考试应当通过对相应船舶、模拟器或者其他设备的操作等方式，对内河船舶船员专业知识综合运用、操作及应急等能力进行技能测评。

《船员适任证书》按照船员职务资格分为以下类别。

（1）一类《船员适任证书》：船长、大副、二副、三副；轮机长、大管轮、二管轮、三管轮。

（2）二类和三类《船员适任证书》：船长、驾驶员；轮机长、轮机员。

在内河船舶担任船长和驾驶部职务船员的《船员适任证书》类别按照船舶总吨位确定，其中在拖轮担任船长和驾驶部职务船员的《船员适任证书》类别按照拖轮的主推进动力装置总功率确定，分为以下类别。

（1）一类《船员适任证书》：1000总吨及以上的内河船舶以及500 kW及以上的内河拖轮。

（2）二类《船员适任证书》：300总吨及以上至1000总吨的内河船舶以及150 kW及以上至500 kW的内河拖轮。

（3）三类《船员适任证书》：300总吨以下的内河船舶以及150 kW以下的内河拖轮。

担任轮机部职务船员的《船员适任证书》类别按照船舶主推进动力装置总功率确定，分为以下类别。

（1）一类《船员适任证书》：适用于500 kW及以上的内河船舶。

（2）二类《船员适任证书》：适用于150 kW及以上至500 kW的内河船舶。

（3）三类《船员适任证书》：适用于150 kW以下的内河船舶。

1）具备条件

（1）已取得船员服务簿；

（2）满足规定的年龄要求，符合船员体检标准，海船船员需持有相应的健康证明；

（3）完成规定的适任培训并通过适任考试和评估，以及已完成规定的船上培训或见（实）习，持有相应的培训合格证、特殊培训合格证；

（4）满足规定的服务资历，适任状况和安全记录良好；

（5）通过国家海事管理机构组织的船员任职考试。

2）提交材料

初次申请《船员适任证书》或者申请改变《船员适任证书》所载类别、职务资格的，可以向具有相应发证权限的发证机构提出申请，并提交下列材料：

（1）内河船舶船员适任证书申请表；

（2）申请人身份证明；

（3）船员服务簿；

（4）最近2年内的符合内河船舶船员适任岗位健康标准的体检证明；

（5）符合要求规格和数量的照片（近期直边正面二寸免冠白底彩色照片2张）；

（6）内河船舶船员适任培训证明；

（7）内河船舶船员适任考试成绩证明。

曾经在海船、军事船舶或者渔业船舶上任职的人员申请《船员适任证书》的，可以向任何有相应类别《船员适任证书》发证权限的发证机构提交上述（1）～（5）、（7）项规定的材料，以及其在海船、军事船舶或者渔业船舶上的服务资历、任职表现和安全记录证明。

申请适任航区（线）扩大或者延伸的，应当向负责相应航区（线）发证工作的发证机构提交上述（1）、（2）、（7）项规定的材料。

申请《船员适任证书》重新签发的，应当提交上述（1）～（5）项规定的材料；需要通过内河船舶船员适任考试的，还应当提交相应的考试成绩证明。

申请《船员适任证书》补发的，应当向原发证机构提交下列材料：

（1）内河船舶船员适任证书申请表；

（2）申请人身份证明；

（3）《船员适任证书》遗失申请补发的，应提交《船员适任证书》遗失情况说明；

（4）《船员适任证书》损坏申请补发的，应提交《船员适任证书》原件。

12.2.3 船舶安全配员

船舶安全配员是指为保证船舶、船员、旅客、货物和财产安全，以及为保护水域环境而进行的一定数量合格和有经验的船员配备。船舶安全配员标准是船舶配备船员的最低要求。

推船是浮桥拆架和应急救险的基本动力，考虑到浮桥安全工作的特殊性，浮桥应确保推船的最低安全配员满足要求。

1. 法律依据

《中华人民共和国内河交通安全管理条例》《中华人民共和国船舶最低安全配员规则》。

2. 法律责任

交通运输部《中华人民共和国船舶最低安全配员规则》第二十三条：“船舶未持有《船舶最低安全配员证书》或者实际配员低于《船舶最低安全配员证书》要求的，对中国籍船舶，海事管理机构应当禁止其离港直至船舶满足本规则要求；对外国籍船舶，海事管理机构应当禁止其离港，直至船舶按照《船舶最低安全配员证书》的要求配齐人员，或者向海事管理机构提交由其船旗国主管当局对其实际配员作出的书面认可。”

3. 配员标准

（1）主推进动力装置功率 500 kW 以上的推船属一类船舶，甲板部配员按照一类船长 1 人、一类二副 1 人的标准配备船员，轮机部按照一类轮机长 1 人、一类三管轮 1 人的标准配备船员，同时需要配备普通船员 1 人。

（2）主推进动力装置功率 150 kW 及以上未满 500 kW 的推船属二类船舶，甲板部配员按照二类船长 1 人、二类驾驶员 1 人的标准配备船员，轮机部按照二类轮机员 1 人的标准配备船员。

4. 推船最低安全配员证书核发

可与船舶国籍证书同时申请。船舶已办理国籍证书，办理国籍证书时提交材料已包含下列材料，可免予提交。

（1）《船舶最低安全配员证书》申请表；

（2）配员减免申请（申请减免时）；

（3）船舶检验证书簿及有关内容复印件；
（4）无线电安全证书、设备安全证书及其附件的原件和复印件（如有）；
（5）申请人的合法身份证明文件及其复印件；
（6）委托证明与委托人和被委托人身份证明及其复印件（委托时）。
换发、补发申请，提交如下材料：
（1）《船舶最低安全配员证书》申请书；
（2）船舶所有人（经营人）的身份证明及其复印件；
（3）委托书和受委托人身份证明及其复印件（委托时）；
（4）原《船舶最低安全配员证书》（适用于换发）；
（5）原《船舶国籍证书》（适用于换发）；
（6）述明理由的书面文件，以及有关的证明文件（适用于补发）。

12.2.4　船舶安全监督

船舶安全监督是指海事管理机构依法对船舶及其从事的相关活动是否符合法律、法规、规章及有关国际公约和港口国监督区域性合作组织的规定而实施的安全监督管理活动。主要包含两方面内容：一是传统意义上定期对船舶技术条件安全状况的船舶安全检查；二是日常一般性的船舶现场监督，包括码头、水域巡查及非安全检查的登轮检查，检查内容主要包括船舶船员证书、船舶配员、船舶防污染检查、船舶停泊及作业、进出港报告和费税缴纳等情况。

1. 法律依据

《中华人民共和国内河交通安全管理条例》、交通运输部《中华人民共和国船舶安全监督规则》。

2. 法律责任

交通运输部《中华人民共和国船舶安全监督规则》第五十条规定如下。违反本规则，有下列行为之一的，由海事管理机构对违法船舶所有人或者船舶经营人处 1000 元以上 1 万元以下罚款；情节严重的，处 1 万元以上 3 万元以下罚款。对船长或者其他责任人员处 100 元以上 1000 元以下罚款；情节严重的，处 1000 元以上 3000 元以下罚款，并可扣留船员适任证书 6～12 个月：①拒绝或者阻挠船舶安全监督的；②弄虚作假欺骗海事行政执法人员的；③未按照《船舶现场监督报告》《船旗国监督检查报告》《港口国监督检查报告》的处理意见纠正缺陷或者采取措施的；④按照第三十条第一款规定应当申请复查而未申请的；⑤涂改、故意损毁、伪造、变造、租借、骗取和冒用《船舶现场监督报告》《船旗国监督检查报告》《港口国监督检查报告》的。

3. 检查内容

1）承压舟
（1）船舶有关证书是否齐全、有效；
（2）舟体结构是否完好，有无影响运营安全的脱焊、开裂、破损、腐蚀、不允许的变形缺陷；

（3）连接是否安全可靠，连接装置有无影响运营安全的脱焊、开裂、磨损及不允许的变形等缺陷；

（4）系固是否安全可靠，锚缆有无影响运营安全的损伤、老化等缺陷；

（5）通道防护装置是否安全可靠，栏杆有无影响运营安全的脱焊、断裂、腐蚀、不允许的变形等缺陷；

（6）救生设备配备是否齐全有效；

（7）船名、船籍港、水尺等外部标示是否规范、完整。

2）推船

（1）船舶配员是否满足要求；

（2）船舶和船员有关证书是否齐全、有效；

（3）船舶结构、设备是否完好，有无影响适航的缺陷；

（4）船员是否具备与其岗位职责相关的设备的实际操作能力及所持适任证书所对应的适任能力。

3）舟桥（浮桥）总体配备

（1）两端值班室是否按要求配备救生、消防等设备，设备是否处于良好状态；

（2）现场作业人员是否配备足额救生衣，救生衣是否处于完好状态；

（3）跳板、码头设施是否安全，有无影响运营安全的缺陷；

（4）舟桥两端的标志、标示等是否规范、齐全。

4）应急机制

（1）突发事件预警、报警体系及应急联动机制是否有效；

（2）应急预案（防汛、防凌预案；消防、救生预案；浮桥拆解预案）是否健全、有效并定期组织演练。

5）制度落实

（1）企业是否配备满足要求的现场指挥调度人员和浮桥操作员，人员是否适任，职责是否有效落实；

（2）禁止性要求（如通行车辆不得超过浮桥的载运能力；大型载客车辆和运输易燃、易爆、剧毒化学品等危险货物的车辆在通过双向四车道以下浮桥时，应当单车单向通行）是否有效落实；

（3）安全巡查检查是否有效贯彻落实；

（4）其他制度的落实情况。

12.3　水路运输海事共同监督管理

12.3.1　安全生产

1. 法律依据

《中华人民共和国安全生产法》第九条：国务院有关部门依照本法和其他有关法律、

行政法规的规定，在各自的职责范围内对有关行业、领域的安全生产工作实施监督管理；县级以上地方各级人民政府有关部门依照本法和其他有关法律、法规的规定，在各自的职责范围内对有关行业、领域的安全生产工作实施监督管理。

2. 监管内容

依据《中华人民共和国安全生产法》，对生产经营单位执行有关安全生产的法律、法规和国家标准或者行业标准的情况进行监督检查，行使以下职权。

（1）进入生产经营单位进行检查，调阅有关资料，向有关单位和人员了解情况。

（2）对检查中发现的安全生产违法行为，当场予以纠正或者要求限期改正；对依法应当给予行政处罚的行为，依照本法和其他有关法律、行政法规的规定作出行政处罚决定。

（3）对检查中发现的事故隐患，应当责令立即排除；重大事故隐患排除前或者排除过程中无法保证安全的，应当责令从危险区域内撤出作业人员，责令暂时停产停业或者停止使用相关设施、设备；重大事故隐患排除后，经审查同意，方可恢复生产经营和使用。

（4）对有根据认为不符合保障安全生产的国家标准或者行业标准的设施、设备、器材及违法生产、储存、使用、经营、运输的危险物品予以查封或者扣押，对违法生产、储存、使用、经营危险物品的作业场所予以查封，并依法作出处理决定。

依据《山东省渡运管理办法》（2008 年 3 月 25 日省人民政府第 4 次常务会议通过，自 2008 年 5 月 1 日起施行），港航管理和海事管理机构分别行使以下职权。

（1）港航管理机构应当建立健全安全生产监督检查制度，发现渡运经营者违规经营的，应当责令其立即改正或者限期整改；渡运经营者未改正或者整改的，可以责令其临时停止渡运；对不具备经营条件的渡运经营者，应当依法取消其经营资格。

（2）海事管理机构应当加强渡运安全的日常监督检查，制定并组织实施突发事件应急预案。发现安全隐患的，应当责令渡运经营者立即消除或者限期消除；渡运经营者未消除的，可以采取责令临时停止渡运、将违规船舶驶向指定地点等措施。在大型集会、城乡集市、农忙、节假日等渡运高峰期及出现其他可能影响渡运安全情形时，海事管理机构应当加强现场安全监督管理，当地人民政府应当组织有关部门进行疏导、协调。

12.3.2 载运能力

1. 法律依据

《山东省水路交通条例》第三十五条：省交通运输主管部门应当制定浮桥检验技术规范，对浮桥承压舟载运能力、安全标准、检验规程等作出规定。

2. 监管依据

以船检机构批准的设计载运能力为准，通常以轴重和/或整车质量表示，可在《船舶检验证书》中查阅。

12.3.3　通行秩序

1. 法律依据

《山东省水路交通条例》《山东省渡运管理办法》。

2. 监管内容

（1）浮桥运营人应当加强浮桥通行秩序管理，配备现场指挥调度人员；

（2）浮桥两端应当设置明显的限速、限重、限载、限距等标志；

（3）在浮桥上通行的车辆，不得超车、掉头，不得超过浮桥的载运能力；

（4）大型载客车辆和运输易燃、易爆、剧毒化学品等危险货物的车辆，通过双向四车道以下（不含四车道）浮桥时，应当单车单向通行。

12.3.4　应急管理

应急管理是指政府及其他公共机构在突发事件的事前预防、事发应对、事中处置和善后管理过程中，通过建立必要的应对机制，采取一系列必要措施，保障公众生命财产安全，促进社会和谐健康发展的有关活动。应急管理是基于特重大事故灾害的危险问题提出的。

1. 法律依据

《中华人民共和国突发事件应对法》。

2. 主要内容

应急管理体系的核心是“一案三制”，“一案”是指制定修订应急预案，“三制”是指建立健全应急的体制、机制和法制。“体制”是指建立以统一领导、综合协调、分类管理、分级负责、属地管理为主的应急管理体制。“机制”是指突发事件全过程中各种制度化、程序化的应急管理方法与措施。“法制”是指在深入总结群众实践经验的基础上，制订各级各类应急预案，形成应急管理体制机制，并且最终上升为一系列的法律、法规和规章，使突发事件应对工作基本上做到有章可循、有法可依。

依据《山东省渡运管理办法》有关规定，浮桥企业应当根据所处水域的实际情况，制订相应的救生、消防、防汛、防凌、预防恶劣天气及浮桥断裂和承压舟冲离等方面的应急预案，报有关主管部门备案，并定期组织演练。

12.4　地方人民政府及有关部门监督管理

12.4.1　县级以上人民政府管理职责

《中华人民共和国内河交通安全管理条例》第五条规定：县级以上地方各级人民政

府应当加强本行政区域内的内河交通安全管理工作，建立、健全内河交通安全管理责任制。

《山东省水路运输安全管理办法》第四条规定：县级以上地方人民政府应当加强对本行政区域内水路运输安全工作的领导和监督。

《山东省渡运管理办法》第十九条规定：设区的市、县（市、区）人民政府应当加强对本行政区域内渡运安全管理工作的组织领导，及时协调、解决渡运安全管理工作中的重大问题，加强所辖渡口、浮桥、渡船和其他渡运设施的管理，保证渡运安全责任制的落实。

12.4.2　乡（镇）人民政府管理职责

《中华人民共和国内河交通安全管理条例》第五条规定，乡（镇）人民政府对本行政区域内的内河交通安全管理履行下列职责：建立、健全行政村和船主的船舶安全责任制；落实渡口船舶、船员、旅客定额的安全管理责任制；落实船舶水上交通安全管理的专门人员；督促船舶所有人、经营人和船员遵守有关内河交通安全的法律、法规和规章。

《山东省水路运输安全管理办法》第四条规定：乡、镇人民政府负责乡镇船舶、渡口、浮桥的水路运输安全工作，并可设置相应的机构或人员从事具体的管理工作。

《山东省渡运管理办法》第十九条规定：乡（镇）人民政府应当建立健全并组织落实所辖行政村、船主和渡船、浮桥、船员、乘客与载货定额的安全管理责任制，督促渡运经营者保障渡运安全。

12.4.3　县乡人民政府安全责任落实方式

落实县乡人民政府乡镇船舶交通安全管理责任制是加强浮桥安全管理的前提和基本条件。为落实县乡人民政府水上交通安全管理责任，应由县级人民政府与有关乡镇人民政府签订《水上运输安全管理责任书》，具体规定和明确县乡两级人民政府水上交通安全管理责任。同时，乡（镇）人民政府与浮桥企业所在村、村与浮桥企业也可逐级签订《水上运输安全管理责任书》，具体规定和明确各级水上交通安全管理责任，形成县（市、区）、乡（镇）、村、浮桥企业四级安全管理网络。乡（镇）人民政府应明确一名乡镇主要领导主抓船舶安全管理工作，同时配备专职或兼职的乡镇船舶安全管理人员，巩固和提高水上交通安全管理效果。

12.4.4　价格主管部门监督管理

1. 法律依据

《山东省渡运管理办法》第十七条：渡运经营者应当按照规定报送统计资料和缴纳交通规费，遵守价格管理规定，不得哄抬渡运价格或者垄断客源、货源。

2. 监管内容

浮桥企业应按规定设置渡运价格标牌，严格执行价格主管部门制定的通行费标准。价格主管部门应在浮桥设立举报电话，采取现场监督和群众举报相结合的方式，对浮桥企业通行费收费行为进行监督检查。

12.4.5 其他部门监督管理

《山东省水路交通条例》第五条：发展改革、公安、财政、国土资源、住房城乡建设、环境保护、水利、海洋与渔业、安全生产监督管理、价格等部门依据各自职责，做好水路交通管理相关工作。

《山东省渡运管理办法》第三条：水利、公安、海洋与渔业、黄河河务等部门依照各自职责，做好渡运管理的有关工作。

参考文献

[1] 王秀梅. 诗经[M]. 北京：中华书局，2015.

[2] 希罗多德. 历史[M]. 王以铸译. 北京：商务印书馆，2005.

[3] 孟广德，杨建辉. 天堑化通途：中国舟桥器材之沿革[J]. 轻兵器，2012（18）：40-43.

[4] 唐寰澄. 中国古代桥梁[M]. 北京：中国建筑工业出版社，2011.

[5] 范晔. 后汉书[M]. 北京：线装书局，2010.

[6] 徐松撰. 唐两京城坊考[M]. 北京：中华书局，2013.

[7] 史宣琳，陈兴兰. 国外公路舟桥器材发展现状及展望[J]. 国防交通工程与技术，2009（7）：69-72.

[8] 赵庆亮. 承压舟发展历史沿革与千吨级双向四车道承压舟技术性能[J]. 中国水运（下半月），2016（6）：9-11.

[9] 沈荣钊，周康铮. 双体承压舟在经济建设中的应用[J]. 山东交通科技，1999（3）：54-55.

[10] 山东省市场监督管理局. 山东省钢质内河浮桥承压舟建造规范：DB 37/T 3487—2019[S]. 2019.

[11] 王建平，程建生. 舟桥设计理论[M]. 北京：国防工业出版社，2012.

[12] 常健，易家卓，牛涛. 外军渡河桥梁装备的发展及对我军的启示[J]. 军事交通学院学报，2014（16）：19-23.

[13] 张焕军，张金钢，龚建东，等. 山东省浮桥管理实用手册[J]. 济南：山东省交通厅港航局，2001.

[14] 张焕军，栾德强，李文泽，等. 浮桥-车辆耦合系统的动力学研究[R]. 济南：山东省交通厅港航局，济南大学，2012.

[15] 中国船级社. 钢质内河船舶建造规范（2016）[S]. 北京：人民交通出版社，2016.

[16] 赵庆亮，郑培培，裴志勇. 双向通行承压舟桥结构强度直接计算工况探析[J]. 中国水运，2016（10）：53-55.

[17] 裴志勇. 39.6 m 承压舟计算研究报告[R]. 武汉：武汉理工大学交通学院，2015.

[18] 郑培培. 承压舟浮桥结构强度衡准研究[D]. 武汉：武汉理工大学，2018.

[19] 郑培培，裴志勇，刘维勤，等. 承压舟浮桥结构强度直接计算研究[J]. 武汉理工大学学报（交通科学与工程版），2017（3）：517-522.

[20] 裴志勇，谌伟，杨平，等. 船体强度与结构设计[M]. 北京：科学出版社，2017.

[21] 赵庆亮，郑培培，裴志勇. 承压舟浮桥许用 V 型坡度研究[J]. 中国水运，2016（12）：49-51.